우리는 서로
기대어 산다

저자 김용목

오방장애인자립생활센터

우리는 서로 기대어 산다

초판인쇄 2025년 3월 25일
초판발행 2025년 3월 30일

지은이 | 김 용 목
펴낸곳 | 오방장애인자립생활센터

발행처 | 에코미디어
발행인 | 정찬애
주소 | 광주시 동구 양림로119번길 21-1(학동)
전화 | (062)224-5319
E-mail | jcapoet@hanmail.net

ISBN 978-89-97482-76-4 03810

값 20,000원

공급처 ■ 한국출판협동조합
경기도 파주시 탄현면 오금리 202번지
주문전화 (02)716-5616, 070-7119-1740

ⓒ 김용목, 2025
이 책의 저작권은 저자에게 있습니다.
저작권에 의해 보호를 받는 저작물이므로
출판사와 저자의 허락 없이 무단 전재와 복제를 금합니다.

우리는 서로 기대어 산다

이 도서의 국립중앙도서관 출판예정도서목록(CIP)은
서지정보유통지원시스템 홈페이지(http://seoji.nl.go.kr)와
국가자료종합목록 구축시스템(http://kolis-net.nl.go.kr)에서 이용하실 수 있습니다.
(CIP제어번호 : CIP2020040428)

목차

1부 그리움이 자라 희망이 되다

새해 첫날 • 18
서로에게 선물이 되는 공동체 • 18
실로암사람들과 함께한 30년은 은혜다 • 20
나에게 박필순 권사님은 선물이다 • 21
아름다운 것들은 천천히 온다 • 22
직원워크숍은 목마름이었다 • 23
실로암사람들과 신원벧엘교회는 형제다 • 25
우리 시대의 어머니를 보내며 • 26
순천장애인보호작업장은 실로암사람들의 자랑이다 • 27
조재형 감독을 응원하는 사람들 • 28
꿈을 향해 직진 중 • 29
한 사람이 안전하지 않으면 모두가 위험하다 • 31
예산 없이 권리 없다! • 32
그들은 물었고 우리는 답했다 • 35
별꽃 시인 김경원 • 36
하늘의 친구에게 • 37
전형도 님에 대한 감사와 기대 • 38
청캠은 설렘이고 눈물이고 그리움이다 • 39

함께 꿈을 꾼다 • 40
기독교와 무속 • 41
한국 현대사의 비극을 몸으로 안고 살다 • 42
들꽃시인 홍선영을 기억한다 • 43
강신석 목사님의 정신을 이어갈 것이다 • 45
65세가 장애인 삶의 데드라인(deadline)인가? • 46
블링크TV를 아는가? • 48
그녀는 농인 바리스타다 • 50
세계일주를 꿈꾸는 청년 • 51
그리움이 자라 희망이 되다 • 53
차별없는 장애인 평생교육권 보장하라 • 54
고주혁의 도전은 계속된다 • 55
정대 씨에게 자원봉사란? • 57
받아쓰기는 존재에 대한 재발견이다 • 58
정재숙이 돌아왔다 • 59
장애인 주거는 생존권적 기본권이다 • 61
안치환은 대체불가한 가수다 • 62
힘든 하루를 보내며 • 63
마음의 틈을 만든다는 것 • 64
방관하지 않고 주는 사랑 • 66
고마워요, 쫄리형! • 67
모두를 위한 광주 도시철도 2호선을 소망한다 • 69
평화와 미래를 위해 선택하자 • 71
저녁 산책의 즐거움 • 72
3월 10일 아침에 • 73
이번에는 김대덕 님 차례다 • 75

무진장애인장학회 장학금은 디딤돌이다 • 76
은선 자매랑 갈비 뜯을 사람? • 77

2부 그립고 미안하고 아프다

올해 꼭 하고 싶은 것들 • 80
새빛콜의 현황과 제안 • 81
문경희는 불사조다 • 82
그립고 미안하고 아프다 • 84
엄마다, 잘 가라 • 85
지금과 그때 • 87
도영에게 • 88
인간의 존엄을 지키는 일 • 89
창경에게 꽃을 보낸다 • 90
가로등 아래서 만나는 사내 • 91
이준석 대표 발언을 규탄한다 • 92
이제는 검토가 아니라 결정하라 • 93
지애는 실로암에게 선물이다 • 94
장애인 접근성을 토론하는 곳에
　　　　장애인 접근이 불가능하다면? • 96
코로나19와 장애인 인권 • 97
잊지 않고 기억하겠다 • 98
세월호의 진실은 팽목항에서 시작된다 • 99
투쟁은 아직 끝나지 않았다 • 100
10년 만의 삭발 • 102

발달장애인 24시간 지원체계 구축하라! • 103
싸워서 지더라도 잊히지는 말자 • 103
똥 싸는 소리에는 특별한 힘이 있다 • 105
처가격리를 시작하다 • 106
컨디션이 회복되었다 • 107
나에게 자랑하고 싶은 책이 생겼다 • 108
'그냥, 사람'을 읽어야 하는 이유 • 110
문제를 문제라고 지적하지 않는 사회 • 111
7일간의 특별한 휴가 • 112
북구청의 결단을 촉구한다 • 113
학생기록부는 지적장애 판단의 필수사항이 아니다 • 114
566일 만의 자유 • 115
실로암사람들 행암동 시대가 열리다 • 116
교회는 믿음의 도서관이다 • 117
저항과 연대의 5·18 정신으로 투쟁하자 • 118
일권 씨는 목요모임을 기다린다 • 120
정 많은 미정 씨의 꿈 • 121
장클라의 도전은 진행형이다 • 122
실로암의 길잡이가 된 참된 스승 • 124
꽃보다 아름다운 당신 • 126
황신애 님의 빛나는 삶을 응원한다 • 127
우주의 중심에서 예배하다 • 129
공동체 고백이 삶에서 이루어 지기를 • 130
일상에서 낯섦을 발견하라 • 132
장애인의 이동권을 제한하지 마라 • 133
골목길음악회에서 옥상음악회로 • 134

박노해의 시는 울컥이다 • 137
임은정 검사와 함께 가보겠습니다 • 138

3부 당당하게 당연하게 예외 없이

헌법재판소도 법원도 인권도 무시하는
    광주광역시 복지행정 각성하라 • 142
살아 주어서 고맙다 • 143
우영우 변호사에게 물어보라 • 145
2022 살아서는 존중을, 죽어서는 기억을 • 146
야구장에서 만난 사람들 • 148
새빛콜, 분리배차가 답이다 • 149
스위치온은 디딤돌이다 • 150
반창고로 부터 시작된 만남 • 151
내가 가진 모든 것은 다 네 것이다 • 153
수어 공부는 즐겁다 • 154
오방 보치아대회는 감동이다 • 155
광주광역시는 장애인 공동생활가정 관련
약속을 이행하라! • 156
빈소도 없이 순자 씨를 보내다 • 158
주월산 정상에서 추석을 맞다 • 159
자립생활, 욕구에서 권리로! • 160
기용 씨가 응원하는 것? • 161
인권적인 인권기념관을 만들자 • 163
토요일이 준 선물 • 164

새빛콜 최저운행률에 대한 사회적 합의가 필요하다 • 166
당당하게 당연하게 예외 없이 • 168
참사는 사람을 가려오지 않는다 • 169
하나된소리에 대한 기대와 감사 • 171
자립생활의 중심은 사람이다 • 172
성탄절 • 173
팀보다 위대한 선수는 없다 • 173
새로운 한 해 • 176
하나님으로 말미암아, 사람과 더불어 • 176
그녀는 탈시설 자립생활의 선구자였다 • 177
고 김종문 간사 4주기를 보내며 • 179
직원워크숍은 팀실로암의 작전타임이다 • 180
보조기가 부러지자 모든 것이 정지되었다 • 181
고맙다는 말 • 182
유품을 정리하며 • 184
설연휴를 보내고 • 185
실로암센터에 강신석 목사님 부부 그림을 걸다 • 185
장애인 이동권은 인권 도시의 척도 • 187
봄날엔~ 희망나눔은 팀실로암의 꽃이다 • 189
아픔을 직시하는 힘이 아픔을 넘는다 • 190
역사정의를 위한 시민모금에 참여하다 • 193
루게릭 장애인에 대한 지원이 필요하다 • 194
내가 할 수 있는 일이어서 다행이다 • 197
장애시민 투쟁은 만인의 투쟁이다 • 198
쫄지마! • 201
자립은 능력의 집합이 아니다 • 201

회갑 인사 • 203
모두에게 기쁜 소식 • 204
행복하십니까? 아니요 감사합니다! • 204

4부 삶은 과정 자체가 목표다

새해 인사 • 208
우리 안에서, 우리를 통하여 • 208
다시 청캠이다 • 210
설레는 날 • 211
고마워요, 당당한 경희 씨! • 211
그 세월은 잊지 말자 • 213
2024 봄날엔~ 희망나눔 • 213
육남 씨의 묘에는 작약이 핀다 • 214
부서지기 쉬운 그래서… • 215
당신의 교회에는 문턱이 있습니까? • 217
상호 형제를 묻다 • 219
관성이 아니라 비전이다 • 219
평화가 유일한 길이다 • 220
2024 살아서는 존엄을, 죽어서는 기억을! • 230
꽃잎이 떨어질 땐 어떤 소리가 나? • 233
광주와 복지에 진심인 사람 • 234
은혜로다 • 235
계급장이 없는 곳 • 237
카페홀더에는 '수달'이 있다 • 238

추석에 • 240
최저운행률에 대한 사회적 합의를 요구한다 • 240
10년을 이렇게 • 241
팽목 기억캠프에서 • 242
새빛콜 파행운행 교통국장 항의방문을 마치고 • 243
삶은 과정 자체가 목표다 • 246
1956년생, 文敬姬 • 247
문경희는 우리다 • 249
우리는 서로 기대어 산다 • 250
배우고 도전하며 산다 • 251
계엄의 밤을 기억할 것이다 • 253
기존 3급 장애인에 대한 • 254
장애인콜택시 이용을 허하라 • 254
탄핵커피는 맛있다 • 256
금남로에서 탄핵커피를 나누다 • 256
카페홀더 열세 살, 더 번창해라! • 258
메리 크리스마스! • 259
문경희가 온다 • 260
자립은 나의 장르다 • 261
나에게 하나님을 사랑하는 것은 장애인과 함께하는 것이다 • 262

글을 마치며 • 265

우리는 서로 기대어 산다

1부

그리움이 자라 희망이 되다

새해 첫날

새날이 밝았네요.
저는 올해 60이 되었습니다.
지난날은 감사하고 새로운 날은 소망을 갖게 합니다.
이순(耳順), 자신의 빛깔과 향기에 알맞게 익어가고 싶습니다.
변하지 않는 가치를 굳게 붙잡아야겠습니다.
God bless you! (2022.01.01)

서로에게 선물이 되는 공동체

새로운 한 해가 시작되었다. 다이어리를 새로 구입하고, 달력을 넘기는 것은 마음의 자세를 새롭게 한다는 의미일 것이다. 돌아보면 2년 여의 시간은 코로나19로 인해 많은 어려움도 있었지만 새로운 가능성을 열어주었다. 2022년이 기대되는 이유가 여기에 있다.

지난해에는 실로암공동체의 아버지, 강신석 목사님이 별세하였다. 세상의 가장 낮은 곳에서 살아가는 이들과 함께했던 강 목사님의 삶과 사역은 실로암사람들의 나침반이 되었다. 장례식을 마치고 강의준 목사님과 유가족들은 조의금으로 들어온 3천만 원을 후원해 주셨다. 지금 생각해도 가슴이 먹먹해지고 눈물이 난다.

2021년은 사회적 거리두기로 인해 힘든 시간을 보내면서도 이팝 너머 증축과 실로암센터 2호관 이전, 오방센터 구입 등 굵직한 일들이 있었다. 비대면으로 진행되었던 희망나눔은 사막에서 만난 오아시스였다. 또한 실로암공동체가 코로나 팬데믹 아래에서도 무탈하게 여기까지 온 것은 은혜요 감사다.

 2022년은 실로암사람들 창립 46주년을 맞는 해이다. 해가 거듭될수록 고민은 어떻게 실로암공동체의 향기와 빛깔을 간직해 나갈 것인가이다. 우리는 "하나님 나라를 위해 일한다. 연약한 사람들과 함께한다. 모두를 위한 공동선을 추구한다."라는 미션에 더욱 다가가는 해가 되기 바란다. 실로암사람들은 하나님 나라와 연약한 사람들과 공동선을 마음에 새기고 살아갈 것이다.

 2022년의 표어는 '서로에게 선물이 되는 공동체'다. 공동체(community)는 함께(com)와 선물(munus)이 모인 말로 '서로에게 선물이 되는 모임'이라는 의미다. 우리 모두가 선물이다. 로완 윌리엄스는 "모든 사람에게는 각자 다른 누군가에게 줄 선물이 있다. 모든 사람에게는 한 사람 한 사람이 가진 선물이 필요하다."라고 말한다.

 2022년에 2% 나눔 운동을 제안한다. 1%는 실로암사람들 (부설) 기관에 후원하고, 1%는 실로암센터 건립을 위해 후원하는 것이다. 실로암사람들의 미래를 위해서는 반드시 실로암센터의 건립이 필요하다. 아무리 어렵더라도 지금 심지 않으면 미래의 열매는 없다. 물이 기울어 파도가 되듯 마음이 기울면 실로암사람들의 기적을 만들어 낼 것이다. 하나님의 긍휼과 인도하심이 실로암사람들과 함께하시길 빈다. (2022.01.03)

실로암사람들과 함께한 30년은 은혜다

내 나이 60이 되었다. 한마디로 살만큼 살았다. 이순(耳順), 말 그대로 어떤 말을 들어도 귀에 거슬림이 없기를 바란다. 김기석 목사는 나이 든 사람이 경계해야 할 것으로 교만함, 시기심, 통제하려는 마음, 태만함을 꼽았다. 경계할 것은 경계하고 묻고 배우려는 열정은 늘 간직하고 싶다.

직원 단톡방에 30년 근속 축하의 글이 올라왔다. 1992년 1월 2일에 입사하여 30년을 실로암사람들과 함께했다. 학교를 졸업하고 첫 직장으로 들어와 작고 가난한 마음으로 시작했는데, 하나님의 은혜로 여기까지 왔다. 그동안 신실한 직원들과 함께할 수 있었던 것은 행운이었다. 30년의 시간은 알고 갔던 길이 아니라 믿고 따라온 길이었다.

실로암사람들 초창기에 애쓰신 분들이 떠오른다. 설립자인 변귀숙 회장님, 2대 박정숙 회장님, 3대 김랑 회장님, 4대 곽정숙 회장님, 5대 박정수 회장님의 헌신이 있었기에 오늘의 실로암사람들이 가능했다. 2022년이 되면서 가장 아쉬운 것이 있다. 강신석 목사님이나 곽정숙 의원님 등 존경하고 따르고 싶은 어른들이 곁에 계시지 않는다는 것이다. 마치 미아가 된 기분이다.

개인적으로 감사한 것은 부모님이 결혼 61주년을 맞이하기까지 비교적 건강하시다는 것이다. 아마 그것은 내 덕분일 것이다. 장애인 자식보다 하루라도 더 살려면 당신들은 더욱 강해져야 했을 것이다. 몸이 점점 무거워진다고 느껴질 때는 마음의 짐을 비워내야 한다. 2022년에는 또 어떤 일들이 기다리고 있을까? (2022.01.03)

나에게 박필순 권사님은 선물이다

2022년 실로암사람들 시무식을 마쳤다. 비록 비대면으로 함께하는 자리였지만 올 한 해 실로암사람들 사역의 방향과 에너지를 확인할 수 있었다. 2022년 표어는 '서로에게 선물이 되는 공동체'이다. 우리 회원들이 만나면 "나는 당신에게 선물입니다. 당신은 나에게 선물입니다."라는 고백이 풍성해 지기를 바란다.

오후에는 나에게 선물이신 분을 찾아갔다. 실은 작년 말부터 만나고 싶었으나 해를 넘기고 말았다. 광주호와 가사문학관을 지나 반석마을로 가는 길은 광주 근교에서 가장 아름다운 길로 저절로 힐링이 되는 코스다. 박필순 권사님은 집 나간 자식을 기다리듯 대문 앞에 서 계셨다.

곶감과 솔잎차를 내주셨다. 알 만한 사람은 다 아는 것처럼 박필순 권사님은 곶감 장인이다. 필순표 곶감을 한 번 맛본 사람은 다른 곶감이 시시해진다. 고 김종문 간사도 필순표 곶감을 참 좋아했다.

박필순 권사님은 현재 살고 있는 집에서 태어나 60여 년을 살았다. 그사이에 초가집에서 슬레이트 지붕으로 바뀌었다가 2010년에 현 주택을 신축하였다. 반석마을의 풍경 사진을 찍어 실로암밴드에 올리는 것이 큰 즐거움이다. 올해에는 더 가까이에서 함께할 수 있기를 기대한다. 박필순 권사님은 나에게 행복한 선물이다.

(2022.01.03)

아름다운 것들은 천천히 온다

나는 1963년 전남 벌교에서 태어나 네 살이 되었을 때 폴리오 바이러스 감염으로 인해 소아마비 장애인이 되었다. 고향에서 중학교를 마치고 1979년 고등학교 시절부터 광주에서 살게 되었다. 대학에서 건축을 전공했으나 구령의 열정으로 신학을 공부하였다.

1986년 대촌동초등학교에서 열린 장애인캠프에 참가한 것이 실로암사람들과의 첫 만남이었다. 이후 1991년 홍보부 차장으로 소식지 만드는 일을 조력하였다. 1992년 실로암사람들이 전임사역자 체제로 조직을 개편하면서 곽정숙 회장, 김효섭 총무, 곽정옥 간사, 육경애 간사와 함께 선교부 간사로 일하게 되었다.

지역교회에서 목회를 꿈꾸던 중 장애인 선교의 현장에서 받은 은혜를 통해 장애인 선교사역자로 헌신하였다. 1993년 김민선 자매와 결혼하면서 실로암사람들 커플이 되었다. 나는 실로암사람들 2세대로서 목요모임, 수화학교, 실로암문학회, 목요찬양단, 수화찬양단, 장애청소년 통합캠프, 대학실로암, 실로암문학상 등이 다양한 활동을 조직해 나갔다.

2001년에는 광주장애인이동권연대를 조직하여 상임대표를 맡았다. 이후 광주장애인인권연대, 광주장애인차별철폐연대를 통해 진보적 장애운동의 중심에서 활동을 이어갔다. 특히 2005년 도가니 사건으로 알려진 인화학교성폭력대책위 활동은 삶의 방향을 송두리째 바꾸어 놓았다. 인화대책위 활동을 통해 지역에서 인권활동가로서 자리매김하게 되었다.

나에게 장애인 선교와 인권과 복지는 따로 떼어서 생각할 수 없다. 수없는 기자회견과 천막농성, 점거투쟁과 삭발은 '하고 싶어서가 아니라 해야 하니까' 피하지 않고 감당해 왔다. 그동안 이동권 투쟁, 인화학교 대책위 활동, 사회복지사 처우개선을 요구하며 검찰로부터 세 번의 기소유예를 받았다. 그것은 우리 사회의 연약한 사람들이 주는 훈장이라 생각한다.

  실로암사람들과 함께한 30년의 시간은 귀중한 선물이다. 지금은 모두 고인이 되었지만 곽정숙 의원님, 강신석 목사님, 곽명구 장로님과 함께할 수 있었던 시간은 행운이었다. 김안중 님, 권종대 님, 은혁상 님, 임기용 님, 정인호 님, 장성아 님, 이성민 님….은 보석 같은 분들이다.

  실로암사람들과 함께하며 '아름다운 것들은 천천히 온다'는 것을 깨달았다. 30년 + 1년에는 실로암사람들의 미래사역을 위해 실로암센터 건립을 꿈꾸고 있다. 대표로서 마지막 역할은 실로암센터의 건립이라 확신한다. 실로암센터는 실로암사람들의 새로운 시대를 열어줄 문이 될 것이다. (2022.01.06)

직원워크숍은 목마름이었다

  참~ 좋다. 긴 목마름 끝에 만난 소나기였다. 조심스레 직원워크숍을 시작하면서도 긴장감을 떨칠 수 없었다. 물론 줌으로 참석하거나 업무 때문에 불참한 직원들이 있기는 했지만, 잊고 있었던 기억을 되살리기에는 충분했다.

  작년에는 코로나19로 인해 비대면으로 직원워크숍을 진행했다. 2년 동안 직원워크숍뿐 아니라 목요모임, 희망나눔, 골목길음악회 등 모든 모임을 비대면으로 해야 했다. '팀 실로암'이라는 말은 점점 희미해져 갔다. 신입직원은 기존 직원들의 얼굴은 물론 법인 내 기관들이 무슨 일을 하는지도 몰랐다. 역시나 기우였다. 그사이 실로암공동체 직원들의 내공은 단단해지고 성장해 있었다. 각자의 자리에서 고군분투하며 현장을 지키고 있었던 것이다. 인성(character), 실력(competence), 헌신(commitment)을 갖춘 직원은 하루아침에 되지 않는다. 이팝너머 김영미 간사님의 말을 빌리자면 "5년은 되어야"길이 보인단다.

　실로암사람들 46년의 역사를 돌아보며 자부심과 책임감을 느꼈다. 기관별 사역 공유를 통해서 내밀한 부분을 들여다보며 공동체의 끈끈한 일체감과 역동성을 확인했다. 신입직원들의 자기소개를 통해 무한한 가능성과 긍정적인 에너지를 보았다. 역시 답은 현장에서 여럿이 함께 나누는 집단지성에 있다. 자신의 것을 나누면서 서로 배우고 성장한다. 직원워크숍은 입사한 지 일주일이 된 신입직원으로부터 30년이 된 직원까지 함께하는 자리다. 기관장이나 오래된 직원일수록 젊은이들의 목소리에 귀를 기울일 때 매너리즘에서 벗어날 수 있다. 반면에 신입직원에게는 선임자들과의 소통이 성장의 밑거름이 된다.

　실로암사람들은 직원워크숍을 통해서 에너지를 장전했다. 올해에는 '서로에게 선물이 되는 공동체'로서 서로의 얼굴을 빛나게 하기를 원한다. 대표를 통해 직원들의 얼굴이 빛나고, 직원을 통해 회원들의 얼굴이 빛이 나서 모두가 자신의 빛을 발하며 살아가고 싶다. 10kg의 철이 단련되어 500g의 칼에 스미어 있듯이 서로 부대끼며 세워져 갈 것이다. 내년 직원워크숍 때는 또 얼마나 자라 있을까? (2022.01.08)

실로암사람들과 신원벧엘교회는 형제다

 오늘도 유튜브로 신원벧엘교회 주일예배에 참여했다. 목요모임을 통해서도 함께했던 주바라기 찬양단과 김양수 목사님을 뵈니 반갑고 감사하다. 인천에 사시는 김연숙 회원과 신소라, 김소라 회원도 온라인으로 함께했다.
 예배 중 눈물이 핑글 돌았다. 대표 기도를 하신 임청화 권사님이 목요모임의 회복을 위해 기도하였다. 가슴이 뜨거워졌다. 실로암사람들 뿐 아니라 신원벧엘교회가 목요모임을 위해 기도하고 있었던 것이다.
 1992년 광주무진교회당에서 시작한 목요모임은 광주월산교회당(1996년)을 거쳐서 2016년부터 신원벧엘교회당에서 모임을 갖고 있다. 사실 우리는 잠시 모였다가 돌아오지만 공간을 빌려주는 교회의 입장에서는 신경 써야 할 부분이 한두 가지가 아닐 것이다. 광주무진교회에서는 주승민 목사님, 광주월산교회에서는 조양희 집사님의 드러나지 않는 수고가 있었기에 가능했다.
 신원벧엘교회는 실로암사람들의 형제교회다. 성도들이 재활용품을 모으고 바자회를 개최하며 마음을 모아 특장차를 기증해 주었다. 지금도 특장차를 볼 때마다 성도들의 마음이 느껴진다. 실로암공동체가 목요모임 공간을 찾지 못하고 있을 때 기꺼이 손을 내밀어 주었다. 뿐만 아니라 성도들도 목요모임에 함께 참여하며 은혜를 나누고 있다.
 목요모임은 실로암사람들의 심장과도 같은 사역이다. 흩어져 생활하던 공동체가 함께 모여 예배하며 삶과 사역의 에너지를 충전하는 자리다. 요즘에는 코로나19로 인해 비대면으로 목요모임 라이브방송을 진행하며 언젠가 뜨겁게 함께할 날을 손꼽아 기다리고 있다. 실로암사람들과 신원벧엘교회가 목요모임을 통해 신실하게 동역할 날을 기대하고 기다리며 기도하자. (2022.01.09)

우리 시대의 어머니를 보내며

1987년 6.10 항쟁은 이한열 열사의 죽음이 도화선이 되었다. 이한열 열사의 어머니 배은심 여사는 아들의 뒤를 이어 투사가 되었다. 전국 어디에서나 민주주의와 인권을 지키기 위한 집회에는 어김없이 어머님이 계셨다. 자연스레 '6월의 어머니'로 '시대의 어머니'라 불렸다.

35년의 시간이 흘렀지만 한결같았다. 어머니는 치열하면서도 부드러움을 간직하고 사셨다. 몇 차례 만났을 때마다 따뜻하게 손잡아 주시고 격려의 말씀을 잊지 않으셨다.

전국민족민주유가족협의회 부모님들은 '민주유공자 예우에 관한 법률'의 제정을 위해 활동을 해오고 있다. 우리 사회는 박종철, 이한열 열사 등 민주화 운동 과정에서 돌아가신 열사들께 큰 빚을 지고 있다. 민주유공자법 제정은 열사들에 대한 최소한의 예우이고, 나아가 왜곡된 역사를 바로 세우는 일이다.

고 전태일 열사의 이소선 어머니(2011년), 고 박종철 열사의 박정기 아버지(2018년), 고 이한열 열사의 어머니도 떠났다. 우리 시대의 밀알이 되셨던 분들이다. 어머니의 장례는 2022년 1월 11일, '민주의 길, 배은심 어머니 사회장'으로 치러진다.

임은정 검사는 "맡기신 몫을 다하겠습니다. 홀가분한 걸음으로 가십시오."라는 말로 추모의 마음을 전했다. 이제 아들 곁에서 하

늘의 안식을 누리시기를 빈다. (2022.01.10)

순천장애인보호작업장은 실로암사람들의 자랑이다

 코로나19로 인해 사회적 거리두기가 일상이 된 지 오래되었다. 가까이서 돌봄이나 지원이 필요한 장애인의 사회적 고립이 심화되고 있다. 그러다 보니 일부러 둘러보지 않으면 장애인의 삶은 보이지 않는다. 그렇게 작고 소박하게 살아가는 사람들의 삶을 응원하며 연대해 온 단체가 실로암사람들이다.
 순천장애인보호작업장은 실로암사람들 법인 내에 있는 유일한 직업재활시설로 그동안 의미 있는 역할을 감당해 왔다. 직업재활시설은 갈수록 그 필요와 역할이 증대되고 있다. 새로운 장애인복지 패러다임과 지역사회의 특수성 그리고 장애인 당사자의 필요를 반영해 나가야 하기 때문에 쉽지 않은 일이다. 하지만 순천장애인보호작업장은 끊임없이 이에 대한 답을 찾아왔다.
 실로암사람들 순천지부가 운영하는 순천장애인보호작업장이 설립된 지 10년이 지났다. 그동안 함께 동행해 온 자원봉사자와 후원자 덕분에 여기까지 왔다. 감사하고 감사하다. 처음으로 갖는 후원회 밤을 계기로 지역사회와 장애인에게 한걸음 더 나아갈 것이다.
 그동안 프런티어 정신으로 무에서 유를 만들어온 권상진 원장님과 직원들에게 감사한다. 무엇보다 보호작업장을 통해 자신의 삶과 꿈을 세워온 장애인 당사자들과 가족들에게 응원의 마음을 보낸다. 장애인에게 힘이 되어주신 '모두가 행복한 순천' 허석 시장님과 너른 가슴으로 품어주신 순천 시민들에게 깊은 감사를 드린다. 좋은

이웃들이 계시기에 다가올 10년이 더욱 기대된다. (2022.01.13)

조재형 감독을 응원하는 사람들

작년 4월, 조재형 감독과 팽목항을 찾았다. 매월 진행하는 팽목순례길이었다. 여럿이 함께 다녀야 길이 만들어지고, 길이 있어야 뒤를 따라오는 사람이 생긴다는 것을 마음에 새기는 자리였다. 4년 전과 달라진 게 있다면 조감독이 휠체어를 타고 갔다는 것이다. 팽목항 가는 길목에 흐드러지게 피어난 유채꽃을 보면서 무슨 생각을 했을까?

세월호 참사 이후 광주는 시민상주모임으로 답했다. 그동안 세월호의 진실 규명과 유가족과의 연대를 위해 마음을 모아 왔다. 그 가운데 한 사람, 조재형 감독이 있었다. 팽목항에서 안산으로, 광주에서 서울로 어디에나 카메라를 든 그가 자리하고 있었다. 그가 있으면 왠지 든든했다. 상주모임 활동뿐 아니라 자연스레 서로 기대며 살았다. 인화학교를 졸업한 청각장애인의 결혼식 야외촬영과 웨딩포토를 선물해 주기도 했다. 고 곽정숙 의원의 그림전시회나 카페홀더의 기록사진도 그의 손끝에서 이루어졌다.

아~~ 4년 전 불의의 사고로 척수손상을 입었다. 막막했던 3년의 시간을 견디며 병원 치료를 마치고 혼자서 생활한 지 1년이 되었다. 이런저런 걱정이 많았지만 기우(杞憂)에 불과했다. 뿐만 아니라 작년 가을에는 영화 현장에 복귀하여 '똥 싸는 소리' 촬영을 마쳤다. 다시 시작하리라 생각했지만 예상보다 빨랐다. 일도 사랑도 당당하게 하고 싶은 장애여성의 이야기를 담은 로맨틱 코미디 영화로 어쩌면 자신의 새로운 희망을 담은 이야기일 것이다.

작년은 조재형 감독에게 도전이었을 것이다. 다행히 자신에게 알맞은 집이 생겼고, 활동지원서비스도 받고 있다. 그의 몸상태는 24시간 활동지원서비스를 필요로 한다. 하지만 327시간 활동지원서비스로는 턱없이 부족하여 자부담으로 간병서비스를 받고 있다.

올해에는 도전이 일상이 되기를 바란다. 무엇보다 든든하게 곁을 지켜온 사람들이 있었기에 여기까지 올 수 있었다. 나이스한 임윤화와 좋은 친구들께 감사한다. 조 감독이 24시간 활동지원서비스를 받을 때까지 후원자들이 마음을 모아주시기를 바란다. 요즘엔 화요일에 조 감독과 점심을 같이 하고 커피 마시는 시간이 기다려진다. '별을 노래하는 마음으로' 그를 응원할 것이다. (2022.01.15)

꿈을 향해 직진 중

김승일 씨는 송원대학(야간)에 다니는 만학도다. 작년 가을 대면수업이 시작되면서 큰 고민이 생겼다. 오후 10시 30분에 수업이 끝나면 장애인콜택시 잡는 것은 하늘의 별따기다. 얼마 전에는 오후 9:50에 새빛콜에 접수할 때 대기 4번이었으나 10:40에 차량이 없어 배차가 안된다는 문자가 왔다.

연중무휴, 24시간 제로 운영하는 새빛콜이 운행을 안 한다는 것은 이해가 안 된다. 전동휠체어를 사용하는 그에게는 선택의 여지가 없다. 노숙을 해야 하나, 집에까지 전동휠체어로 가야 하나? 황당하다 못해 분노가 치밀어 올라왔다.

김승일 씨는 1970년 전남 고흥에서 태어났다. 7살 즈음 광주로 오게 되었고, 초중고를 광주에서 다녔다. 키 크고 순진한 학생이던 그는 태권도, 씨름, 유도 등 운동을 꾸준히 했다. 군 복무를 마치고 알바로 운전하는 일을 하게 되었다. 이후 운전에 관련된 웬만한 자격증을 다 취득했다. 화물차 운전을 하면서 야간에 돌아다니는 것을 좋아했기에 적성에도 맞아 천직이라 생각했다. 가끔씩 시간이 날 때면 카메라와 낚싯대를 들고 바다를 찾았다.

젊은 시절 열심히 일하다 보니 제법 사업도 잘 되었다. 화물차를 운전하고 경기도 용인에서 목포로 가다가 새벽 5시경 톨게이트 근처에 차를 대고 잠을 청했다. 1시간 반쯤 지나서 통행권을 잡으려는데 왼손에 힘이 들어가지 않았다. 결국 119를 타고 목포에 있는 병원으로 갔다.

2014년 11월, 그의 나이 45살에 병원생활이 시작되었다. 그동안 과로와 스트레스가 쌓였고 뇌출혈로 인해 왼쪽 편마비가 온 것이다. 광주와 서울, 성남에서 4년 동안의 재활치료를 마치고 뇌병변장애 3급 판정을 받았다. 한동안 그는 정체성의 혼란을 겪었다. 몸은 장애인인데 머릿속은 아직도 비장애인에 머물러 있었다. 걷다가 왼발목이 꺾이는 경험을 통해 장애인인 것을 알게 되었다.

병원 치료를 받으며 사회복지에 관심을 갖게 되어 2018년 동강대에 진학했다. 학업을 통해 새로운 것을 배워가는 희열을 경험하며 새삼 자신이 학구파 인가하는 생각이 들었다. 오방장애인자립생활센터와의 만남은 그에게 신세계를 열어주었다. 난생처음 장애인 당사자들과 만나게 되었고 특유의 친화력으로 못난이 클럽의 막둥이가 되었다. 사회복지 실습도 오방에서 마치고 사회복지사 자격도 갖추었다.

승일 씨는 올해부터 오방센터에서 장애인 일자리로 함께하고 있다. 올해의 꿈을 묻자 "몸상태가 나빠지지 않는 것과 대학공부를 잘 마치는 것"이라 했다. 지금도 유튜브를 통해 낚시 영상을 즐겨 본단다. 봄이 오면 바닷가에 낚시하러 가서 라면을 먹기로 했다. 머잖아 학업도 일도 사랑도 모두 이루기를 바란다. (2022.01.17)

한 사람이 안전하지 않으면 모두가 위험하다

요즘 광주가 위험하다. 작년 6월 학동 붕괴 참사에 이어 화정동 아이파크 붕괴 참사는 생명과 안전보다는 물질을 중시하는 세태를 민낯으로 보여주었다. 거기에다 코로나19 확진자는 오미크론 변이로 인해 연일 기록을 경신하고 있다. 최근 일주일은 200명 대를 오르내리고 있다.

선별진료소에 늘어선 긴 줄을 서면서 짜증을 낸 적이 있다. 하지만 새빛콜에서는 선별진료소까지 이동을 거부하기 때문에 오지 못하는 중증장애인들이 있다. 작년 말 선별진료소 운행과 관련하여 광주시에 대안을 마련하라고 촉구한 바 있지만 새빛콜에서는 기존의 입장만 되풀이할 뿐 대안을 제시하지 않고 있다.

광주장애인차별철폐연대는 운행거부 사례를 수집하기 시작했다. 아울러 장애인차별금지추진연대(장추련)와 함께 국가인권위원회 진정을 추진하였다. 왜냐하면 특별교통수단 운행거부는 장애인에 대한 차별이고, 전국적인 사안이기 때문이다.

기자회견 날짜를 공지(1월 17일) 하자마자 새빛콜에서는 그동안 검토해오던 대안을 제시하였다. 하지만 주말에는 운행을 하지 않는 반쪽짜리 계획은 납득하기 어려웠다. 기자회견 당일 새빛콜은 코로나19 검사 전담반을 연중무휴, 예약제로 운영하겠다고 공지했다.

하지만 운행시간이 오전 9시에서 오후 6시다 보니 시청 선별진료소 운영시간인 오후 10시까지 검진하고 운행이 가능하도록 확대할 필요가 있다.

 모두가 안전할 때까지는 누구도 안전할 수 없다. 이 말을 뒤집으면 한 사람이 안전하지 않으면 모두가 위험하다는 것이다. 사회적 약자를 우선적으로 고려하고 지원하는 것이 인권의 원칙이다. 선제검사는 K방역의 핵심이다. 코로나19 검사를 위한 특별교통수단의 지원이 대중교통의 연장에서 이루어지기를 바란다. (2022.01.19)

예산 없이 권리 없다!

 장애인계와 민주당 포용복지위원회와 정책 간담회가 열렸다. 20대 대통령 선거를 앞두고 민주당에서 장애인정책 공약을 마련하기 위하여 의견을 수렴하는 자리였다. 나는 광주장애인차별철폐연대 상임대표로서 몇 가지 정책제안을 했다.

 첫째, 제4차 이동편의증진계획(2022-2026년)에 따른 국가계획과 지방계획의 실효성 담보

 이동편의증진계획에 따른 저상버스와 특별교통수단(장애인 콜택시) 법정 도입대수를 강제할 수 있도록 지원하라. 광주광역시는 저상버스를 2021년까지 45% 도입하도록 국가 계획과 광주시 계획에 명시하였다. 하지만 2021년 말 현재 25%인 261대가 운행되고 있다. 특별교통수단도 법정 도입대수는 129대인데 현재 116대를 운행하고 있다. 이를 지키지 않아도 강제할 수 있는 아무런 방법이

없다. 제4차 국가 이동편의증진계획에서는 저상버스를 60% 이상 도입하겠다고 하는데 실효성을 갖기 위해서는 강제할 수 있는 수단과 지원이 필요하다.

둘째, 활동지원서비스와 관련된 쟁점
1) 장기요양서비스와 활동지원서비스 전환 신청
이미 2020년 말에 헌법불합치 결정을 받은 장애인 활동지원에 관한 법률 제5조 제2호에 대한 법률 개정을 서둘러야 한다. 전국적으로 3만 명이나 되는 장애인이 학수고대하고 있다. 특히 2022년에 65세가 되는 사람들은 연말이 되면 영구적으로 활동지원서비스 신청 자격을 상실하게 된다. 나이에 상관없이 사회서비스를 선택적으로 이용하도록 해야 한다.

2) 65세 도래자
장애인의 사회활동에 정년이 있는 것이 아니다. 그런데 만 65세가 되면 활동지원서비스에서 장기요양서비스로 전환되거나 두 서비스를 나누어 받아야 하는 것은 적절하지 않다. 장애인 당사자가 자신의 환경이나 욕구에 맞추어 선택적으로 이용하도록 해야 한다.

3) 24시간 국비지원
활동지원서비스 국비지원은 1구간 480시간이 최대다. 광주시에는 현재 24시간 지원을 받고 있는 중증장애인이 20명이다. 국비 시간을 빼면 나머지를 시비로 부담해야 하는 것이다. 광주시는 2018년 하반기부터 신규 이용자에 대한 시비 추가시간을 지원하지 않고 있다. 동등한 시비 추가시간 지원과 국비로 24시간 지원이 가능하도록 확대해야 한다.

4) 활동지원서비스 수가 현실화

2022년 장애인활동지원서비스 수가는 14,805원이다. 2021년 14,020원 대비 5.6% 인상되었다. 한자협 자료에 의하면 기본급, 주휴수당, 연차수당, 퇴직적립금 등을 빼면 수익률이 142원으로 0.95%에 불과하다. 이것으로 운영비와 전담인력 인건비를 충당하는 것은 불가능하다. 16,000원 이상 활동지원서비스 수가 현실화가 필요하다.

셋째, 장애인 평생교육시설 운영비에 대한 국비 책임

당장 장애인 평생교육법을 제정해야 한다. 장애인 평생교육법 제정안이 현재 국회 교육상임위에 계류 중이다. 교육부가 마련한 학교 형태의 장애인 평생교육시설에 대한 매뉴얼을 시행해야 한다. 그런데 시도교육청은 매뉴얼에 따른 예산 편성을 하지 않고 있다. 평생교육기관 종사자에 대한 처우도 사회복지사 수준으로 지원해야 한다.

이날 정책 간담회에서는 장애연금을 소득과 상관없이 장애로 인한 추가 비용에 대한 보전을 위해 모든 장애인으로 확대해야 한다는 의견도 나왔다. 3월 9일 대선을 앞두고 제대로 된 장애인 공약이 만들어 지기 바란다. 예산 없이 권리 없다! 누가 대통령이 되느냐에 따라서 장애인의 삶이 달라진다는 것은 분명하다.

(2022.01.20)

그들은 물었고 우리는 답했다

그리움과 미안함으로 그녀가 잠든 묘지를 찾았다. 무심하게 9년의 시간이 흘렀다. 그동안 사랑의집 피해 생존자 두 분이 떠나고 두 분이 남았다. 그들은 심각한 질문을 던졌고, 우리는 답을 찾아 여기까지 왔다.

10년 전 여름, 그들을 만났다. 처음 만났을 때 남녀 네 사람은 모두 까까머리를 하고 있었다. 그들의 시선은 두려운 듯 허공을 향했다. 장애인과 함께 20년을 살아온 나에게도 충격이었다.

이미 그녀의 몸은 직장암 말기였다. 장성아 씨는 6개월 만에, 38세의 꽃다운 나이에 우리 곁을 떠났다. 그녀의 임종을 지키면서 남겨진 분들과 끝까지 함께하겠다고 다짐했다. 그녀는 남평 가는 언덕 양지바른 곳에 묻혔다. 평생을 억압 속에서 살다가 죽어서야 비로소 자유인이 되었다.

그들은 실로암 공동체의 길잡이다. 실로암사람들의 공동체 고백인 '우리는 장애인을 환대합니다. 장애인을 존중합니다. 장애인과 함께합니다.'는 그렇게 생겨났다. 이 땅에서 이름도 없고, 갚을 능력이 없는 사람들과 함께하는 것이 실로암사람들의 사명이다.

그립고 미안하다. 그녀가 삶과 죽음으로 우리에게 심어놓은 정신을 이어갈 것이다. 인간에 대한 예의와 존엄한 삶을 가르쳐준 스승이다. 이들에게 새로운 삶의 빗장을 열어준 SBS 배정훈 피디에게 감사한다. 한 방송인의 열정이 우리 사회와 개인의 삶을 바꾸어 놓았다. (2022.01.24)

별꽃 시인 김경원

경원이가 한턱 쏘았다. 진작부터 경원이의 측근들과 식사하기로 했는데 오늘에야 얼굴을 마주했다. 고등학교 3학년 담임이셨던 안봄 선생님과 손미숙 활동지원사 그리고 오방센터 권광미 국장이 함께했다. 나는 별 기여는 못했지만 어린 시절부터 곁을 지켜온 덕분에 합석하게 되었다.

요즘 경원이는 잘 나가는 인싸다. 작년에 시작한 운동으로 전국체전에서 은메달 세 개를 따면서 기대주로 부상했다. 곧바로 선수권대회에서 메달을 이어가면서 일약 광주선수단의 스타가 되었다. 덕분에 올해부터 실업팀에 스카우트되었고 우수선수 지원도 받을 수 있게 되었다. 뿐만 아니라 그동안 오방 체험홈에서 생활했는데 2월 중순 자립할 예정이다.

경원이는 복이 많은 사람이다. 최근 몇 년을 돌아보면 그렇게밖에는 설명이 안 되는 일들이 있다. 세 살 때부터 행복재활원에서 생활하며 특수학교를 다녔다. 광주시 사립 고등학교 가운데 유일하게 특수학급이 있는 조대부고로 진학했다.

고3 담임을 맡은 안봄 선생님은 경원이가 시를 쓰도록 격려해 주었고, 친구들은 시집 발행을 위해 스토리펀딩을 통해 1,150만 원을 모금했다. 2016년 인문계 고등학교 3학년 교실에서 일어난 기적 같은 일이었다. 경원의 첫 시집에 담긴 '뒷이야기'에는 함께한 이들의 마음이 고스란히 담겨있어서 볼 때마다 가슴이 뜨거워진다.

나태주 시인은 축하시와 서평으로 김경원 시인의 첫 시집을 축하해 주었다. 경원이의 시집 소식은 태평양을 건너갔다. 미국에서 와인가게를 하시는 엘리자벳 할머니는 경원이의 장학금을 지원해 주셨다. 기적의 고리는 또 다른 기적을 낳으며 이어지고 있다.

아직도 기적은 진행형이다. 앞으로 시인으로 체육인으로 어디까지 도달할지 아무도 모른다. 경원이는 별이 되어 사랑하는 사람들을 지켜주고 싶어 한다. 분명한 것은 지금처럼 응원해주시는 분들이 함께한다면 경원이는 꿈을 향해 순항해 갈 것이다.

(2022.01.24)

하늘의 친구에게
- 고 손관희 원장 1주기에

벌써 1년이 흘렀구나. 친구의 빈자리가 여전히 낯설다. 오늘 같은 날에는 눈이라도 내리면 좋겠다. 언젠가 동창들이 모인 자리에서 말했지, "눈이 녹으면 봄이 온다"라고. 그래, 친구는 좀 엉뚱하고 아재 개그를 곧잘 했지.

친구는 늘 한결같았지. 처음 만났던 고등학생 시절이나 치과의사가 되고 나서도 늘 소탈했다. 초등학생 때부터 한 교회를 출석한 것도 요즘같은 세태에서는 특별한 일이다. 선교의 열정이 남달랐던 친구는 의료봉사단으로 해외 선교현장을 자주 찾아갔지. 2013년부터 실로암사람들 이사로 장애인 선교의 동역자로 큰 힘이 되었다.

언제까지 함께할 것 같았던 친구가 떠나고 나의 무심함에 많이 아팠다. 아무런 내색을 하지 않아서 건강이 회복되는 줄만 알았는데… 아쉽고 안타깝고 미안하다.

오늘은 친구가 잠든 영락공원을 찾았다. 만남과 이별은 쉽고도 어려운 일인가 보다. 친구의 환한 미소가 그립다. "이별의 시간이 찾아올 때까지는 사랑의 깊이를 모른다"라는 정호승 시인의 말이

가슴에 맺힌다. 언젠가 만날 때까지 안녕히. (2022.01.27)

전형도 님에 대한 감사와 기대

요즘 어떻게 지내냐고 물었더니 밥을 지을 때 뜸을 들이는 여유가 생겼다고 했다. 얼굴도 평화로워 보였다. 작년 말로 13년 동안 일했던 새빛콜에서 퇴직했다. 아직도 팔팔하게 일할 수 있는데 많이 아쉬운 대목이다.

전형도 님은 광주 계림동에서 6남매 중 셋째 아들로 태어났다. 중학생 시절 전교 일등을 다투던 그는 가세가 기울면서 중고등학교를 검정고시로 마치고 일찍부터 생활전선에 뛰어들었다. 막내 동생만 대학까지 가르쳤는데 지금은 성요한병원 의사로 일하고 있다.

스무 살 때 자원해서 군입대를 했다. 어린 시절부터 신앙생활을 해오던 그는 한동안 군종사병으로 일하기도 했다. 할머니와 어머니가 독실한 크리스천이었다. 군대를 제대하고 몇 년간 번 돈으로 부모님의 빚을 갚았다.

1978년 12월에 제대하고 1년 4개월 만에 5·18을 맞았다. 어머니는 아들에게 아침부터 술을 먹여 취하게 해서 낮잠을 재웠지만, 저녁이면 시내로 나갔다. 광일택시에서 일하고 있었던 그는 5월 20일, 무등경기장에서 출발하여 터미널, 금남로 제일은행 앞까지 이른바 택시 시위에 참여하는 등 시민군으로 활동했으나 5·18 유공자 신청은 하지 않았다. 시민으로서 당연한 일이었다고 생각하기 때문이다.

영업용 택시를 운전하다 무사고로 1998년 개인택시를 받았다.

운전을 하면서부터 20여 년간 차량봉사대 활동을 꾸준히 해오고 있었다. 2009년 1월에 새빛콜에 입사하여 13년을 일했다. 매년 운전원 가운데 최상위 콜수를 유지하며 일했다. 새빛콜을 이용하는 장애인들도 최고의 운전원으로 전형도 기사님을 꼽는 이들이 많다.

새빛콜에서 일하면서 가장 기억에 남는 이용인이 있느냐고 물었다. "재미 교포로 한국에서 한방으로 말기암 치료를 받던 분이 미국으로 돌아가면서 '참 따뜻했다'는 말을 지금도 잊지 못한다." 새빛콜을 이용하는 동안 이용인에게 편안한 쉼을 주기 위해 맞춤형 음악도 들려주고, VIP를 모시듯 안전하고 편안하게 운전해 왔다.

실로암사람들에게는 더욱 특별한 역할을 해 오셨다. 토요여행도 전형도 님께서 운전을 도맡아 해주셨기에 가능한 일이었다. 희망나눔이나 김장나눔 등 장애인과 함께하는 곳이라면 언제 어디서나 가장 앞장서서 일해 오셨다. 평생을 가장 연약한 사람들의 편에서 함께 울고 웃으며 살아온 가슴 따뜻한 분이다. 이제 새롭게 시작하는 인생 2막이 기대되는 이유가 여기에 있다. (2022.01.28)

청캠은 설렘이고 눈물이고 그리움이다

1월의 종착역에 왔다. 여기저기서 "왜 그렇게 세월이 빨리 가는지 모르겠다"는 말이 들려온다. 어제는 23살 회원에게 그 말을 들으니 웃음이 났다. 1월을 돌아보니 아쉬움이 남은 대목이 하나 있다.

장애청소년 통합캠프다. 작년에 이어 2년이나 청캠을 열지 못하고 지나갔다. 청캠은 연초에 실로암사람들 사역의 시작을 알리는 신호탄이었다. 젊은이들이 만들어낸 역동적인 기운이 그립다. 내년에는 꼭 열리기를 바란다.

장애를 갖고 살아가는 청소년에게 미래는 열려있는 것일까? 불확실하고 힘들었던 청소년기를 돌아보며 청캠을 시작했다. 장애를 가진 청소년들에게 꿈을 품게 하고 싶었다. 자신의 꿈이 아닌 하나님의 비전을 발견하고 도전하는 삶을 살아가도록 기도하고 싶었다.

그동안 청캠을 통해 수많은 청소년들이 새롭게 일어섰다. 장애 청소년뿐 아니라 비장애 청소년들도 함께 세워져 갔다. 눈 오는 날 무등산을 올랐던 2회(1998년), 온통 흰 눈으로 덮인 겨울왕국에서 진행된 5회(2001년), 300여 명이 함께한 7회(2003년) 청캠은 이미 전설이 되었다. 개인적으로는 장흥 부활동산 컨테이너 숙소에서 자다가 감기에 걸려서 4월까지 고생했던 3회(1999년) 청캠의 기억이 잊히지 않는다.

청캠의 아쉬움을 대신하고 싶은 것이 있다. 1997년부터 2020년까지 24년 동안의 청캠의 역사를 자료집으로 정리하는 것이다. 청캠을 준비하고 진행할 때는 힘들었지만 돌아보면 감사의 기억만 남았다. 청캠에 한 번이라도 함께했던 이들은 알고 있다. 청캠은 여전히 설렘이고 눈물이고 그리움이라는 것을. (2022.01.31)

함께 꿈을 꾼다

설날은 '설레는 날'이다. 코로나19로 여전히 힘들고 어렵지만 마음을 다잡으며 힘을 낸다. '이 또한 지나가리라.' 지금 좋은 것이나 힘들고 어려운 것들도 결국 지나갈 것이다. 사회적 거리두기로 인해 물리적 거리는 멀어져도, 마음의 거리는 가까워지기를 원한다.

실로암사람들과 함께한 30년의 시간은 설렘이었다. 세상 가장 낮은 곳에 임한 하나님의 은혜는 꺼지지 않는 기름부음이었다. 연약한 사람들을 통해 십자가의 도를 배우며 살아간다. 날마다 부대끼며 살아온 실로암사람들이 있어서 참 좋다. 여러분이 있기에 제가 있다. 그래서 함께 꿈을 꾸며 기쁘게 살아간다.

찰리 채플린의 "인생은 가까이서 보면 비극이고, 멀리서 보면 희극이다."라는 말처럼 긴 호흡으로 마음을 가다듬는다. 2022년의 남은 날들을 치열하면서도 부드럽게 살아야겠다. (2022.02.01)

기독교와 무속

한 달 전부터 회원 한 분이 잠을 자다가 귀신이 보인다고 연락을 해 왔다. 2년 전에도 비슷한 일이 있었다. 처음에는 주기도문으로 기도하라고 했다가 기도문을 적어주었다. 기도문이 효험이 없는지 거의 매일 귀신 이야기를 해온다.

정치권에서도 무속 논란이 뜨겁다. 기독교 신앙은 무속과 다르다. 하나님은 무당이나 점쟁이를 용납하지 않고 가증히 여긴다.(신명기 18:10-14) 기독교는 무속신앙을 우상 숭배로 배격한다.

기독교 신앙은 하나님과의 인격적인 관계를 전제한다. 하나님과의 친밀함 속에서 바라보고, 뜻을 헤아리고, 즐거워하고, 함께하는 것이다. 신앙생활은 자신의 부족함을 발견하고 하나님의 성품을 닮아가는 과정이다.

무속은 인격적인 관계가 없고 두려움만 있을 뿐이다. 오직 자신의 이익을 위해 신의 힘을 이용하는데 관심이 있을 뿐이다. 심지어 신에게 거래를 하려 들거나 협박하기도 한다.

교회 안에서도 무속신앙의 흔적들이 적지 않다. 예수 믿는 것과 물질 축복이 정비례한다는 현세 중심적 기복신앙은 무속신앙과 동일하다. 신앙이 주술처럼 변질되면 기도는 주문처럼 공허하게 된다. 지금이야말로 한국교회가 기독교 신앙을 회복할 때이다.

(2022.02.02)

한국 현대사의 비극을 몸으로 안고 살다

강혜영 사모님이 별세하였다. 평생 고 강신석 목사님의 곁을 지켜온 아내이자 동역자로 사셨다. 명절이면 두 분께 인사드리는 것이 큰 기쁨이었던 시절이 그립다. 그럴 때마다 두 분의 살아온 이야기를 청해 들었다. 마지막에는 꼭 강 목사님께서 실로암사람들을 위해 기도해 주셨다.

강혜영 사모님은 강유진 독립운동가의 딸로 태어났다. 아버지는 광주학생운동에 주도적으로 참여하여 투옥되기도 했다. 이후 6·25 때 백색테러를 당해 사망했다. 온 가족이 소용돌이에 빠져들게 되었고 사모님은 전남여중을 채 졸업하지 못하고 입양되어 50여 년을 나혜영으로 살았다. 아버지가 국가유공자로 사면복권되고 나서 2000년에야 다시 강혜영이라는 이름을 되찾을 수 있었다.

강신석 목사님과 강혜영 사모님은 비슷한 데가 많았다. 학생 시절에 광주양림교회에서 만나 결혼했는데 사모님이 한 살 연상이었고, 진주 강 씨 동성동본이었다. 사모님은 강 목사님에 대하여 '성실한 사람'이라고 했다. 군부독재의 모진 탄압 속에서도 자신과 가정과 교회 목회의 성실함을 잃지 않았다. 두 분의 생일도 비슷했는데 돌아가신 날도 비슷하다.

다시 태어나도 결혼하시겠냐고 물었다. 사모님은 "저 양반을 내가 건사해야지 누가 하겠냐"라고 하시며 웃었다. 목회자로 은퇴하고 나서는 언제 어디서나 두 분이서 함께하셨다. 가까운 곳에 산책을 할 때에도 손을 잡고 다녔다. 어쩌면 사모님도 목사님을 뵙고 싶어서 그 길을 재촉하셨는지 모른다.

강혜영 사모님의 가족사에는 광주학생운동, 6·25, 5·18 등 한국 현대사의 비극이 숨어있다. 엄청난 아픔을 온몸으로 겪으며 살면서 얼마나 힘들었을까. 1년 동안 떨어져 계셨던 두 분은 다시 5·18 국립묘지에 함께 묻히게 되었다. 이제 하늘의 안식과 위로를 빈다.

(2022.02.03)

들꽃시인 홍선영을 기억한다

고 홍선영 시인의 12주기다. 실로암재활원에서 살면서 시를 많이 썼다. 가끔씩 시작 노트를 건네받아서 워드입력을 해 드렸다. 나는 연필로 삐뚤빼뚤하게 또박또박 써 내려간 글씨를 좋아했다. 시인의 마음과 호흡이 그대로 읽히기 때문이다.

200여 편의 시를 출력하여 제본을 해드렸더니 자연스레 시집 출판 이야기가 나왔다. 1년 여의 준비 끝에 2001년 71편의 시를 모아 첫 번째 시집 『들꽃의 기도』를 출판했다. 들꽃은 하늘만 바라보며 산다. 사색하고 기도하며 시를 썼던 홍선영 시인의 삶이 들꽃을 닮았다. 생전에 곽정숙 의원님은 동갑내기 홍선영 시인을 '자유인'이라 했다.

　홍선영 시인은 실로암재활원을 떠나 자립했다. 자립 후에도 시에 대한 열정은 식지 않았다. 그러다 2010년 2월, 장협착으로 51년의 생을 마감했다. 홍 시인이 피어 올린 시들을 모아 유고 시선집『내 영혼이 머무는 곳』을 발행했다.

　2011년에는 시화집을 제작하고 전시회를 가졌다. 김영태 작가의 사진작품과 어우러진 홍선영 시인의 시는 깊은 울림을 주었다. 나는 두 권의 시집과 시화집을 만드는 과정에 참여하는 행운을 누렸다. 지금도 시집을 꺼내들면 특유의 미소로 반겨주던 시인을 뵙는 듯하다.

　홍선영 시인은 어느 날 나에게 특명을 내렸다. 몇 년 전 아는 분에게 돈을 빌려주었는데 원금과 이자를 갚지 않는다고 했다. 그동안 가족들이 준 용돈을 모아 사채놀이(?)를 하고 있었던 것이다. 나는 당사자를 만나 돈을 갚으라고 재촉하고 돌아오면서 일이 잘 풀려 돈을 갚을 수 있기를 간절히 바랐다. 처음이자 마지막으로 했던 해결사 노릇은 해피엔딩으로 끝났다.

　홍 시인은 행사를 준비하며 축하의 시를 부탁하면 거절한 적이 없었다. 시인은 갔어도 분신처럼 남겨놓은 시들은 아직도 들꽃처럼 피어나고 있다. 홍선영 시인의 시를 읽으며 추모를 대신한다.

　　　삶

　　　- 홍선영

　　　남보다 욕심내지 않아도

모자람이 없고
부지런 떨면서 살아도
남음도 없다

저마다 잘난 듯 뽐내어도
하늘은 공평한 것
없는 자 있는 자 구별 없이
같은 생명으로

골고루 허락하시고
없는 자 있는 자
언제나 상관없이 따스한 햇살
나누어 주시고

높은 자리 앉아 있어도
만족은 없고
남보다 가난하게 살아도
부족한 것 없다

(2022.02.04)

강신석 목사님의 정신을 이어갈 것이다

고 강신석 목사님 1주기다. 실로암사람들의 아버지라 불리우던 강 목사님이 돌아가신 후 나는 미아와 같은 외로움을 느꼈다. "아야~ 김목사"하시며 웃으시던 모습이 그립다. 2002년 에세이집을 냈을 때 '세상에서 가장 행복한 사람'이라고 격려해 주신 말씀은 지금도 가슴을 뜨겁게 한다.

강신석 목사님은 누군가 해야 하는 어렵고 힘든일을 피하지 않은 분이었다. 군부독재의 엄혹한 시절에는 목숨을 걸어야 하는 일이었다. 평생 민주주의와 인권과 정의를 위한 밀알이 되셨기에 5·18의 진실이 세상에 알려졌다.

강신석 목사님 1주기에 실로암사람들은 추모 현수막을 걸었다. '진실하라 온유하라 두려워 말라. 강신석 목사님의 정신을 이어가겠습니다.' 하나님 앞에서 진실한 목회자였고, 사회적 약자에게는 한없이 온유한 아버지였으며, 불의한 권력을 두려워하지 않는 투사의 삶을 사셨다. 마치 렘브란트의 그림 '탕자의 귀향'에 나오는 아버지의 손처럼 모성과 부성을 모두 간직하신 분이셨다.

강신석 목사님의 삶과 사역은 실로암사람들의 나침반이 되었다. 장애인 선교단체로 시작해서 장애인권에 관심을 갖게 된 것은 강목사님의 영향이 컸다. 도가니 사건 등 시대의 요구에 피하지 않고, 치열하면서도 부드럽게 살려고 노력해 왔다. 앞으로도 '예수님께 속한 자(belong to Jesus)'로 살아갈 것이다. (2022.02.04)

65세가 장애인 삶의 데드라인(deadline)인가?

문경희 씨는 작년 말로 만 65세가 되었다. 만 65세 생일은 장애를 가진 사람들에게 공포의 날이다. 활동지원서비스가 중단되고 장기요양서비스로 전환되거나 두 가지 서비스를 동시에 이용해야 한다. 정확하게 말하자면 요양서비스로 전환하고 활동지원 보전급여를 추가해 주는 셈이다.

문경희 씨는 뇌병변 장애인으로 25년을 시설에서 살다가 자립을 하였다. 처음에는 부양의무제 때문에 수급자가 되지 못해서 경제적인 어려움 속에서 살아야 했다. 부양의무자 기준이 완화되면서 2016년에야 수급자가 되었고, 활동지원서비스를 받으며 안정적인 생활을 하였다.

하지만 건강이 악화되면서 2년 동안 병원 치료를 받아야 했다. 병원에서도 24시간 간병인이 필요했기에 경제적으로는 파산상태가 되었다. 요양병원이냐 집이냐를 놓고 고심 끝에 집을 선택했다. 죽음을 각오했기에 가능한 일이었다.

집에서의 생활은 생각보다 위험했다. 광주장애인종합지원센터에서 지원하면서 숨통이 트였다. 그러나 활동지원(국비) 391시간과 광주시 추가 27시간, 종합지원센터 223시간, 오방센터 70시간 등 총 711시간으로는 안전한 삶을 보장받지 못했다. 저녁 9시부터 새벽 1시까지 4시간 동안 혼자 있어야 했다. 몇 번의 위험한 순간이 있었지만 다행히 넘어갔다. 2021년 5월부터 24시간 활동지원서비스를 받게 되면서 죽음의 공포에서 벗어나게 되었다.

올 겨울 문경희 씨는 또다시 떨고 있다. 그녀는 현재 활동지원(국비) 420시간(3구간), 광주시 추가시간 477시간형으로 24시간 서비스를 받고 있다. 광주시는 만 65세 도래자에 대하여 24시간 지원 사례가 없다고 난색을 보이고 있다. 경우에 따라 올 3월부터는 장기요양 120시간, 활동지원 보전급여 300시간, 광주시 추가시간 27시간 등 총 447시간을 받게 될 수도 있다. 이렇게 되면 죽으라는 말이다.

만 65세 도래자에 대해 지원을 해 오지 않았기 때문에 사례가 없는 것이다. 새로운 사례는 만들면 된다. 목숨 줄과 같은 24시간 활동지원서비스를 중단하는 것은 당사자에 대한 사망선고다. 만 65세 도래자에 대하여 추가급여를 통해 기존 활동지원 시간을 유지하는 것이 장애인활동지원에 관한 법률의 기본 정신이다. 만 65세가 장애인 삶의 데드라인(deadline)이 되어서는 안 된다. 광주시의 결단을 촉구한다. (2022.02.04)

블링크TV를 아는가?

코로나19로 인해 사회적 거리두기가 3년째 이어지고 있지만 사이버 세상에는 거리도 장벽도 없다. 개인적으로 최근 가장 관심이 가는 유튜브 채널이 근육병, 게임, 복지 관련 콘텐츠를 제공하고 있는 블링크TV다. 블링크TV 운영자는 자신을 "근이영양증 희귀병 유튜버 블링크입니다. 인생에 지쳐 힘들어하는 이들에게 다시 일어설 힘과 희망을 주고 싶습니다. 천만 번의 눈 깜빡임으로 세상과 소통하는 블링크입니다."라고 소개한다.

블링크는 바로 장익선 씨다. 20년 전에 만나 꽃피는집 공동생활가정을 만들게 된 계기가 되었고, 이후 광주근육장애인협회를 조직했다. 광주시 근육장애인 지원 조례와 정책을 선도한 활동가 이기도 하다. 작년 봄, 7년 동안 일했던 광주근육장애인협회장을 내려놓은 후 유튜버로 활동하기 시작했다.

모든 콘텐츠를 자신이 직접 기획, 촬영, 편집한다. 수 만 번의 눈 깜박임으로 만들어진 다양한 콘텐츠를 보니 24살 차 띠동갑인 나로서는 신기할 뿐이다. 블링크TV에 올라온 '삶의 끝자락에서 깨닫게 되는 것들'(2022.01.24)을 시청소감을 적어 보았다.

　블링크는 10년 전 복부에 가스가 차서 이젠 죽는구나 생각을 했다. 식사도 할 수 없는 고통 가운데서 하나님께 기도를 했다. 다행히 복부팽만은 사라졌지만 건강은 많이 나빠져 있었다. 죽음의 자리에까지 내몰렸던 삶의 끝자락에서 그의 삶은 달라졌다.

　세상에 어떠한 것도 당연한 것은 없다. 숨을 쉬고, 밥을 먹고, 볼 수 있는 것도 자신의 노력만으로 얻어지는 것이 아니다. 삶에 대한 소중함을 깨달은 그는 주어진 시간을 압축적으로 살아가기 위해 노력하게 되었다. 자신에게 남아있는 시간을 의미 있게 살기 위해 버킷리스트를 만들고, 주저 없이 도전하기 시작했다.

　바깥 외출을 위해서 인공호흡기를 싣고, 누워서 탈 수 있는 휠체어를 마련하였다. 일상의 모든 것이 도전이고 전쟁이었다. 기차를 타도, 장애인 콜택시를 타도, 식당에 가도, 숙박시설이나 은행에 가도 늘 위험하거나 무능한 존재로 규정되었다. 이동할 때 구급차를 이용하라는 말을 듣기도 했지만 스스로 포기해 버리면 아무것도 할 수 없기에 장애인 차별에 대하여 국가인권위원회에 진정하는 등 적극적으로 대응했다.

　그는 근이영양증으로 인해 자신의 삶에서 통제할 수 없는 것들이 있음을 인정한다. 하지만 할 수 없는 것을 원망하기보다는 할 수 있는 것에 집중하며 살아가고 있다. 삶의 끝자락에서 인생의 의미와 진정한 가치를 깨닫고 나니 아침에 눈을 뜨고, 숨을 쉬고 있는 것 자체가 기적임을 고백한다. 진정한 행복은 내게 주어진 것들을 감사할 때 누리는 것이다.

　유튜버 블링크에 박수를 보낸다. 현재 650명의 구독자가 1,000명이 될 때까지 열심히 홍보해야겠다. 1,000명이 되면 김미숙 국장과 함께 통닭을 사들고 블링크를 방문할 것이다. 블링크TV 구독,

좋아요 부탁해요. (2022.02.05)

그녀는 농인 바리스타다

　진미선 회원은 1964년 전남 해남에서 3녀 1남의 장녀로 태어났다. 4살때 고열로 인해 청각장애를 갖게 되었다. 어린시절은 온통 자연 속에서 마음껏 뛰어 놀았다. 산길에서 뱀을 만났을 때는 친구들이 가르쳐준 대로 양손을 몸 뒤로 숨기고 기다렸더니 그냥 지나가기도 했다.
　7살 때 온 가족이 광주로 이사를 왔다. 학교에서는 남자 아이들이 머리채를 잡아 당기며 벙어리라 놀렸다. 처음에는 울고 도망 다니다가 나중에는 싸움닭처럼 이를 악물고 싸우기 일쑤였다. 1980년 5월, 농성동 이웃 집에 살던 전남여상 3학년 박금희 언니는 기독병원에서 헌혈하고 돌아오는 길에 계엄군의 총에 맞아 숨졌다. 평소에 가까이 지냈던 언니의 죽음에 대하여 아무도 말해주지 않았다. 국립5·18민주묘지 봉안실에서 박금희 언니의 영정을 한눈에 알아본 그녀는 한참을 울었다.
　21살에는 마트에서 만난 농인 언니를 통해서 교회를 소개 받았다. 농인들이 다니는 교회였다. 당시에는 수어를 전혀 알지 못했지만 수어로 찬양하고 설교하는 모습이 너무나 아름답게 느껴졌다. 가족 가운데는 처음으로 기독교 신앙을 갖게 되었다.
　예배 후에 교회 청년들을 통해 수어를 배웠다. 가장 눈에 들어오는 형제가 있었는데 갑자기 서울로 올라가 버렸다. 2년의 시간이 흐른 뒤 서울로 갔던 김봉진 형제가 나타났다. 흰색 안경, 세련된 헤어스타일, 멋진 양복을 입은 그는 전혀 다른 사람이 되어 있었다.

24살이 되던 해 김봉진과 결혼하였다. 남편은 어린 시절부터 꿈이었던 그림을 그리기 시작했다. 혼자서 독학으로 서양화를 공부하던 남편은 1994년 광주시 미술대전에서 대상을 받아 실력을 인정받게 되었다. 평생 잊을 수 없는 기쁜 날이었다.

결혼 후 안 해 본 일이 없었다. 손뜨개질, 옷 수선, 하남공단 부품조립, 공공근로 뿐 아니라 대학가에서 분식집을 운영하기도 했다. 2016년부터 카페홀더에서 일하게 되었다. 카페홀더 도시철도점은 매출도 오르고, 직원들도 서로 도와가며 즐겁게 일하고 있다. 작년에 출시한 드립백 커피는 반응이 좋다.

실로암사람들 일이라면 최선을 다해서 함께하고 있다. 세월호 참사 이후 서명운동에 참여하면서 한 시간 동안 200명의 서명을 받아 '서명의 여왕'이란 별명을 갖게 되었다. 수어중창단 활동은 물론 희망나눔, 김장나눔, 목요모임 라이브도 빠지지 않고 있다. 최근에는 실로암센터 건립을 위한 2% 나눔운동을 열심히 홍보하고 있다. 3년 안에 꼭 실로암센터가 건립되기를 기도한다. (2022.02.08)

세계일주를 꿈꾸는 청년

'사람 좋다'는 말은 최재호 회원에게 잘 어울리는 수식어다. 그는 1972년생 서울에서 1녀 2남의 둘째로 태어났다. 부모님이 공무원이어서 경기도와 전라도로 옮겨 다녔으나 초등학교 3학년에 광주로 이사 오면서 지금까지 살고 있다.

어린 시절 아버지를 따라 송전탑 공사장에 따라다녔던 기억이 아런하다. 초중고를 광주에서 졸업했다. 고등학교 때는 질풍노도의 시간을 보냈다. 졸업 후 직업훈련원을 통해 중장비와 컴퓨터 관련 자격을 취득했다.

김대중 정부 때 국민PC 보급이 활발해지면서 컴퓨터 AS 기사일을 시작했다. 직장에서 일하면서 야간대학에서 컴퓨터를 전공했다. 군 복무는 공병대에서 했는데 끝없는 삽질과 조경하는 일이 기억에 남는다.

2000년부터 무등극장에서 영화 배급과 전산업무를 맡았다. 당시 광주 최고의 극장에서 일한다는 자부심이 있었는데, 이유미 국장과 차복현 팀장도 무등극장에서 함께 일한 동료다. 가끔 이유미 국장을 만나러 남학생이 꽃다발을 들고 찾아오기도 했단다. 영화가 필름에서 디지털로 바뀌는 과정이었는데 영사기술을 배워서 2017년까지 영화 영사 관련 일을 했다.

실로암사람들과의 만남은 이유미 국장을 통해서 컴퓨터 수리 등 재능기부 봉사를 하면서 시작되었다. 2015년부터 지금까지 컴퓨터 수리 요청은 계속되고 있다. 활동지원사는 2020년부터 시작해서 현재는 조재형 감독을 지원하고 있다. 두 사람은 영화를 매개로 이야기 꽃을 피우기도 한다.

최재호 씨의 버킷리스트 1번은 세계일주다. 언젠가 그는 크루즈 여행을 하면서 인스타그램을 통해 알게 된 맛집을 탐방하고 있을 것이다. 올해 들어 실로암센터 건립을 위한 2% 나눔 운동에도 동참했다. 컴퓨터가 고장 나면 언제든지 연락해 달라는 그의 말이 고맙고 든든하다. (2022.02.09)

그리움이 자라 희망이 되다

넷플릭스를 통해 가장 즐겨보는 프로그램이 '세계 테마 기행'이다. 코로나 팬데믹 아래서 세계 곳곳을 둘러볼 수 있는 기회다. 지구본을 돌려가며 보는 재미가 쏠쏠하다.

넷플릭스를 서핑하다 영화 '시민 노무현'에 끌렸다. 대통령 선거를 앞두고 심란한 마음을 달래고 싶어서였을지도 모른다. '시민 노무현'은 대통령 퇴임 후 봉하마을에서의 귀향 생활을 소재로 제작한 다큐멘터리 영화로 10주기인 2019년에 개봉했다.

고향으로 돌아와 "야~ 기분 좋다"하시던 모습은 454일 만에 끝이 났다. 시민으로 돌아와 소박한 삶을 살던 그를 이명박 정부와 검찰은 가만두지 않았다. 우리는 허망하게 그를 보내야 했다.

어느덧 노무현 대통령이 떠난 지 열세 번째 봄을 앞두고 있다. 시간의 흐름만큼이나 쌓인 그리움과 "꽃이 진 뒤에야 봄이었음을 압니다"라는 말이 새삼 떠오른다. 만약 우리 정치사에서 김대중-노무현 민주정부 10년이 없었다면 어떻게 되었을까? 지금과 같은 민주주의도, 경제도, 통일도, 복지도 상상하기 어려울 것이다.

20대 대통령 선거가 27일 앞으로 다가왔다. 문재인 정부를 이어 4기 민주정부가 세워졌으면 좋겠다. 가장 연약한 사람들의 존엄이 지켜지며, 젊은이들에게 더 많은 기회가 주어지기 바란다. 이재명, 윤석열, 심상정, 안철수 등 모든 후보가 노무현 정신을 내세우고 있다. 살아온 삶의 결이 다른 사람이 노무현 대통령의 마음을 손톱만큼이라도 알까? (2022.02.10)

차별없는 장애인 평생교육권 보장하라

'장애인평생교육법안'이 2021년 4월 20일 장애인의날을 기점으로 국회 교육위원회 위원장인 유기홍 더불어민주당 의원이 대표발의하여 마침내 국회에 발의되었다. 이 발의는 유기홍 의원을 비롯해 총 48명의 국회의원이 함께했으며, 더불어민주당, 국민의힘, 정의당, 열린민주당, 기본소득당, 무소속 등 여야 구분 없이 다양한 의원들이 공동발의에 이름을 올린 점이 특색이다.

장애인은 학령기에 정규 의무교육과정을 원활하게 이수하지 못하는 경우가 많아 평생교육에 대한 의존도가 비장애인에 비해 현저히 높다. 장애인의 경우, 중학교 졸업 이하 학력이 전체 장애인의 54.4%(2017년 장애인실태조사)에 달하며, 이는 전체 국민 중 중졸 이하 학력 12%에 비해 4.5배나 높은 수준이다. 기초학력 보장을 위해 장애인에게 평생교육은 중요하다.

학령기 교육조차 받지 못하니 사회참여 또한 크게 제한된다. 15세 이상 등록장애인 252만 6201명 중 비경제활동인구는 158만 5065명으로 62.7%(2019 장애인경제활동실태조사)에 달하고, 이는 전체인구 36%에 비해 1.7배나 높다. 장애인의 고용과 지역사회 참여 확대를 위해 평생교육은 중요하다.

그러나 학령기 특수교육 대상 학생과 비교해보면 2018년 기준 특수교육대상 학생 1인당 평균 특수교육비는 연간 3039만 8000원인데 비해, 장애인 1인당 평생교육 예산은 연간 2287원(장애인평생교육 중장기계획 수립을 위한 기초연구)에 불과하다.

따라서 장애인의 평생교육 보장을 위해 독자적인 장애인평생교육법안을 제정하여, 비장애인 중심의 평생교육 지원체계에서 배제된 장애성인에게 적절한 교육서비스를 제공해야 한다. 장애성인에 대한 평생교육은 비장애인과 달리 장애의 특수성으로 인해 그 목적과 교육과정, 지원내용이 달라져야 한다. 그러나 현행 평생교육법은 이를 따라가지 못하고 오히려 제약하는 요소로 작동하고 있다. 이 법안을 통해 모든 장애인이 평생교육 참여 기회를 골고루 보장받을 수 있도록 장애인의 평생교육을 권리로 명확히 규정하고, 국가 및 지방자치단체의 책무성을 강화하며, 그 전달체계 및 심의체계 구축에 대한 내용을 명확하게 규정 할 수 있을 것이다.

(＊더불어민주당 교육대전환운동 광주본부를 통해 이재명 후보의 소확행 공약으로 제안 함) (2022.02.10)

고주혁의 도전은 계속된다

고주혁은 매일 실로암사람들 사무국에 출근하고 있다. 2022년 1월부터 장애인 일자리로 참여하면서부터다. 사회복지사가 어떤 역할을 하는지 현장에서 배울 수 있어서 좋고, 직원들과도 공감대가 넓어져서 관계도 더 친밀해졌다.

그는 2000년에 태어나 네 살이 되던 2003년부터 행복원에서 생활했다. 같은 방을 쓰던 문정조 형은 근육장애인으로 세 살이 많았다. 장애가 심한 형과 서로 도우며 살면서 사회복지사의 꿈을 키웠다. 자신의 측근이라고 할 수 있는 김방울 누나, 배영준, 김경원, 김영웅, 정봉기 형들과 박대왕 친구, 최동화 동생은 모두 행복원에서 만났다.

초·중학교는 일반학교를 다니다가 고등학교 때 은혜학교로 진학했다. 장애를 가진 또래 친구들과 어울리면서 자신이 더 성숙해졌다고 생각하기에 특수학교로 진학한 것에 대하여서는 만족해한다. 고1 때 학교 선생님의 권유로 커피바리스타에 관심을 갖게 되었고, 재학 중에 바리스타 2급, 1급 자격을 취득하였다. 고등학교 졸업 후 카페에서 바리스타로 1년 2개월을 일했는데 동료 직원들과의 관계가 쉽지 않았다.

2021년 1월, 자신에게 고향집과 같은 행복재활원을 퇴소했다. 이후 실로암사람들이 운영하는 임대주택에 입주하여 완전 자립을 준비하고 있다. 작년에 사이버로 시작한 사회복지 공부는 올해 말이면 사회복지사 자격을 갖게 된다. 사회복지 공부는 재미있지만 학점은 생각보다 쉽지 않았다. 2년 과정을 마치면 사회복지 현장에서 일하면서 1급 사회복지사 자격에 도전할 생각이다.

주혁이의 꿈은 좋은 사람, 좋은 사회복지사가 되는 것이다. 23살 주혁은 다른 사람들의 이야기를 잘 들어준다. 나이에 비해서 속이 깊다는 말과 너무 신중해서 애어른 같다는 말을 많이 듣는다. 언젠가는 카페를 창업하여 장애인들에게 바리스타의 꿈을 키워주고 싶어 한다. 지금도 처음 바리스타 자격증을 취득했을 때의 기쁨과 감동을 잊지 못하고 있기 때문이다.

실로암사람들과의 첫 만남은 중학교 1학년 때 참여한 장애청소년 통합캠프였다. 시간이 흘러 지금은 또 하나의 가족이 되었다. 목요모임 라이브 방송 때는 김모세 팀장과 함께 영상을 맡고 있다. 가끔씩 방송사고로 인해 당황스럽지만 지금은 많이 적응한 상태다. 미소가 아름다운 청년 주혁이의 도전은 계속되고 있다.

(2022.02.11)

정대 씨에게 자원봉사란?

김정대 회원이 실로암센터 창고 정리를 하고 있다. 실로암사람들이 필요할 때 바람같이 나타나 해결사 역할을 자임하는 사나이다. 오늘도 일을 마치고는 인사를 나눌 겨를도 없이 사라졌다.

정대 씨는 1977년 광주에서 3형제 중 맏이로 태어났다. 초등학교는 장성에서, 중고등학교는 광주에서 졸업하고, 1996년 대학에서 건축을 공부했다. 2학년을 마치고 군 입대하여 경기도 연천에서 26개월 병장 만기 제대했다.

제대 후 정수기 판매, 택시 운전, 음악출판사 영업하는 일을 했다. 서울에서 2년여 자립생활센터에서 코디네이터 역할을 하면서 사회복지사 자격을 취득했다. 2005년 꽃피는집을 개원하면서 정대 씨에게 직원으로 함께하자고 제안했으나 거절당했다. 이후 해양도시가스 고객센터에서 10년을 일하다가 최근에는 냉동 설비하는 일을 하고 있다.

2003년 광주따세에 참여하여 주로 사회복지 시설에서 자원봉사를 했다. 자원봉사를 하다가 실로암사람들을 알게 되어 현대자동차 3층에 있는 실로암센터를 처음 방문했다. 2014년 여름휴가를 내어 해남에서 열린 실로암사람들의 마지막 여름캠프에 자원봉사로 참여하였다. 정대 씨에게 자원봉사는 '좋은 일 하는 것'이 아니라 '좋은 사람들과의 동행'이다. 만나서 좋고, 나눌 수 있어서 기쁘고, 함께 나이가 들어가서 감사하다. 정대 씨는 2016년 실로암사람들 송년모임에서 사회봉사상을 수상하기도 했다.

실로암사람들에게 정대 씨는 보석 같은 선물이다. 필요할 때 가장 먼저 떠오르는 몇 안 되는 자원봉사자다. 인화대책위 천막농성장에도, 카페홀더 일일점장도, 희망나눔 바자회도, 장애청소년 통합캠프도 그의 손길이 닿지 않은 곳이 없었다. 2016년 부터 시작된 희망나눔 응원 인증샷도 정대 씨랑 이야기하다가 생겨난 아이디어였다. 유쾌한 정대 씨가 좋은 사람 만나서 행복한 가정 이루기를 응원한다. (2022.02.13)

받아쓰기는 존재에 대한 재발견이다

나의 글쓰기는 받아쓰기다. 한글을 익히자마자 시작된 받아쓰기를 나이 60이 되어서 이어가고 있다. 받아쓰기는 순수한 창작물이 아니라 주변의 사람들과 함께하며 들려오는 이야기를 받아 적는다. 글을 쓰는 목적도 사람들에 대한 기억과 삶의 흔적을 간직하고 싶을 뿐이다.

사람의 진정한 가치는 존재에 있다. 존재 자체가 처음이자 나중이고, 시작이자 끝이다. 돈이나 일이나 명예 같은 자신의 존재를 둘러싼 여타의 것들은 그것이 무엇이든 기타 사항에 불과하다. 받아쓰기는 주위 사람들의 존재에 대한 재발견에서 시작된다.

이른 아침부터 휴대폰이 울린다. A는 간밤에 귀신 꿈을 꾸었단다. 어젯밤에도 통화를 하면서 기도하고 평안한 마음으로 자라고 했었다. 얼마나 힘들었으면 이른 시간에 연락을 해 왔을까 생각하니 미안하다. 병원에 가서 약을 바꾸어 보라고 했다.

그룹홈에서 살았던 B는 지금은 다른 시설에서 생활하고 있다. 나랑 통화를 하면 기분이 좋아진다고 일수를 찍듯 악착같이 연락을 한다. 짧은 통화가 여러 사람과 부대끼며 살아가는 그에게 작은 숨구멍이라도 되었으면 좋겠다. 최근에는 12살 때 시설로 오면서 헤어진 가족들을 만나고 싶다고 했다. 생일을 앞두고 있어서 가족들이 생각나는 모양이다.

  C를 지켜보노라면 마음이 따뜻해진다. 사람이 얼마나 달라질 수 있는지 그를 보며 새삼 확인한다. 가만히 그를 믿어주고 기다려 주었다. 이미 자신의 삶을 세워가는 힘을 가지고 있었고 스스로 증명해 보였다. 예전에는 일방적으로 하고 싶은 말만 했는데 요즘에는 나의 입장을 많이 배려해 준다. 뭉클한 감동이다.

  D는 한동안 하루에 열 번 정도 통화하는 회원이었다. 그러다가 미안했는지 횟수가 줄어들기 시작해서 요즘은 하루에 한 번 꼴이다. 어쩌다 전화가 없는 날이면 오히려 불안하다. 그와 통화하면 에너지가 충전된다. 코로나로 인해서 늘 집에만 머물러야 하기에 늘 답답해한다. 사진 찍기를 좋아하는 그와 가까운 곳에 바람 쐬러 다녀와야겠다.

  바쁠 때 전화가 걸려올 때가 있다. 살짝 귀찮은 생각이 들다가도 내 딸들보다 더 낫다는 생각에 웃고 만다. 어쩌면 30년이 넘게 실로암사람들에서 일할 수 있었던 것도 이들이 있었기에 가능했다. 내게는 은인이요 귀인이다. 그리고 E, F, G... 모두들 귀하고 감사하다. (2022.02.15)

정재숙이 돌아왔다

  1971년 완도에서 1남 5녀의 셋째로 태어났다. 네 살 즈음에 광주로 이사를 와서 초중고등학교를 광주에서 다녔다. 중3 때 언니의 전도로 지원교회를 출석하기 시작하여 지금까지 신앙생활을 하고 있다. 어린 시절부터 재숙은 다른 사람의 부탁을 거절하지 못하는 성격이었다.

국문학을 공부하고 싶었으나 집안 형편상 장학금도 받고 빨리 돈을 벌어야 했기에 임상병리학을 전공하여 기독한방병원에서 임상병리사로 일하였다. 윤여충 원장님이 실로암사람들 후원이사였기에 원장님을 통해 실로암사람들을 알게 되었다. 1993년경 부터 목요모임에 나오게 되었다. 직장 동료인 김영실 자매는 목요모임에서 드러머로 봉사하였고, 동부교회 친구인 김재숙 자매도 목요모임으로 인도했다.

1994년 디아코니아자매회에서 열린 실로암사람들 실무자수련회에 참여하였다. 직장과 교회와 실로암사람들을 오가면서 주위 사람들을 통해 도전을 받고, 실로암캠프 때 기도하면서 비전을 갖게 되었다. 2000년 디아코니아자매회에 언님으로 지원하였다. 언님이 되고나서 실로암사람들 형제들이 많이 울었다는 후문이 있다. 9년 동안의 수련생활 후에 종신서원을 하지않았다.

다아코니아를 선택한 것도, 디아코니아에서 나온 것도 후회하지 않는다. 내면적으로 성숙할 수 있는 기회였다. 디아코니아에서 수련하던 중 중국 연변대학교 부속 복지병원에서 1년간 일하기도 했다. 당시 하나님이 쓰시는 사람은 그의 인격과 상관없이 하나님의 은혜로 사용할 뿐이라는 사실을 깨달았다.

2008년 다시 광주로 돌아와 막내동생네 문구점에서 일하고 있다. 현실에 안주하고 싶은 마음도 있었으나 컴퓨터 공부도 하고, 방통대 영문과에 편입하여 졸업했다. 인생의 마지막 도전을 준비하며 동강대 간호학과에 입학하여 벌써 3학년이 되었다. 지난 학기 동급생 200명 가운데 1등을 했다는 것은 비밀이다.

20대에는 순수한 열정을 품고 하나님의 뜻이면 거침없이 순종했던 삶을 살았다. 흑백사진처럼 오래된 기억 속에 그날들은 아직도 영롱하게 빛나고 있다. 실로암사람들과 함께했기에 20대를 가치있게 보냈다고 생각한다. 50대가 된 지금은 옳고 그름을 뛰어넘어 조금은 여유를 갖게 되었다. 이제 어디에서든지 자신의 몫을 잘 감당하며 살고 싶어 한다. 그녀의 마지막 도전은 어떤 빛깔일지 궁금하다. (2022.02.15)

장애인 주거는 생존권적 기본권이다

장애인종합지원센터가 주최하는 장애인복지 정책 발굴을 위한 간담회가 열렸다. 코로나19로 엄중한 상황이었지만 열기는 뜨거웠다. 그동안 강조해 온 '현장 중심의 네트워킹' 사업의 일환이다. 올해에는 장애인종합지원센터를 중심으로 장애인 정책에 대한 논의가 풍성해지기를 기대한다.

작년 말 실로암사람들은 '장애인 주거권 보장을 위한 정책토론회'를 제안한 바 있다. 광주에서는 장애인 주거권에 대하여 본격적으로 논의한 적이 없다. 실로암사람들은 오래전부터 탈시설 장애인의 주거지원과 자립 후 주거의 변화에 대하여 주목하고 있다. 장애인의 자립이 시설에서 지역사회로 주거공간의 이동만을 의미하지 않기 때문이다.

실로암사람들은 탈시설과 자립 사이에 있는 장애인을 위하여 체험홈(4곳)과 임대주택(5곳)을 운영하고 있다. 임대주택은 광주지역에서 탈시설 장애인에게 지원한 최초의 주거지원사업이다. 나아가 지역사회에서 완전 자립을 원하는 장애인에게 영구임대 아파트는 최종 종착지였다. 한동안 다른 선택의 여지가 없었다. 하지만 최근에는 국민임대나 행복주택에 대한 관심과 만족도가 높아졌다.

장애인이 탈시설하는 과정에서 가장 어려움을 겪는 것이 주거의 문제다. 주거는 장애인의 삶의 질을 결정하는 가장 중요한 요소이다. 집 안에서 많은 시간을 보내는 최중증의 장애인에게는 주거의 공간에 따라서 삶의 형태가 결정된다. (전동) 휠체어를 사용하는 장애인은 출입구, 화장실, 주방, 침실 등 적정한 공간이 확보되어야 한다. 아울러 장애유형과 장애정도에 따라 맞춤형 주택개조가 필수적이다.

우리나라에는 '장애인·고령자 등 주거약자 지원에 관한 법률'(주거약자법)이 시행되고 있다. 하지만 장애인 주거권 보장을 위한 광주시 조례는 없다. 실로암사람들은 정책토론회를 통해서 장애인 주거권을 공론화하고 나아가 조례 제정이 될 수 있도록 역량을 집중해 나갈 것이다. 장애인에게 주거는 생존권적 기본권이다.

(2022.02.15)

안치환은 대체불가한 가수다

가수 안치환에 대한 수식어는 참 많다. 나는 그를 '시대와 삶을 노래하는 가수'라고 소개하고 싶다. 그의 노래를 통해서 시대의 정신을 확인하고 어둠의 시간을 견디어 내고 있다.

1992년 정권교체가 좌절된 후 '수풀을 헤치며'를 부르며 "함께 꿈꾸던 참 세상은 아직도 머네"라며 통곡했다. 남북 분단과 대립의 현실 앞에 '철망 앞에서'를 외쳤다. "자 총을 내려 두 손 마주 잡고 힘없이 서 있는 녹슨 철조망을 걷어버려요" 5·18 민중항쟁 40주년에는 '봄이 오면'을 발표했다. "봄이 오면 먼 바다의 물결 먼 하늘의 새들 먼 강가의 풀잎 모두 우리 사랑이어라 모두 우리 그리움이어라"

'아이러니'를 통해 진보를 참칭하는 진보주의자를 향해 "꺼져라 기회주의자여"라며 호통을 쳤다. 증오와 혐오의 반복되는 색깔론 망령 앞에서 '빨갱이'를 발표하며 정면으로 맞섰다. "이 세상에 가장 왜곡된 그 말 그리고 이 세상에 가장 무자비한 그 말 빨갱이 넌 빨갱이"

최근 신곡 '마이클 잭슨을 닮은 여인'을 발표했다. "왜 그러는 거니? 뭘 꿈꾸는 거니? 바랠 걸 바래야지 대체!" 김건희 저격 논란에 대하여 노래 의미의 해석은 듣는 이의 몫이라고 했다. 특히 마지막 부분의 "그런 사람 하나로 족해~"에서 '그런 사람'은 마이클 잭슨이 아니라 지금 감옥에 있는 박근혜 정권 비선 실세를 의미한다고 밝혔다.

그는 시대의 요구에 대하여 피하지 않고 끊임없이 희망을 노래한다. 쉽고 편하게 갈 수 있는 길을 놔두고 멀리 돌아서 간다. 낮은 곳에서 살아가는 우리는 안치환에 많은 빚을 졌다. 안치환은 대체 불가능하기에 우리에게 안치환이 필요하다. (2022.02.17)

힘든 하루를 보내며

오늘은 힘든 하루였다. 하루의 일정이 바쁘고 저녁에 목요모임 라이브가 있어서가 아니다. 그것은 늘 해오던 일상이다. 사무실 바닥에 놓인 콘센트를 밟아 대책 없이 미끄러졌다. 왼발이 미끄러지니 오른손으로 탁자를 짚었으나 버티지 못하고 넘어지면서 어깨가 꺾이는 통증을 느꼈다. 살면서 처음 경험하는 아픈 일이다.

겨우 일어나 앉았는데 애플워치에서 "긴급상황 발생, 도움이 필요한가요?"라는 음성과 문자가 계속 들려왔다. 애플워치가 내 몸의 상태를 즉각적으로 알고 반응을 보내온 것이다. 아이폰 광고에서 본 상황과 오버랩이 되었다.

예전에는 샤워장에서 물기가 묻은 미끄러운 타일에 넘어져 오른발 엄지발가락이 시커멓게 멍든 적이 있다. 그때는 보조기를 벗어 놓은 상태라 힘없이 미끄러졌다. 하지만 오늘은 보조기를 착용하고 운동화를 신고 있었다.

이사회를 앞둔 시간이라 쉴 수가 없었다. 시간이 지나면서 점점 오른팔의 통증은 심해졌다. 목요모임 라이브를 마치고 집에 와서 오른팔을 이리저리 돌려보니 뼈가 부러지지는 않은 것 같았다.

거실에서 다시 미끄러졌다. 이번에는 보조기를 벗은 상태였다. 아픈 곳을 다시 다치니 화도 나고 눈물도 났다. 이래저래 힘든 하루를 마감하며 안치환의 '너를 사랑한 이유'를 들으며 심호흡을 한다. 내일이면 좋아져야 할 텐데... (2022.02.17)

마음의 틈을 만든다는 것

월요일 오전에 정재숙 자매가 실로암센터를 찾아왔다. 자원봉사를 하러 온 것이다. 30년 전에도 그녀는 자원봉사자로 실로암사람들을 찾아와 샛별처럼 영롱하게 빛나는 길을 걸어갔다. 각자의 길을 걷다가 다시 만날 수 있다는 것이 얼마나 큰 은총인가. 마치 동창회라도 하듯이 아련한 추억의 장면들을 꺼내어 활짝 웃었다.

시간의 흐름 속에서 우리는 어떻게 변해 왔을까? 이야기를 나누다가 그 시절의 나와 기어이 마주했다. 뜨거운 열정과 열심은 있었으나 사람들을 이해하는데 서툴렀다. 일 때문에 화를 내기 일쑤였다. 담담하게 부끄러운 나를 끄집어내는 걸 보면 뻔뻔해졌거나 여유가 생겼을 것이다.

30년의 시간은 내 안에서 어떤 빛깔로 물들여 갔을까? 세상엔 좋은 면만 가진 사람이 없듯이 나쁜 면만 가진 사람도 없다. 내가 오늘 보고 있는 한 면이 그 사람의 전부가 아니라는 것이다. 편견은 그 한 면을 전부라고 단정 지을 때 생긴다. 어쩌면 좋은 사람은 나와 관계가 좋은 사람이고, 나쁜 사람은 나와 관계가 나쁜 사람일 뿐이다.

나이가 들어간다는 것은 자신의 마음에 틈 하나 만들어 가는 것이다. 그 틈으로 힘이 빠져나가지만 여유가 들어오기도 한다. 누구든지 힘이 들어가 있으면 주위 사람들에게 상처를 주기 쉽다. 힘이 빠지고 여유가 생겨날 때 상대방의 이면을 들여다볼 수 있다.

부족한 자신 앞에 설 때마다 절망보다는 하나님의 은혜를 구했다. 힘써 노력도 했지만 돌아보면 하나님의 은혜로 여기까지 왔다. 이제 힘도 없고 조금은 말랑해졌다. 나의 꿈은 실로암사람들 회원과 함께 울고 웃으며 늙어가는 것이다. (2022.02.18)

방관하지 않고 주는 사랑

오래전 인내와 용기와 사랑에 대한 짧은 영상을 보았다. 강의할 때 가끔 활용하기도 했는데 모건 프리먼이 등장하는 영화가 궁금했다. 검색을 통해 영화 제목을 알아내 '에반 올마이티(Evan Almighty)'를 보았다.

방송 앵커였던 에반 백스터(스티브 카렐)는 "세상을 바꾸자"는 슬로건으로 하원의원에 당선된다. 그는 스스로 "난 성공했고 잘났고 행복하다"라고 생각했다. 하원의원, 새 집, 새 자동차 등 잘 나가던 그에게 어느 날 신(모건 프리먼)이 나타나 뉴욕 시내에 방주를 지으라는 미션을 내린다.

이때부터 에반의 삶은 혼란에 빠진다. 아침 6:14에 알람이 울리고, 이사한 집이 614번지고, 차 번호판도 GEN614이다. 창세기 6장 14절을 읽게 되는데 '잣나무로 방주(ark)를 만들라'와 마주하게 된다. 우여곡절 끝에 방주를 짓기 시작한 그는 주위 사람들과 가족으로부터 미친 사람 취급을 받게 된다.

전에 보았던 영상은 에반의 아내 조앤(로렌 그라함)이 별거를 시작한 후 신이 나타나 대화한 내용이었다. "인내를 달라고 기도하면 신은 뭘 줄까요? 인내? 인내할 기회? 용기를 달라면 당장 용기를 줄까요? 가족 간의 사랑을 기도하면 당장 사랑을 선물로 줄까요? 혹은 사랑할 기회를 줄까요?" 이를 계기로 아내와 아들들은 다시 에반에게 돌아와 방주를 완성한다.

'세상을 바꾸자'는 거창한 슬로건은 가족과 더 화목해지고, 개의 가족이 되어주는 소박한 일상의 삶을 통해 이루어진다. 세상을 바꾸는 것은 '방'관하지 않고 '주'는 사랑, 즉 방주(ARK)였다. 인생은 방주처럼 운전대가 없어서 내 마음대로 되지 않는다. 내게 주어진 기회에 방관하지 않고 용기를 내어 인내하고 사랑하며 살고 싶다.

(2022.02.19)

고마워요, 쫄리형!

부끄럽지만 여태까지 이태석 신부에 대하여 잘 몰랐다. 그의 이름을 잊고 지내다가도 넷플릭스를 열면 AI가 '울지마, 톤즈'를 데리고 왔다. 오늘은 작심하고 수단의 슈바이처, 고 이태석 신부에 대한 영화를 보았다. 2010년 48세의 나이로 별세할 때까지 그의 삶은 말 그대로 놀라웠다.

이태석 신부는 1962년 부산에서 10남매 중 아홉째로 태어났다. 9살 때 아버지가 돌아가시고 어머니가 삯바느질을 하며 10남매를 키웠다. 가난했지만 성당에 다니면서 음악적 재능을 발견하였다. 음악과 신앙은 이태석을 올곧게 자라게 한 힘이 되었고 자신이 목표했던 의과대학에 진학하여 의사가 되었다.

그는 신학생 시절 아프리카 남수단을 찾았다가 그곳에서 참혹한 죽음의 그림자를 보게 된다. 세상에서 가장 가난한 곳이라 생각하여 사제서품을 받으면 이곳에 오겠다고 결심한다. 약속대로 2001년 11월 이태석은 신부가 되어 남수단 톤즈로 돌아왔다. 톤즈에서 만날 수 있는 유일한 의사였던 그는 환자가 늘어나자 직접 병원을 지었다. 밤과 낮을 가리지 않고 찾아오는 환자들을 진심으로 품었다.

매주 유목민 마을을 찾아다니며 결핵환자와 한센인을 치료하였고, 그들의 이야기를 들어주었다. 가난한 그곳에서도 철저하게 버려진 한센인의 친구가 되었다. 그는 한센인이야말로 주님의 존재를 체험하게 만드는 신비스러운 힘을 가진 이들이라 생각했다.

이태석은 병원이 자리를 잡아가자 성당보다 학교를 먼저 세웠다. 초중고 12년 과정 정규학교를 세우고 학생들에게 자립할 수 있는 능력을 일깨웠다. 음악은 톤즈 아이들에게 커다란 선물이었다. 35인조 브라스밴드를 조직하여 음악을 통해 상처받고 부서진 아이들에게 기쁨과 희망의 씨앗을 심어주었다.

한 사람의 헌신은 기적을 만들었다. 인간이 인간에게 꽃이 될 수 있다는 것을 온몸으로 보여주었다. 악기를 배우고 싶은 아이에게 착한 마음부터 배워야 한다는 것을 알려줬다. 무엇을 가르쳐 주는 것보다 같이 있어 주었다. 무슨 일이 있어도 그들 곁을 떠나지 않을 것이라는 믿음을 심어주었다.

톤즈 사람들은 이태석 신부를 '쫄리(John Lee)'라 불렀다. 그는 2001년 11월부터 2008년 11월까지 톤즈에서 살았다. 쫄리가 떠나고 13년이 지난 지금 톤즈 공동체는 어떻게 되었을까? 한 알의 밀알이 죽으면 많은 열매를 맺는다는 말씀처럼 쫄리의 꿈을 이어가는 사람들이 수없이 일어나리라 믿는다. 이태석 신부님처럼 되고 싶다는 꿈을 안고 한국에 왔던 남수단 청년은 2018년 의사가 되었다.

이태석 신부는 자신의 삶에 영향을 준 '아름다운 향기'를 따라 톤즈로 갔다. "가장 보잘것없는 이에게 해 준 것이 곧 나에게 해 준 것이라는 예수님의 말씀, 모든 것을 포기하고 아프리카에서 평생을 바친 슈바이처 박사, 어릴 때 집 근처 고아원에서 본 신부님과 수녀님들의 헌신, 마지막으로 10 남매를 위해 희생하신 어머니의 고귀한 삶이 그의 마음을 움직인 아름다운 향기였다." 영화가 끝나고 저절로 박수가 나왔다.

"네 도움이 필요하다면 누군지, 어딘지, 피부색, 믿음을 묻지 말고 몸, 시간, 돈을 던져라"는 가르침을 본받아 살고 싶다. 나보다 한 살 위인 쫄리 형에게 뒤늦게 존경과 사랑의 마음을 보낸다.

(2022.02.19)

모두를 위한 광주 도시철도 2호선을 소망한다

광주 도시철도 2호선 접근권 보장을 위한 간담회가 열렸다. 광주장애인종합지원센터가 장애인 단체와 광주시 도시철도건설본부와의 소통의 자리를 마련한 것이다. 코로나19의 엄중한 시기임에도 의미 있는 자리가 마련되어서 기쁘게 참여했다. 이번 간담회를 기점으로 활발한 소통이 이루어지기 기대한다.

광주시내를 주행하다 보면 군데군데 지하철 공사가 진행 중이다. 광주 도시철도 2호선은 시청 - 월드컵경기장 - 백운광장 - 광주역 - 첨단 - 수완 - 시청 순환노선으로 총 41.9km, 44개소 정거장으로 건설된다. 광주시의 당초 계획은 2호선 1단계 2023년 개통, 2단계 2024년 개통, 3단계 2025년 개통 예정이었으나 상당히 늦어질 듯하다. 현재 1단계가 31% 진행 중이며, 2단계는 올해 하반기에 시작할 예정이다.

나는 회의에 참여하기 전 광주장차연 회원들에게 의견을 수렴하여 전달하였다. 우선 광주지하철 1호선의 경험을 공유했다. 광주장애인이동권연대가 광주지하철 편의시설 문제를 제기했을 때는 1호선 1구간 공사가 진행 중이었다. 어쩔 수 없이 1호선 2구간에 대하여만 논의하였기에 지금까지도 편의시설의 차이가 확연하다.

이처럼 지하철은 한 번 건축하고 나면 구조변경이 어렵거나 막대한 비용이 소요된다. 그리고 1호선 정거장 중 양동역은 엘리베이터가 하나도 없다. 애초 복개상가라는 구조와 기술적인 어려움 때문에 다음에 재개발하는 과정에서 설치하겠다는 약속을 했다. 도시철도공사 담당자에게 확인했더니 그 약속은 반드시 지킬 것이라고 했다.

도시철도 2호선 관련하여 가장 주요한 논점은 수직이동을 위한 엘리베이터, 장애인용 화장실, 승강장과 열차 사이의 간격이다. 엘리베이터는 최소한 2,000kg(30인승) 이상으로 설치되어야 한다. 요즘 전동스쿠터는 전장이 1.4m인 제품이 상용화되고 있고 앞으로도 대형화되는 추세다. 현재 설계(안)에는 17인승 2대가 명시되어 있다.

장애인용 화장실은 2,450×2,420 크기로 추진되고 있다. 이는 이동편의증진법에서 대변기 전면에 1.4m×1.4m 면적을 확보하도록 규정하는 법적기준은 충족된다고 해도 1.4m 스쿠터가 회전하는 것은 불가능해 보인다. 장애인 화장실은 내부 부착물을 제외한 휠체어 회전반경이 2m 이상 확보하여야 한다. 현재 도시철도 1호선에서 가장 불편한 것이 장애인용 화장실인 것을 감안하여 장애인이 사용하는데 불편함이 없도록 해야 할 것이다.

승강장과 열차 사이의 간격은 법적으로 5cm 이내다. 5cm의 틈이라 할지라도 휠체어 앞바퀴가 회전하다 끼이게 되면 사고의 위험에 노출된다. 서울 지하철의 가장 큰 문제로 지적되고 있는 승강장과 열차 사이의 간격이 최대한 좁혀질 수 있도록 해야 할 것이다.

점자, 음성 안내 설비, 문자 안내 장치 등 각종 안내 사인물은 법규에 맞게 설치되어야 한다. 역과 역 사이 대피로의 휠체어 접근성이 보장되어야 한다. 장애인 마크를 사용할 때에도 기존의 수동적인 이미지보다는 적극적이고 자립적인 이미지의 마크를 사용해야 한다. 그리고 설계 완료 후 시공 전에 반드시 교통약자 편의시설에 대한 공청회나 간담회를 통해 의견을 수렴하기 바란다.

상당한 시간 동안 지역사회의 논란 끝에 도시철도 2호선 공사가 진행 중이다. 기왕에 추진한다면 제대로 해야 한다. 2001년부터 시작된 장애인 이동권 운동의 단초가 되었던 것은 지하철역 리프트 추락 사고였다. 지하철의 특성상 수직이동(엘리베이터) 문제만 해결된다면 가장 효과적인 대중교통이라 할 수 있다. 인권도시 광주시의 바로미터는 지하철을 포함한 장애인 이동권이다.

(2022.02.22)

평화와 미래를 위해 선택하자

대통령 선거일이 다가오면서 구태가 반복되고 있다. 누가 대통령이 되더라도 모든 문제를 해결하는 메시아가 되지는 못할 것이다. 하지만 거짓으로 국민을 협박하려는 세력이 집권해서는 안된다. 가수 박강수는 유튜브 방송을 하면서 '전쟁은 싫어요'를 슬로건으로 내걸었다. 전쟁이 일어나도 상관없다는 정당은 모든 국민을 죽음의 공포에 몰아넣을 수 있다.

지역 간에 갈라진 것도 모자라서 세대와 성별로 혐오와 갈등을 조장하고 있다. 고질병이던 색깔론은 사드 배치나 선제타격론으로 진화해서 전쟁의 위험을 고조시키는 발언을 서슴지 않고 있다. 우리는 2017년 이후 사드 배치 문제로 값비싼 사회적 대가를 치렀고,

지금도 치르고 있다.

    대한민국 헌법 5조 1항은 "대한민국은 국제평화의 유지에 노력하고 침략적 전쟁을 부인한다"라고 천명했다. 이른바 '급박성'을 명분으로 한 선제적 자위권 행사는 침략적 전쟁의 또 다른 이름이다. 선제타격은 전쟁이고, 전쟁은 공멸이요 악이다. 전쟁 앞에 인권이나 경제나 복지나 우리의 미래는 없다.

    다행히 종교계 원로들이 나서서 "선제타격 등의 발언으로 전쟁을 자극하며 국민 생명을 살육의 현장으로 내몰아서라도 권력과 욕망을 쟁취하려는 비열한 술수를 납득할 수 없다"라고 비판했다. 선동과 선전에서 벗어나 참과 거짓을 분별해야 한다. 나는 이번 대통령 선거에 반드시 투표하여 평화와 미래를 선택할 것이다.

(2022.02.28)

저녁 산책의 즐거움

    코로나19에 대한 대응이 새로운 국면을 맞았다. 최근에는 상상할 수 없을 정도의 확진자가 폭증하고 있고, 연일 기록을 경신하고 있다. 광주시의 경우 7천 명을 오르내리고 있다. 누가 확진자가 되어도 이상하지 않을 정도가 되었다.

    2월 17일에 넘어지면서 다친 오른쪽 팔과 어깨가 아직도 불편하다. 넘어지고 나서 퍼뜩 정신이 들었다. 날씨가 추워지면서 멈췄던 운동을 다시 시작해야겠다고 결심했다. 다행히 날씨도 조금 풀리고 걷기에 적당한 평평한 길도 발견했다.

    산책로 입구의 목련은 출발선의 선수들처럼 곧바로 튕겨 나올 기세다. 가로등 아래 대나무의 연둣빛은 마음의 피로까지 하늘하늘 풀어준다. 오늘은 운동코스 중간쯤에 있는 맨홀에서 물이 역류하고 있어서 112에 신고했다.

가로등 아래를 지날 때면 절뚝거리며 걷는 내 모습을 그림자로 마주한다. 예전에는 그런 그림자조차 보기 싫을 때가 있었다. 하지만 절뚝거리며 걷는 오른발이 내 인생의 훈장이라 생각하니 빙그레 웃음이 나왔다. 살다 보면 누구에게나 상처는 있다. 나무의 옹이처럼 아픈 상처를 이겨내면 자신만의 무늬가 만들어지고 더욱 단단해진다.

걷기 운동의 마무리는 철봉이다. 턱걸이는 엄두도 못 내고 매달리기도 쉽지 않아 양손으로 철봉을 붙잡고 있을 뿐이다. 그래도 중력을 거슬러 손을 들고 있다 보면 신기하게 몸이 쫙 풀린다. 하늘의 별을 바라보다가 철봉에서 전해오는 차가움이 덤덤해질 즈음 집으로 돌아온다. 저녁 산책은 몸도 생각도 담금질하는 감사한 시간이다. (2022.03.06)

3월 10일 아침에

참담한 현실을 피하고 싶은 아침이다. 모든 것은 그대로인데 모든 것이 사라진 것 같은 날이다. 세상이 그렇게 쉽게 변하는 것이 아님을 뼈아프게 확인하며 머릿속은 진공상태에 빠져든다. 이럴 때 시가 있어서 헛헛한 마음을 다잡는다.

"그날은

절대 쉽게 오지 않는다
그날은 깨지고 박살 나
온몸이 너덜너덜해진 다음에 온다
그날은 참고 기다리면서
엉덩이가 짓물러진 다음에 온다
그날은 그날을 고대하는
마음과 마음들이 뒤섞이고
걸러지고 나눠지고
침전되고 정리된 이후에 온다"
- 그날은 절대 쉽게 오지 않는다(안도현)

기득권의 카르텔은 생각보다 강했다. 그것의 달콤함을 한 번 맛본 사람은 죽을 힘을 다해 놓치지 않으려 한다. 가진 자들은 일하지 않아도 더 가지게 되고, 가난한 이들은 평생을 발버둥 쳐도 제자리마저 지키기 어려운 지경으로 내몰리고 있다. "가난한 자의 머리에 있는 티끌을 탐내"(아모스 2:7)는 형국이다.

류근 시인은 당신이 있어서 괜찮다고, 다시 이기면 된다고 말한다.
"괜찮습니다.
죽지 말고
살아남읍시다.
검사가 지배하는 나라
재미있게 즐겨봅시다.
군인과 얼마나 다른지
즐겨봅시다.

괜찮습니다.
당신이 거기 계셔서 괜찮습니다.
우리가 여기 있어서 괜찮습니다.
진정으로
괜찮습니다

우린 또 이기면 됩니다.
괜찮습니다."

바닥을 치고 나서야 튕겨 오르는 공처럼 당분간 내리막을 탈 것이다. 언젠가 바닥을 치고 우리는 다시 올라갈 것이다. 서로 든든하게 손잡고 견디어 내다보면 새날이 올 것이다. 지금은 성찰하고 서로를 위로할 때이다. (2022.03.10)

이번에는 김대덕 님 차례다

종일 남도는 울고 있다. 나 자신의 정신건강을 위해 당분간 뉴스를 보지 않기로 했다. 오후에는 헛헛한 마음으로 광주지방법원을 찾았다. 그동안 가슴 졸이며 기다려온 김대덕 님의 사회복지서비스 변경신청 거부처분 취소 재판이 있는 날이다.

황신애 님이 지난 2020년 말에 장애인활동지원에 관한 법률 제5조 제2호에 대한 헌법불합치 결정을 이끌어 낸 바 있다. 장애인 중에 65세 이전에 노인장기요양서비스를 이용하고 있기에 장애인활동지원서비스를 이용하지 못하게 하는 것은 위헌이라는 것이다.

2021년 4월, 광주지방법원 행정소송을 통해 사회복지서비스 변경신청 거부처분취소 재판에 승소하여 6월부터 활동지원서비스를 이용하게 되었다.

광주장애인차별철폐연대는 2021년 9월, 사회복지서비스 변경신청 거부처분 취소 촉구 기자회견을 가졌다. 이후 일명 '황신애들'이라 불리는 김대덕, 박영환 님의 행정소송을 진행하였다. 김대덕 님은 올 년 말이면 만 65세가 된다. 활동지원법이 개정된다고 해도 만 65세가 되면 영원히 신청자격이 사라진다. 김대덕 님은 그동안 자포자기 상태에서 지내오다가 황신애 님의 사례를 보고 새로운 희망을 갖게 되었다.

이번 재판은 공익변호사와 함께하는 동행의 이소아 변호사의 역할이 절대적이었다. 현재 김대덕 님은 하루 세 시간 장기요양서비스를 받고 있다. 요양보호사가 오면 아침을 준비해서 먹고, 점심은 준비해 놓은 것을 먹지만 저녁은 달리 방법이 없어서 금식한다. 사회서비스 전환 신청이 이루어져 따뜻한 저녁식사를 하고, 일상생활이나 외출도 자원봉사자의 시간에 맞추는 것이 아니라 자신의 신체리듬과 자신이 원하는 시간에 자유롭게 할 수 있기를 바란다. 4월 14일에 선고재판이 열릴 예정이다. (2022.03.10)

무진장애인장학회 장학금은 디딤돌이다

무진장애인장학회 장학금 전달식을 가졌다. 세계적인 장애인 지도자를 육성하기 위하여 2005년부터 지금까지 2억 4천만 원의 장학금을 지원하였다. 가끔씩 장학금 신청을 언제 받느냐는 물음을 받을 때면 그래도 기다리는 분들이 계시는구나 싶어서 뿌듯하다.

2022년 봄학기 장학생으로 6명이 선정되었다. 탈시설한 장애인, 근이양증 장애인, 농맹인, 중도에 장애를 갖게 된 분, 장애인 단체 활동가 등으로 전공도 상담학, 신학, 장애학, 사회복지학 등 다양하다. 이들은 모두 자립생활을 하면서 자신의 꿈을 키워가고 있다.

장학기금은 운영위원과 개인·단체 후원자들의 후원금과 희망나눔 바자회 수익금으로 마련되었다. 무엇보다 장학회 운영위원들이 중요한 역할을 하고 있다. 김황용 운영위원장(광주대 교수)을 비롯해 정재수(호남대학교 초빙교수), 전자광(광주장애예술인협회 회장), 이덕심(귀일민들레집 원장), 이현아(자원봉사자), 김용목(실로암사람들 대표) 등이다.

무진장애인장학회 장학금은 디딤돌이다. 교육은 장애인의 삶을 변화시키는 힘이 있다. 누군가 자신의 꿈을 응원하는 이들이 있다는 것과 그 길에 작은 디딤돌 하나를 딛고 앞으로 나아가기 바란다.

* 무진장애인장학회 후원문의 : 062-654-0420(김미숙 국장)

(2022.03.10)

은선 자매랑 갈비 뜯을 사람?

지난주 실로암사람들 회원 톡방이 만들어졌다. 목요모임 라이브 방송을 홍보하기 위해서 단체 카톡을 보냈다가 공식 회원 톡방으로 전환하게 된 것이다. 대선 이후 우울하던 분위기를 일거에 날려버리는 톡이 올라왔다.

이은선 자매가 그동안 치과치료를 마치고 인증샷을 올렸다. 치열이 드러난 환한 웃음으로 인물까지 살아났다. 회원들의 축하 톡이 한참 이어졌다. 대부분 미인으로 복귀했다는 것과 고기랑 총각김치도 맛있게 먹으라는 내용이었다.

나도 2년 전 치아 하나가 쪼개진 적이 있었다. 말하는 것이나 웃는 것도 신경이 쓰였고, 매사에 자신감이 사라졌다. 뇌병변 장애인은 치아 관리하기가 쉽지 않고, 치아가 빠지기라도 하면 비용이 만만치 않아 치료할 엄두를 못 낸다.

이은선 자매는 작년 5월 초에 화장실에서 넘어져서 앞니가 여러 개 빠졌다. 장애인 전문 치과에서 50% 할인을 해도 임플란트 치료비가 천만 원이 훌쩍 넘었다. 실로암밴드를 통해 공지를 했는데 56명이 참여하여 350만 원을 모금하였다. 필요할 때 마음을 나눠주신 분들로 인해 치료의 과정을 잘 마칠 수 있었다.

환한 미소가 담긴 사진과 함께 톡을 보내왔다. "저 오늘 치과 치료과정을 모두 마쳤습니다. 이 모든 과정이 직원 여러분과 회원 여러분의 사랑과 후원 덕분입니다. 감사하고 또 감사합니다. 사랑합니다." 은선 자매랑 갈비 뜯을 사람은 줄을 서시오. (2022.03.11)

2부

그립고 미안하고 아프다

올해 꼭 하고 싶은 것들

　벌써 삼월 중순이다. 연초에 결심했던 일들은 지금쯤 어떻게 되었을까? 올해 가장 하고 싶은 일은 실로암 회원들의 이야기를 밴드에 소개하는 것이다. 한 달에 세 명을 목표로 잡았는데 지금까지 9명을 올렸으니 순항하고 있는 셈이다.

　언젠가부터 장애인의 삶에 주목하게 되었다. 자신의 몸으로 고난을 통과한 사람들이 갖는 특유의 빛깔이 있기 때문이다. 신영복 교수는 "아름답다는 말이 '앓음'과 '알음'의 의미를 합한 것"이라 했다. 자신의 존재를 통해 끙끙 앓고 난 뒤에야 비로소 알게 되는 아름다움에 대한 재발견인 셈이다. 실로암사람들의 "장애인은 아름답다"라는 공동체 고백도 같은 의미다.

　봄에 만나는 작은 꽃 하나에도 우주가 깃들어 있다. 하늘의 달과 별, 바닷가의 모래와 파도도 하나님의 은총에 속하는 일이다. 인간은 존재 자체로 온전하다. 인간을 창조하신 하나님의 전능하심과 사랑하심이 깃들어 있기 때문이다.

　연약한 존재들은 경쟁이 아니라 협력에 의하여 살아가고, 자신의 힘이 아니라 은총으로 살아간다. 무너지면 아파하며 눈물 흘리며 다시 일어선다. 자신에게 주어진 작은 것들에 대하여 기뻐하고 감사하며 살아간다. 장애를 통해 세상을 다르게 보며 살아가는 사람들의 삶을 기록으로 남기고 싶다. 자신의 삶이 소중하고 아름답다는 것을 함께 나누며 살고 싶다. (2022.03.11)

새빛콜의 현황과 제안

새빛콜 이용자위원회가 열렸다. 나는 고문 자격으로 참여하였는데 의미 있는 논의들이 이어졌다. 2021년 새빛콜 차량 총 운행 건수는 497,834건이다. 이 중 전용차량(116대)이 46%, 임차택시(92대)가 55%를 운행했다. 전체 이용자 가운데 휠체어 이용자는 33%, 비휠체어 이용자는 67%를 차지하고 있다. 특히 전용차량을 이용하는 분들 가운데 3분의 1 이상이 비휠체어 이용인이었다.

2021년 평균 대기시간은 22분 59초로 2020년의 20분 41초 보다 길어졌다. 이는 이용인이 24.6%(98,315건) 증가한 요인이 컸다. 1시간 이상 대기건수는 3.5%(17,590건), 2시간 이상 대기 건수는 0.1%(590건)이다. 평균 대기시간을 줄이는 것도 중요하지만 1시간 이상 대기시간을 줄이는 것이 더욱 중요하다.

이용 목적별로 분류해 보면 병원치료(25.7%), 여가활동(20.7%), 직장생활(10.8%), 복지시설(9.7%), 학교교육(4.3%), 특수치료(2.1%), 기타(26.7%)다. 코로나 팬데믹의 영향으로 전면적인 대면 교육이 이루어지지 않았다는 것을 감안하면 학교교육의 비중이 확대될 것으로 보인다.

광주장차연에서 요구했던 코로나19 전담차량의 운행은 1월에 6건, 2월에 44건, 3월(10일)에 16건이 운행되었다. 오미크론이 본격적으로 확산되기 이전에 대책이 마련되어서 천만다행이다.

광주시에서는 유상운송허가 연장기간을 합산 11년을 초과할 수 없다는 기준을 적용하고 있는데 적어도 9년을 초과하지 않도록 해야 한다. 이용인이나 운전원의 안전의 문제임을 직시하기 바란다. 2022년 대폐차 차량 18대에 대해서 뿐 아니라 현재 운행대수 116대는 법정 도입대수인 129대에 비해서 13대나 부족하다. 광주시는

2022년에는 반드시 법정 도입대수 확충 계획을 세우기 바란다.

4월 중순부터 바우처 택시를 도입할 예정이다. 5억 예산으로 150대(일 100대 운행)가 도입되면 비휠체어 이용자가 임차택시와 바우처 택시를 선택적으로 이용할 수 있게 된다. 분리 배차로 휠체어 이용 장애인이 전용차량을 이용하게 된다면 획기적인 전환점이 마련될 것이다.

새빛콜은 노사뿐 아니라 노노갈등이 표출되었다. 그러다보니 작은 문제라 할지라도 내부 논의구조를 통해 해결하지 못하고 있다. 올해부터 노사민관정 5자가 사회적 공론화위원회를 구성하여 사회적 연대 차원에서 탐색하고 합리적 문제 해결을 모색해 나갈 예정이다. 이용자 준수 규정이나 종사자 서비스 규정에 대한 의견들도 오갔다. 새빛콜이 장애인 이동이라는 정체성에 걸맞은 역할을 감당하기를 바란다. (2022.03.14)

문경희는 불사조다

나는 불사조를 보았다. 어떠한 곤란에 부딪쳐도 좌절하거나 기력을 잃지 않는 사람을 보았다. 문경희 누님의 삶을 따라가다 보면 그녀가 불사조임을 확인하게 된다.

화순에서 태어나 그녀는 남부럽지 않은 어린 시절을 보냈다. 초등학교 2학년 때 뇌수막염에 걸리기 전까지는 그랬다. 학교도 그만두고 집에서만 살던 그녀는 29살이 되어서 고향집을 떠났다. 장애인 생활시설이었다. 시설에서 23년을 살면서 장애인 야학을 다니며 다시 공부를 시작하여 초중고 검정고시 과정을 3년 만에 마쳤다.

 이후 그녀의 꿈은 대학에 진학하는 것과 탈시설이었다. 가족뿐 아니라 모두가 반대하는 탈시설을 목숨을 걸고 감행했다. 장애인 그룹홈과 자립주택에서 2년여를 살다가 2010년, 54살이 되어 자립 생활을 시작했다. 부양의무제 때문에 수급권자가 되지 못해 극심한 경제적인 어려움을 겪어야 했다. 부양의무 기준이 완화되면서 2016년에 수급자가 되었다. 그녀가 수급자가 된 후 맨 처음 했던 일은 실로암사람들 후원과 다른 장애인 결연이었다. 그동안 받은 사랑에 대한 자신만의 보답인 셈이다.
 2019년 6월, 연하곤란 및 심장질환으로 병원에 입원하였다. 14개월 동안 치료를 했으나 병세는 호전되지 않았다. 매월 400만 원이 넘는 간병비는 그녀의 숨통을 조여왔다. 그녀는 이번에도 요양병원을 가지 않고 비위관(콧줄)과 석션에 필요한 의료기구를 가지고 죽어도 집에서 죽겠다며 퇴원했다.
 그녀가 받고 있는 활동지원 447시간으로는 생존이 불가능했다. 광주장애인종합지원센터에서 223시간을 추가 지원해 주었으나 저녁 9시부터 새벽 1시까지 혼자 있어야 했다. 그야말로 삶과 죽음의 경계에서 4시간을 견디어 냈다. 2021년 5월, 그녀는 24시간 활동지원 서비스를 받게 되면서 죽음의 공포에서 벗어날 수 있었다.
 그러나 그녀가 누리던 봄날은 너무나 짧았다. 작년 말로 만 65세가 되면서 장기요양등급 판정을 받아야 했다. 처음에 광주시는 만 65세 도래자에 대한 24시간 지원 사례가 없다고 난색을 표했다. 다행히 장기요양 100시간, 활동지원 보전급여 300시간, 광주시 추가시간 477시간을 받게 되었다. 그래도 부족한 15시간은 활동지원사 두 분이 기꺼이 자원봉사로 채워주셨다.
 문경희, 그녀는 불사조다. 뇌수막염으로 장애를 갖게 된 후로부터 지금까지 살아온 삶의 고비마다 그녀는 죽음을 선택했지만 보란 듯이 되살아났다. 새로운 길을 열어온 그녀가 있어서 다행이다. 올봄에는 꽃구경을 함께 가서 불사조의 비결을 물어봐야겠다.

(2022.03.16)

그립고 미안하고 아프다

피곤해서 누워도 잠은 오지 않는다. 오늘 하루를 어떻게 보냈는지 기억조차 까마득하다. 정희숙 씨의 별세 소식을 듣는 순간 모든 것이 증발해 버렸다. 정확히 말한다면 머릿속은 리셋이 된 것처럼 새하얗고 생각의 파편들은 허공을 돌아다닌다.

그냥 울고 싶다. 마침 비가 내리고 있어서 운동을 핑계 삼아 걸었다. 밤늦은 시간이라 아무도 없어서 다행이었다. 우산도 쓰지 않은 터라 누군가 보았다면 낯궂이 한다고 생각했을 것이다. 온몸의 감각은 무디어지고 빗물인지 눈물인지 얼굴을 타고 흘러내렸다.

얼마의 시간이 지났을까 순간 한기가 느껴졌다. 두 사람의 얼굴이 겹쳐 다가온다. 3일 후면 곽정숙 의원님의 6주기다. 집으로 돌아와 곽정숙 회장님이 정희숙 자매에게 보낸 편지(1991.11.18)를 읽는다. 30년이 지난 글씨가 되살아나 손에 잡힐 듯하다.

"희숙아!
성도들의 믿음은 인내에 있다더구나.
많이 참자.
그리고 기쁘고 소망의 일만 기억해내자.

막 찬송을 부르고, 울며 감격의 고백도 드리자.
이미 우리의 아픔을 주께서 보고 아시니까."
　코로나 확진자가 되어서도 입원실을 구하지 못해 보내야 했던 시간들이 원망스럽다. 모두에게 사랑받던 희숙 자매와 어머니의 모습이 눈에 선하다. 멋진 남자를 만나 가정을 이루고 세 아이를 낳고 알콩달콩 살아가는 것이 감동이었다. 뒤늦게 공부해서 사회복지사로, 평생교육사로 꾸었던 꿈은 남은 자들의 몫이 되었다. 그립고 미안하고 아프다. (2022.03.17)

엄마다, 잘 가라

　평생 엄마로 살아온 이가 딸에게 작별을 한다. "엄마다, 엄마다, 잘 가라." 엄마는 마지막 온 힘을 다해 딸에게 "사랑한다"라고 말했다.
　죄인 아닌 죄인이 되어 장애아이를 키우고 장성한 후에는 친구처럼 기대어 살아왔다. 결혼한 후에는 온갖 일들을 도맡아 했다. 아빠는 손주들에게 가장 멋진 옷으로 입혔다. 엄마는 먹을 것을 만들 때면 늘 반은 딸의 몫이었다. 딸이 어머니였고, 어머니가 딸이었다. 딸은 엄마가 돌아가시면 살림을 어떻게 할까 걱정했는데 엄마만 두고 먼저 가버렸다.
　남편은 자기 탓으로 돌린다. 모든 일이 자신의 잘못처럼 느껴진다. 당신은 세상 최고의 남편이었고 코로나 확진 후에도 최선을 다한 것이라고 해도 소용이 없다. 실제로 정희숙 님은 "결혼 전에는 못했던 것들이 남편을 만나 결혼한 후에는 모든 것들이 오케이였다"라며 자랑하고는 했다.

정희숙 님은 3월 12일 코로나19 양성 판정을 받았다. 중증장애인이고 기저질환이 있다고 행정당국에 말했으나 치료제 팍스 로비드 처방을 받지 못했고, 입원실도 구하지 못해 집에서 일반 감기약을 복용하며 기다렸다. 몸 상태가 급속하게 나빠진 3월 17일 새벽 1시가 넘어 대학병원 응급실로 갔다. 새벽녘 잠시 상태가 호전되자 "집에 가자"라고 했단다. 집에는 세 아이들이 기다리고 있었다. 마지막까지 그토록 가고 싶었던 집에 끝내 돌아가지 못하고 오전 9시 40분경 별세했다.

남편은 아내를 착한 사람이라고 했다. 가족을 든든히 지켜낸 울타리가 무너졌다며 하염없이 울었다. 중학교 2학년 아들, 초등학교 6학년 딸 그리고 막내딸은 올해 초등학교에 입학했다. 막내는 엄마와 떨어져 잠을 잔 적이 없었다. 막내의 당당한 걸음걸이를 통해 엄마 아빠의 사랑을 얼마나 받았는지 알 것 같았다.

입관식을 마치고 나오니 싸락눈이 내린다. 그녀의 미소를 떠올리며 문득 목련을 닮았다는 생각을 했다. 다섯 가족의 보물이었을 특장차는 주인을 잃고 주차장에 우두커니 서있다. 나의 눈길도 특장차에서 떠나지 못하고 한참을 서성거렸다. 별세하기 이틀 전, 온 가족이 코로나로 자가격리 중 딸 예진의 생일 축하하는 모습을 다시는 볼 수 없다는 것이 가슴을 먹먹하게 한다. 그녀가 떠난 후에야 비로소 그녀의 깊이와 넓이가 보인다. (2022.03.19)

지금과 그때

너무나 갑작스런 죽음 앞에 할 말을 잃었다. 고 정희숙 자매는 사랑스런 딸이었고 아내였고 엄마였다. 우리의 친구이고 동생이고 누나였고 동역자로 사랑받는 이였다. 돌이킬 수 없는 현실 앞에서 우리는 무너져 내렸고 슬픔은 그 끝을 알 수가 없다.

신학자 칼바르트는 사고로 사망한 둘째 아들의 장례예배 설교를 했다. 주제는 '지금과 그때'였다. 우리가 지금은 거울로 보는 것 같이 희미하나 그 때에는 얼굴과 얼굴을 대하여 볼것이요. 지금은 내가 부분적으로 아나 그 때에는 주께서 나를 아신 것 같이 내가 온전히 알리라. (고전 13:12)

"삶의 시간인 '지금'과 죽음의 시간인 '그때'는 완전히 나누어진 것이 아니다. 예수 그리스도를 통해 '지금'과 '그때'가 함께 묶여진다." 우리는 지금을 살면서 그때를 소망한다. 하지만 지금은 우리에게 일어나는 일들을 이해할 수가 없고, 그때에야 모든 일들을 명확하게 깨달을 수 있을 것이다. 장례식은 우리가 '지금'과 '그때'의 경계에서 살고있음을 확인시켜 준다.

고 정희숙 회원의 4일 장을 치르며 그녀의 삶과 죽음을 돌아보았다. 그녀는 목련을 닮았다. 마침 목련이 피어나고 있어서 앞으로 목련을 보면 그녀가 떠오를 듯하다. 그녀는 흙과 같은 삶을 살았다. 흙이 온갖 것을 받아 안아서 아름다운 싹을 키워내듯이 그녀를 만나면 날카로운 것들이 다듬어지는 신비한 힘이 있었다.

이제 더 이상 이땅에서 그녀를 볼 수 없다는 것이 안타깝다. 그녀의 아이들은 우리의 아이들로 잘 자라게 할 것이다. 그녀는 '살아있는 사자'(The living-dead)로 우리 곁에 늘 함께 할 것이다. 언젠가 얼굴과 얼굴을 대하여 볼 때까지 그녀를 기억할 것이다. (2022.03.20)

도영에게

　엄마의 장례식장에서 본 너는 훌쩍 컸더구나. 아빠 곁을 지키는 모습이 든든하여 안심이 되었다. 장례식 동안 내 카카오스토리에 다녀가면서 흔적을 남겨주어서 고맙다. 카스에 올라온 글을 통해 엄마의 삶을 이해하는데 도움이 되었으면 좋겠다.

　노파심에서 하는 말인데 엄마는 참 착한 분이셨다. 도영이 엄마 아빠는 주변 사람들로부터 인정받는 아름다운 삶을 사셨다. 오랫동안 가까이 함께한 사람들로부터 좋은 소리 듣기란 쉽지 않다. 착하고 좋은 사람을 넘어서 존경할 만한 분들이다.

　도영아, 중학교 2학년이라 그랬지? 어쩌면 한 사람의 일생에서 중2가 가장 힘든 시간일 것이다. 거기다가 엄마가 돌아가셨으니 네 마음이 어떠할지 가늠하기 어렵구나. 엄마가 마지막 순간까지 집에 돌아가고 싶다고 했던 것은 너희들이 보고 싶어서였을 것이다. 비록 엄마가 돌아가셨다고 해도 '살아있는 사자'(The living-dead)로 너희들 곁에 늘 함께 할 것이다.

　그동안 너희들이 엄마 아빠뿐 아니라 양가 할머니 할아버지, 친척들에게 얼마나 큰 사랑을 받으며 자랐는지 보아왔다. 나와 실로암사람들도 너희 가정을 위해 기도할 것이다. 동생들도 사랑스럽더구나. 장례예배 때 소개한 헨리 나우웬 신부의 시 '나는 소망합니다'를 너희들에게 선물로 주고 싶다. 너의 삶에 작은 등불이 되기를 기대하며... (2022.03.21)

인간의 존엄을 지키는 일

　오미크론은 장애유무를 가리지 않는다. 최근에 광주시 하루 확진자는 만 명을 훌쩍 뛰어넘었다. 실로암공동체에서도 장애인 당사자나 직원, 활동지원사 등 확진자가 속출하고 있다. 다행히 대부분 가벼운 감기 증상처럼 지나가고 있지만 기저질환이 있는 최중증 장애인은 고위험군에 속한다.
　하지만 코로나 관리체계가 재택치료로 전환되면서 중증장애인은 사각지대에 남아있다. 지난 한 주간에 코로나로 인해 중증 장애인 두 분이 별세하였다. 문제는 조기에 치료제 처방을 받거나 병원에 입원하여 적절한 치료를 받지 못했다는 것이다. 생각할수록 안타깝고 분하고 애석하다. 고 정희숙 님은 보건소에서 기저질환이나 장애인 여부도 파악이 안 되어 있었다. 호흡기를 사용하던 문창경 님도 코로나19 확진 후 4일 만에 사망했다.
　최근 오방센터를 통해 활동지원서비스를 이용하는 중증장애인이 코로나 양성 판정을 받았다. 활동지원사의 지원을 받을 수 없게 되어 보건소와 구청, 시청에 알아보았으나 독거장애인은 요양병원에 입원하라는 것이 결론이었다. 고향에 계시는 70대 어머니가 위험을 무릅쓰고 딸의 집에 와서 지원하고 있다.
　몸 상태가 안 좋아져서 치료제 처방이 절실하였으나 방법이 없었다. 광주시내 감염병 지정병원에 일일이 전화를 걸어 치료제 처방을 문의한 끝에 한 병원에서 가능하다는 긍정적인 답을 얻었다. 문제는 지정약국에도 치료제가 바닥이 나서 겨우 한 곳에서 구할 수 있었다. 오방센터 직원이 필사적으로 매달린 결과였다.
　사회복지서비스는 사람이 사람에게 제공하는 서비스다. 워커에 따라 서비스의 질이 전혀 달라지다 보니 사회복지사의 윤리와 전문성이 요구된다. 요즘 같은 시기는 사회복지사가 서비스의 질뿐 아니라 생명까지 좌우할 수도 있다. "인간의 존엄은 취약함 속에 깃들어 있다."(류은숙)라는 말이 떠오른다. 연약한 자의 존엄을 지키는 것이 곧 자신의 존엄을 세우는 것이다. (2022.03.24)

창경에게 꽃을 보낸다

사진 속의 너는 여전히 웃고 있구나. 앳된 얼굴을 마주하자니 미안한 마음에 한참 동안 눈을 감았다. 너랑 학교를 다녔던 한 친구가 너의 이름을 부르며 끄억끄억 울더구나. 네가 남긴 추억은 남아있는 사람들에게 힘이 될 거다.

너의 꿈이 '버스 기사'였지. 장애로 인해 몸이 점점 힘들어지면서 차를 타고 어디든지 가고 싶었을 게다. 이제는 훨훨 마음껏 날아가거라. 그동안 가고 싶었던 어디든지 날아가서 너의 웃음을 나눠주거라. 가다가 너를 닮은 수선화를 만나거든 한 번 어루만져 주렴.

아빠는 모든 것을 잊고 싶다고 했다. 어느 것 하나 잊을 수 없는 아빠의 마음이 읽히더구나. 너는 아빠의 도움을 받아 학교를 다녔고, 20대 청년이 되어서도 아빠를 의지해서 살고 있었으니 죄송한 마음이 컸을 거다. 하지만 아빠도 너를 기둥 삼아 지금까지 버티어 왔을 것이다. 서로가 든든한 벗이 되어 살아온 거야.

삶과 죽음에 대하여, 슬픔에 대하여 생각이 많아지는구나. 문창경... 너의 이름과 삶을 잊지 않을게. 네가 그토록 그리던 주님의 품에서 걷기도 하고 뛰기도 하며 마음껏 노래 불러라. 아빠도 힘을 낼 수 있도록 응원해 줄거지? 안녕이라는 인사를 대신해 봄 꽃을

보낸다. (2022.03.25)

가로등 아래서 만나는 사내

 오늘도 밤길을 걷는다. 눕고 싶은 마음을 겨우 떨쳐내고 나서면 언덕 너머 신세계가 열린다. 산책길이 시작되는 곳에 하얀 목련이 피어났다. 오랜 친구를 만난 듯 기쁘고 반갑다.
 차가운 공기를 마시며 걸으면 삶의 기운이 차오른다. 바람결에 찬송과 기도도 실어 보낸다. 살아있구나. 애쓰고 있구나. 오늘도 감사한 하루였구나.
 가로등을 지날 때면 절룩이는 사내와 마주한다. 여전히 낯설어 당황하는 사이에 이내 사라진다. 장애는 익숙해지는 법이 없다. 하지만 무표정한 그 사내가 싫지는 않다.
 벌써 3월이 깊어간다. 하기야 벚꽃나무 꽃망울이 터지기 시작했다. 자신의 빛깔과 향기를 간직하고 타인이나 자연과 조화롭게 사는 것이 얼마나 소중한 것인지를 알아가고 있다. 윤동주 시인의 '별 헤는 밤'이 생각나다. "별 하나에 추억과 별 하나에 사랑과 별 하나에 쓸쓸함과…"(2022.03.26)

이준석 대표 발언을 규탄한다

　오늘은 전국장애인차별철폐연대의 '출근길 지하철 탑니다' 투쟁이 26번째 진행되었다. 지난 대선 토론회에서 정의당 심상정 후보의 발언과 최근 국민의힘 이준석 대표의 글로 인해 핫이슈가 되었다. 그동안 장애 관련 의제가 이처럼 활발하게 논의된 적은 없었다.
　국민의힘 이준석 대표는 대선 국면에서 세대별, 성별 갈라치기를 했다. 그 결과 대선에서 국민의힘은 이기고 이준석은 졌다는 말이 생겨났다. 장애인 이동권은 국민으로서의 정당한 권리이고, 이에 대한 책임은 국가에게 있다. 이준석은 국가와 정부의 책임의 문제를 '시민의 불편'으로 가리고, 장애시민과 비장애시민의 갈라치기를 시도하고 있는 것이다.
　이동권에 대한 요구는 어제오늘이 아니다. 2001년 서울 오이도역 리프트 추락참사로 장애인이 사망한 후 21년 동안 요구했으나 아직도 이루어지지 않은 것이다. 사실 장애인 이동권은 모든 시민들의 보편적 삶의 질에 관계된 문제라 할 수 있다. 하지만 관련 법이 제정되고, 정부가 바뀌어도 근본적인 변화가 없었다. 장애인 권리는 예산의 문제로 치환되어 재정경제부 문턱을 넘지 못했다.
　21년을 외쳐온 장애인의 기본적인 권리투쟁을 시민불편을 내세워 막기보다는 당사자들과 만나서 해법을 찾아야 한다. 장애인 이동권은 서울만의 문제가 아니다. 광주에서도 7만 장애인을 대표하는 광주장애인정책연대, 광주장애인총연합회, 광주장애인차별철폐연대가 공동으로 이준석 규탄 기자회견을 열었다. 국민의힘 이준석 대표는 자신의 망언을 사죄하고, 공당의 대표로서 장애시민의 보편적 권리 보장에 앞장서기 바란다. (2022.03.29)

이제는 검토가 아니라 결정하라

　26번째 진행했던 지하철 탑승 투쟁을 멈추었다. 전장연이 대통령직인수위원회와 면담을 마친 후에 전격 결정하였다. 이준석은 장애인의 요구에 대하여 왜곡과 혐오 발언을 서슴없이 해대다가 이제는 승리자 행세를 하며 공개사과에 대해서 단호하게 거부했다.
　전장연은 이동권 보장과 24시간 활동지원 등 장애인 권리 예산을 요구하고 있다. 그동안 정치권은 아무런 역할을 하지 못하였고 오히려 시민 간의 갈등을 부추겼다. 서울교통공사의 '사회적 약자와의 여론전 맞서기' 내부문건이 알려지면서 이동권 투쟁은 한껏 고조되었다.
　그 한가운데 국민의힘 이준석 대표가 있다. 그는 전장연의 투쟁에 대하여 시민의 불편을 담보로 본인들의 주장을 관철하려는 단체라며 저격했다. 이준석은 장애인의 권리를 시민의 불편으로 덮으며, 장애시민과 비장애시민을 갈라치기를 하였다. 나아가 전장연과 지장협 등 장애인 단체 간의 갈등을 부추기며 갈라치기를 계속하고 있다.
　장애인 이동권은 시민으로서 보편적 권리다. 현재 서울 지하철 엘리베이터 설치 현황을 보면 284개 역사 가운데 264개 역사에 설치되어 설치율은 93%다. 엘리베이터 설치율 93%는 중간고사 시험의 93점과는 전혀 다르다. 장애인이 93% 편리하고, 7% 불편한 것이 아니라 7%에 해당하는 역사가 동선에 들어가면 100% 이동이 불가능하게 되는 것이다.
　최근 한국의 갈등 상황이 세계 최고 수준으로 확인되었다. 특히 빈부격차, 이념, 성별, 학력, 정당, 나이, 종교 갈등은 압도적 세계 1위다. 정치권이 해야 할 역할은 이런 갈등을 조정하고 통합하는 것이다. 이준석은 당대표 이전에 최혜영 의원이 말한 대로 '좋은 사람'이 되기 바란다.

이제는 윤석열 당선인과 이준석 대표가 답할 차례이다. 전장연의 요구에 대해서도 검토만 할 것이 아니라 이제는 결정해야 한다. 전장연은 인수위에 4월 20일, 장애인 차별 철폐의 날까지 답변을 요구했다. 답변이 올 때까지 오늘부터 릴레이 삭발을 시작했다. 모든 차별을 거부하고 인간답게 살기를 바라는 장애인의 목소리는 점점 높아지고 있다. (2022.03.30)

지애는 실로암에게 선물이다

김지애 수어통역사는 1976년 해남에서 3남 2녀 중 막내로 태어났다. 외할머니, 어머니의 신앙을 이어받아 모태신앙으로 북일중앙교회에 출석했다.

중학교 때까지 고향집에서 살다가 해남여고에 진학하면서 해남읍에서 자취를 했다. 1995년 대학에 입학하여 광주에서 생활하게 되었다. 당시 1년 반 동안 언니가 영암과 광주를 오가며 함께 생활하며 보호자 역할을 자임했다. 이후 언니 없이 혼자 생활하다 힘들어서 응급실에 실려가기도 했다. 당시 커피, 라면은 먹지 말라는 의사의 말대로 지금까지 금기 식품이 되었다.

낮에는 교수 연구실에서 일하고 밤에는 행정학 공부를 했다. 1996년 광주벧엘교회에 출석하는 중 손성현 목사님의 딸 손은혜 자매의 소개로 실로암재활원을 방문하였다. 본격적으로 자원봉사를 시작한 것은 실로암 사무실을 쌍촌동에서 임마누엘교회 교육관으로 이사할 때부터다.

　1996년 여름, 나주에서 실로암 여름캠프가 열리고 있었다. 직장 관계로 참석을 못하고 일과가 끝나고 함께 격려방문(?)을 가던 정재숙 자매와 나눈 이야기는 그대로 이루어졌다. "실로암에서 월급을 안 줘도 되니까 일하고 싶다." 학교를 졸업하고 실로암에서 자원봉사를 하고 싶어서 직장을 두 번이나 그만두었다.

　1997년 봄, 드디어 실로암사람들 간사로 사역을 시작했다. 수어책을 구입해서 자습으로 수어공부를 하다가 '실로암 수어교실'을 통해서 본격적으로 수어를 배웠다. 이후 초급반 수어 강사를 시작으로 2003년 10월까지 수어를 가르치는 일을 했다. 남편인 양병남 형제를 만난 것도 수어교실을 통해서였다. 2001년 수어교실 수강생으로 만나 2003년 2월에 결혼하였다.

　실로암사람들에서 처음 맡았던 역할은 실업 장애인을 지원하는 일이었다. 이후 홍보부 간사로서 회보 편집자와 하나된소리 공연 기획자, 수어교실과 수어중창단, 실로암문학회를 맡았다. 실로암공동체의 역사에서도 그때가 회원들이 가장 역동적으로 함께했던 때였다. 김지애에게 20대는 실로암과 함께하며 행복하게 보낸 시절이었다. 그때의 경험은 지금도 매사에 자신감과 실력을 인정받는 계기가 되었다.

　본격적으로 수어통역사로 일하게 된 것은 2008년부터다. 도가니 사건이 알려지면서 인화학교를 다니던 농학생들이 일반학교로 전학을 했다. 정보고, 전산고에서 특수교육실무사로 교육통역을 5년간 했다. 2013년에는 수어통역센터에서 일하게 되었다. 현재 10년째 수어통역사로 현장에서 일하고 있으며, 광주mbc 뉴스통역도 하고 있다.

　그동안 공부하는 일도 게을리하지 않았다. 사이버로 사회복지를 공부한 후 광주대에서 석사과정을 졸업하고, 박사과정도 수료하였다. 학위논문은 코다(CODA, Child of deaf adult) 생애사를 연구할 생각이다. 벌써 큰아들 의진이가 우석대 특수교육과에 진학했고, 둘째 서진이는 고등학교 2학년이다.

돌아보면 실로암사람들과 함께한 20대는 최고의 선물이었다. 지금도 실로암사람들을 생각하면 가슴이 설레고 마음 깊은 곳에서 감사가 솟는다. 친구들도, 남편도, 비전과 직업도 모두 그때 실로암 공동체에서 시작되었다. 앞으로의 꿈도 사회복지 현장에서 정년을 맞이하고 싶단다. 한결같이 올곧게 걸어온 김지애 간사의 삶과 가정과 사역을 축복한다. (2022.04.01)

장애인 접근성을 토론하는 곳에 장애인 접근이 불가능하다면?

다시 4월이다. 한국에서 장애인으로 살아가는 이들에게 4월은 특별하다. 4월 20일은 장애인의 날이다. 전국장애인차별철폐연대는 4월 20일을 장애인차별철폐의날로 규정하고 모든 차별에 저항하는 운동을 하고 있다.

4월 20일을 앞두고 광주의 모 방송사에서 장애인 이동권과 관련된 토론회를 기획하였다. 광주장애인차별철폐연대는 정연옥 소장(광주장애인자립생활센터)을 패널로 추천하였다. 녹화 예정일을 하루 앞두고 문제가 발생했다. 녹화장에 계단이 7개가 있어서 전동휠체어를 이용하는 정 소장의 접근이 불가능하다는 것을 알게 되었다.

그동안 그 방송국에서는 휠체어를 사용하는 패널을 업거나 휠체어를 가마처럼 들어서 이동했다고 한다. 정 소장은 "자신의 일부(휠체어)를 그렇게 쉽게 '분리 이동'하는 것에 대하여 문제를 제기하고 참석이 어렵다."라고 했다. 대신 광주장차연의 입장을 정확하게 전달하기 위하여 도연 활동가를 추천했다.

도연은 PD에게 "방송국 접근성 문제로 참석하지 못하는 문제를 토론에서 짚을 텐데, 편집하지 않고 방송한다면 출연할 수 있다."라며 검토 후 연락을 주라고 했다. 하지만 방송국에서 "내부적인 문제를 방송에 내보내는 건 좀 어렵다고 검토되었음. 죄송하다."라는 답이 왔다. 결국 방송국에서는 방송 토론회 자체를 취소해 버렸다.

장애인 이동권을 논하는 자리에 이동권이 보장되어 있지 않다는 것은 아이러니다. 그것도 방송국에서 말이다. 이번 기회에 모 방송국도 장애인 접근이 가능하도록 바뀌기 바란다. 광주장차연에 이런 문제의식과 실력을 갖춘 활동가들이 있다는 것이 자랑스럽다. 결국 이들이 광주의 장애인권의 현재요 미래다. 오늘 4.20 공동행동도 기대된다. 광주장차연은 민선 8기의 장애인복지 정책의 방향을 제시하며 투쟁해 나갈 것이다. (2022.04.05)

코로나19와 장애인 인권

오늘 국가인권위원회 광주인권사무소와 광주장애인차별철폐연대가 공동으로 주최하는 정책토론회가 열렸다. 장애인차별금지법 시행 14주년을 기념하여 '코로나19와 장애인 인권'을 주제로 의미 있는 시간을 가졌다. 광주시 상임옴브즈맨의 발제와 중증장애인 당사자의 사례발표, 현장 활동가들의 토론은 생생하고 뜨거웠다. 광주시가 장애인 감염병 대응 매뉴얼을 준비할 때 눈여겨봐야 할 것들이 많았다.

코로나19는 한 개인의 삶이 타인과 분리될 수 없음을 확인시켜 주었다. 나아가 인간의 삶이 동물이나 자연환경과 분리될 수 없음도 알았다. 특히 전쟁이나 재난 상황에 가장 취약한 존재가 장애인이다. 사회적 거리두기가 본격화되면서 장애인은 사실상 코호트 격리 상태에서 지내야 했다. 코로나19는 장애인의 사회적 고립과 불평등을 더욱 심화시켰다.

올해 들어 오미크론이 확산되면서 장애인과 그 가족, 관련된 종사자들은 위험을 온몸으로 겪어 내야 했다. 그 와중에서 세 분의 중증장애인이 돌아가셨다. 만약 광주광역시의 장애인 지원체계가 촘촘했다면 어떠했을까 하는 생각을 지울 수가 없다.

코로나19 치명률을 비교해보면 장애인 2.92%로 비장애인 0.79%에 비해 3.5배나 높다. 코로나 대응 매뉴얼에는 기저질환이 있는 중증장애인이라 할지라도 집중관리군에 해당되지 않아서 치료제 팍스로비드 처방도 불가능하다. 그러다 보니 장애인은 긴장과 불안함과 두려움 아래서 지내고 있다. 이제 죽음의 공포에서 벗어나 누구나 안전하고 건강하게 살아갈 수 있기를 바란다. (2022.04.13)

잊지 않고 기억하겠다

다시 봄이다. 세월호 참사 이후 여덟 번째 봄을 맞았다. 왜 그런지 올해 봄은 더욱 시리다. 2014년 4월 16일, 우리는 보았다. 세월호뿐 아니라 생명과 정의와 진실이 침몰하는 것을 보았고, 사고가 사건이 되는 것을 목도했다.

하늘의 별이 된 생명들 앞에서 잊지 않겠다고, 함께하겠다고 다짐했다. 열정은 뜨거웠지만 장벽 또한 두터웠다. 시간의 흐름 속에서 기억은 녹슬어 가고, 외침은 사라져 갔다. 세월호는 인양되었지만 진실은 여전히 바닷속에 가라앉아 있다.

정권이 바뀌고 바뀌어도 끝이 보이지 않는 싸움은 계속되고 있다. "아직도 세월호냐"는 말을 들을 때면 유가족들이 들을까 겁이 난다. 세월호의 진실은 유가족들만의 문제가 아니다. 학동 건물 붕괴 참사나 화정동 아이파크 붕괴 참사도 또 다른 세월호다. 그래서 아직도 세월호고 여전히 세월호다.

결국 승리는 기억하는 자의 몫이다. 실로암센터 앞에 "잊지 않고 기억하겠습니다"라는 현수막을 내걸었다. 4월 16일, 5·18 민주광장에서 열리는 8주기 기억식에 약속의 물결이 넘치기를 바란다.

(2022.04.15)

세월호의 진실은 팽목항에서 시작된다

다시 팽목항을 찾았다. 8년 전 처음 갔을 때의 막막함과 숨 막히는 긴장감을 잊을 수가 없다. 왜 팽목항일까? 세월호 참사에 대한 모든 이야기는 팽목항으로부터 시작되기 때문이다.

목포에 접어들자 추모 현수막이 걸려있다. 차를 타고 이동하면서 우리 단체명을 찾는다는 것은 거의 기적이다. 다행히 실로암사람들, 오방장애인자립생활센터 등 반가운 이름들과 마주쳤다. 목포신

항을 지날 때는 세월호 선체가 4.16 참사의 흔적을 간직한 채 갈색 눈물을 흘리고 있었다.

팽목항은 항만 개발을 하면서 매번 달라져 가고 있다. 팽목항 방파제의 빨간 등대와 하늘나라 우체통 사이를 거센 바람이 지나갔다. 세월호 팽목기억관은 철거의 위협 속에서 아슬아슬하게 자리를 지키고 있다.

팽목항에서 열린 기억식은 함께한 이들에게 위로와 힘을 주었다. 특히 단원고 2학년 5반 오준영 어머니의 이야기가 가슴을 뜨겁게 했다. 유가족들 사이에 "광주의 어딘가에 서있기만 해도 유가족이 힘을 얻는다"라는 말이 있단다. 광주시민상주모임이 내민 연대의 손길을 그처럼 크게 느끼고 있었던 것이다.

언젠가부터 팽목항을 생각하면 우재 아빠 고영환 씨가 떠오른다. 홀로 팽목항을 지키며 팽목기억공간을 요구하는 '고의 전쟁'을 이어오고 있다. 기억공간은 장소성이 갖는 의미가 크다. 참사 현장의 이야기를 오롯이 품은 팽목항에 기억공간을 조성하는 것은 선택의 여지가 없다. 팽목항을 떠나오면서 마지막까지 함께 할 수 있기를 다짐했다. (2022.04.16)

투쟁은 아직 끝나지 않았다

우리는 왜 거리에서 외쳐야 할까요. 우리는 언제까지 거리에서 외쳐야 할까요. 4월 20일, 장애인에게는 가장 의미있는 날을 앞두고 거리로 나왔다.

오늘 우리는 인권도시 광주에서, 이곳 양동시장역에서부터 장애인 이동권과 생존권을 말하려한다. 지하철은 장애인에게 가장 안전하고 편리한 대중교통이다. 단 한가지 문제는 수직이동으로 적어도 지하철 역사마다 상행선 하행선 2개의 엘리베이터는 있어야 한다. 그런데 양동역은 엘리베이터가 단 한대도 없다. 대체 수단으로 설치된 리프트는 안전을 보장할 수 없다. 그동안 리프트 추락 사고로 많은 장애인이 죽음을 당했다.

어떤 이들은 말한다. 장애인 복지와 인권이 예전보다 많이 좋아졌다고 한다. 일면 좋아진 것이 사실이지만 장애인을 위한답시고 그런 말을 해서는 안된다. 적어도 장애인을 한 인간으로 존중한다면, 권리의 주체로 인정한다면 그런 시혜와 동정의 언어는 사용하지 마라.

장애인은 헌법에서 보장하는 시민적 권리를 가지고 있다. 하지만 장애인권은 예산의 문제로 난도질을 당해 왔다. 장애인이 가진 보편적 권리는 지금 당장 여기에서 누리고 보장받아야 한다. 그래서 우리는 거리에서 외치고 있다.

우리는 오늘 420공투단의 이름으로 광주 뿐 아니라 전남과 전북에서도 연대하였다. 장애인 단체 뿐 아니라 여성단체, 청소년단체, 인권단체, 시민사회단체도 연대의 손길을 잡아주었다.

우리는 연대를 통해 모든 사람이 차별받지 않는 세상을 향해 나아갈 것이다. 오늘 우리는 거리에서 장애인권을 이야기하며 시청까지 행진 해 나갈 것이다. 투쟁은 아직 끝나지 않았다. 다함께 즐겁게 끝까지 투쟁하자. (2022.04.18)

10년 만의 삭발

4월은 나의 가슴을 뜨겁게 한다. 올해도 봄 꽃의 향기를 느끼기도 전에 가슴이 터질 것만 같다. 다시 삭발을 해야 하나 고민을 했다. 내가 하지 않으면 자신이 삭발하겠다는 아내의 말에 화들짝 정신이 돌아왔다.

한동안 삭발은 나의 트라우마였다. 초등학생 때 이발소를 통해 동네 아이들의 머리에 하얗게 버짐꽃이 피었다. 여러 방법을 동원했으나 차도가 없자 어머니는 양잿물을 희석시켜 버짐꽃에 발랐다. 버짐꽃 뿐 아니라 머리카락 뿌리까지 타들어가서 내 머리에는 하얀 지도처럼 속살이 드러났다. 친구들은 세계지도라 놀려댔다.

머리를 길렀던 초등학생 때는 별 문제가 없었지만, 중고등학생 때 짧게 잘라야 했기에 늘 마음의 상처를 받았다. 대학생이 되었을 때 가장 좋았던 것은 머리를 기를 수 있다는 것이었다. 한동안 장발로 지냈다.

광주에서 장애운동을 하면서 몇 차례 삭발투쟁을 할 기회가 있었다. 그때마다 뒤로 물러나 있었다. 그러다가 2012년 11월 인화대책위 삭발투쟁 때는 더 이상 물러설 자리가 없었다. 내 생애 처음이자 마지막 삭발이라 생각했다.

10년이 흐른 지금 다시 삭발을 결심했다. 장애인권에 대한 요구는 갈수록 커지는데 예산은 더디게 늘어나고 있어서 내 생애가 끝나기 전에 이루어질지 요원하다. 21년 동안 외쳤던 이동권 요구도 아직 끝나지 않았다. 특별히 발달장애인 24시간 지원체계 구축을 위해 부모님들과 뜻을 같이 하여 삭발을 하였다. 삭발은 자신의 굳은 의지와 동지들과의 연대의 약속이다. (2022.04.19)

발달장애인 24시간 지원체계 구축하라!
- 삭발결의문

나는 다섯 살 때 홍역으로 소아마비 장애인이 되었다. 그때부터 부모님의 모든 소망이 끊어졌고 어떻게 살아야 할지 암담해서 사는 것이 지옥 같았다고 한다. 하지만 오늘의 내가 존재하는 것은 부모님이 끝까지 포기하지 않았기 때문이다.

광주장애인차별철폐연대 활동을 하면서 발달장애인에 대한 고민이 점점 커졌다. 발달장애인이 권리의 주체로 존중받는 삶을 원한다. '발달장애인 국가책임제'라는 말에 걸맞게 우리 사회가 발달장애인과 더불어 살아가는 준비를 갖추어야 한다.

발달장애인 24시간 지원체계 구축을 위해 삭발을 한다. 삭발은 전부를 다해 투쟁하겠다는 다짐이자 내 자신을 세우는 일이기도 하다. 모든 장애인의 부모님께 존경과 연대의 마음을 전한다.

(2022.04.19)

싸워서 지더라도 잊히지는 말자

긴 이틀이 이어지고 있다. 마치 하루처럼 광주와 서울을 오가며 다른 듯 같은 일들이 이어지고 있다. 어제는 4.20 광주공투단 차별철폐대행진을 했고, 오늘은 장애인 부모님들과 555명의 삭발식에 함께했다. 광주에서도 31명이 상경하여 삭발하였고, 5명이 줌으로 참여하였다.

문명국가 대한민국은 어디까지 왔을까? 그동안 발달장애인들은 존재조차 부정당한 사람들이었다. 지금 여기 대한민국에서 흔적 없이 살다가 이름 없이 사라져 갔다. 삭발식을 시작하면서 '님을 위한 행진곡'을 부르는데 갑자기 눈물이 났다. 삭발을 할 때는 울지 않고 간절한 기도를 드렸다.

하루 종일 가슴에 품었던 생각은 단 하나였다. "발달장애인 24시간 지원체계를 구축하라!" 가족에게만 책임을 전가하는 비문명 사회를 넘어, 함께 살아가는 문명사회로 나가야 한다. 그동안 발달장애인 국가책임제라는 약속은 있었지만 충분히 지켜지지 않았다.

삭발식장에 앉아 있는데 고맙게도 그늘이 드리워졌다. 하늘을 올려다보니 은행나무 가로수에 이제 막 돋아난 여린 잎들이 응원의 손길을 보내고 있었다.

드디어 내 차례가 되었다. 나는 555명 중의 한 명이 아니라 나의 전부를 걸고 한 삭발이다. 부모들과 동지들의 머리카락이 잘리며 머릿속에 길이 생길 때 이 땅에서 (발달)장애인의 삶의 길을 열어온 것이다.

삭발 후 거리행진을 했다. 살짝 불어오는 바람에도 머리가 시원한 것을 보니 삭발을 했구나 싶었다. 전장연 동지들과 강은미 국회의원실 이반석 보좌관과의 만남은 큰 기쁨이었다. 실로암사람들에서 일했던 오진영 간사는 부모연대에서 의미 있는 역할을 하고 있었다. 삭발 동지가 되어 서울의 거리를 걸으며 "싸워서 지더라도 잊히지는 말자"라고 다짐했다. (2022.04.19)

똥 싸는 소리에는 특별한 힘이 있다

영화 '똥 싸는 소리' 시사회가 열렸다. 먼저 조재형 감독에게 축하의 박수를 보낸다. 4년 전 사고로 전신마비 장애인이 되고 나서 첫 작품이기에 감회가 남다를 것이다. 이를 장애극복 운운하는 것은 극복이라는 단어의 불온함을 차치하고라도 부적절하다. 그는 이전에도 지금도 영화를 사랑하는 감독일 뿐이다. 오히려 장애를 갖게 되면서 영화의 세계가 더 넓어지고 더 깊어졌다.

'똥 싸는 소리'는 실로암사람들이 공동제작자로 참여한 영화다. 2021년 초 조 감독의 치료를 지원하기 위하여 모금한 돈이 영화의 밑거름이 되었다. 극영화이기는 하지만 광주장애인가정상담소 김미숙 국장의 이야기를 모티브로 삼았다. 영화의 촬영 장소도 실로암센터, 설순미 부장의 아파트, 오방장애인자립생활센터, 카페홀더 등 낯익은 곳들이 많았다.

조 감독은 시사회에 대해서 묻자 김미숙 국장이나 실로암사람들, 장애인들의 반응이 제일 궁금하다고 했다. 다행히 미숙은 장애여성 관련 영화 중에서 첫 번째 수작으로 꼽았다. 영화를 보다가 내가 출연한 장면에서는 얼굴이 달아올라 제대로 쳐다보지도 못했는데 배영준과 박정혜 회원이 출연하는 장면은 연기가 자연스러웠다.

영화 '똥 싸는 소리'는 오디션을 통해 주연급 배우들을 캐스팅했다. 배우들의 연기도 뛰어났다. 카메오로 출연한 이문식 배우는 영화의 흐름에 활력을 주었다. 여주인공의 경우 휠체어를 사용하는 장애인의 특성을 디테일하게 연기해서 영화 속 '미숙'과 실제 '미숙'이 데칼코마니처럼 느껴졌다.

'똥 싸는 소리'는 감동과 재미가 교차한다. 장애여성이 주인공으로 나오는 영화지만 85년생 미숙의 일과 사랑이야기를 유쾌하게 풀어낸 전형적인 로맨틱 코미디 영화다. 가장 인상적인 장면은 가을날 미숙과 태식이 여느 연인들처럼 나란히 걸어가는 뒷모습이 아름다웠다.

반면에 아쉬운 부분도 있었다. 영화의 말미에 미숙이 꿈속에서 남자 친구와 바닷가를 거니는 장면이 나온다. 굳이 비장애인이 되어서 뛰어다니는 판타지를 넣어야 하는지 물음표가 던져졌다. 남녀 간의 이상적인 사랑이 비장애인이 되어야 가능한 것이 아니라 휠체어를 타고도 멋진 판타지를 꿈꿀 수 있다면 좋겠다.

이 영화의 강점은 강요하지 않으면서도 자연스레 장애 문제를 객관화시켜서 보게 하는 힘이 있다. 4년 차 '초보 장애인' 감독에게 다음 작품을 기대하게 만드는 이유이기도 하다. 영화도 대박 나고, 미숙 국장도 유명해지고, 조 감독도 차기 작품의 동력을 얻기 바란다. '똥 싸는 소리' 극장 개봉을 기다린다. 개봉박두! (2022.04.20)

처가격리를 시작하다

드디어 내 차례가 되었다. 언제라도 코로나19 확진자가 될 수 있을 것이라 생각하고 있었는데 막상 닥치고 나니 성가신 게 많다. 우선 자가격리를 어디서 할 것인가? 집에서 하자니 화장실이 하나뿐인 아파트에서 가족들과 지내는 것이 불안하다. 바닷가 펜션으로 갈까, 모텔로 갈까 생각도 했는데 숙박비뿐 아니라 먹는 문제도 답이 안 나왔다.

어제 목요모임 라이브를 앞두고 저녁식사를 했는데 속이 편하지 않았다. 방송 중에도 목이 계속 잠겼다. 집에 오자마자 몸의 피곤을 주체할 수가 없어서 쓰러지듯 잠을 잤다. 이튿날 새벽 목구멍에 극심한 통증이 느껴졌고 피로감은 계속되었다. 아침마다 일과처럼 해오고 있는 코로나 진단키트 검사를 했는데 음성이 나와서 안심이 되었다.

오후가 되어도 컨디션이 회복되지 않아서 슬쩍 걱정이 되기 시작했다. 한 번 더 진단키트로 검사를 했는데 음성이었다. 퇴근 후 혹시나 하는 마음에 동네 병원에서 신속항원검사를 했는데 양성 확진 판정을 받았다. 올 것이 왔구나 싶었다. 그동안 버티어 온 것도 용하다고 삭발한 머리를 쓰다듬어 주었다.

고심 끝에 자가격리 대신에 '처가격리'를 선택했다. 평소에도 처갓집을 본가보다 더 자주 드나드는 염치없는 사람이라 한 번 더 신세를 지기로 했다. 집에도 못 들어가고 챙겨준 캐리어 하나 들고 피난민이 되어 처가로 왔다. 일주일 동안 주어진 나만의 시간을 어떻게 보낼까 상상을 하며 잠을 청한다. (2022.04.22)

컨디션이 회복되었다

새벽에 눈을 떴다. 새소리와 광주 나주 간 국도를 지나가는 차 소리가 뒤섞여 들려온다. 어제 병원에서 처방한 약을 먹어서인지 컨디션이 회복되었다. 목소리만 약간 잠겨있을 뿐이다. 감사하다.

나에게 오롯이 주어진 일주일을 어떻게 보낼까 생각하니 오지다. 책을 읽다가 늦게 자고 늦게 일어나기, 미뤄 두었던 글쓰기, 박강수TV 유튜브 방송 몰아보기... 하고 싶은 일이 많다.

'처가격리' 이틀째이다. 요양원에 가기 전 장모님이 쓰시던 방에서 지내고 있다. 화장실과 침대, TV가 있어서 자가격리하기에는 최적의 환경이다. 나도 아무런 불편 없이 하룻밤을 보냈고, 아침부터 평소 같은 일상을 이어가고 있다. 다만 방 안에 머물러 있을 뿐이다.

창문 너머 보이는 이팝나무 이파리도 연둣빛이 짙어졌다. 건너편 언덕에 핀 진분홍 꽃과 봄기운이 완연한 푸르른 나무들은 보기만 해도 기분이 좋다. 아침은 평소처럼 빵 하나 사과 하나로 가볍게 먹었다. 오늘 일정 중 고흥과역교회 정순오 목사님 위임식에 못 가게 되어 죄송하다는 문자를 남겼다. 늘 실로암사람들의 사역을 응원해 주시는 목사님께 멀리서 감사의 마음을 전한다.

어젯밤에는 사다리를 타고 올라가 창문을 통해 방으로 들어왔다. 모든 물건이나 음식물은 창문 밖에 놓아둔 바구니를 통해서 공급받는다. 음식물 용기도 일회용으로 사용하고, 물도 생수를 마신다. 모든 쓰레기는 비닐봉지에 넣어 밀봉해서 창문 밖으로 내놓는다.

앉으면 산과 이어진 언덕이 보이고, 누우면 하늘이 보이는 방에서 호사를 누리고 있다. 오늘 밤에는 날새며 책 읽기에 도전해야겠다. (2022.04.23)

나에게 자랑하고 싶은 책이 생겼다

코로나19로 인해 국가에서 주는 일주일의 휴가가 주어졌다. 부담 없이 읽을만한 세 권의 책을 챙겼다. 그중에 제일 먼저 읽은 책이 '나에게 새로운 언어가 생겼습니다'였다.

7명의 장애여성이 쓴 삶과 사랑과 꿈에 대한 토막 에세이를 모았다. 실로암사람들 부설 광주장애인가정상담소가 만든 책이기에 내가 머리말을 썼다. 저자들은 마음속 깊은 곳에 묻어두었던 생각들을 캐내어 세상에 내놓았다. 자신의 삶을 관통한 장애와 더불어 살아온 이들이 갖는 단단한 힘과 자부심이 베어난다. 마치 조재형 감독의 영화 '똥 싸는 소리'를 7번 본 듯한 느낌이다.

그동안 실로암사람들이 만든 책이 꽤 있다. 어쩌면 가장 정성을 들여 만든 책이 나새언(나에게 새로운 언어가 생겼습니다)일 것이다. 송기역 작가와 함께 글쓰기 교육과 대화를 통해 작가들은 자신의 내면과 마주하며 긴 사색의 과정을 거쳐 생생한 언어를 길어올렸다. 이 책의 강점은 읽기 시작하면 단번에 읽히는 책이다. 머잖아 서점에서 판매할 예정인데 베스트셀러가 되어 저자들이 인세를 받는 날이 왔으면 좋겠다.

책 제목 '나에게 새로운 언어가 생겼다'는 최송아 씨의 글에서 가져왔다. 송아 씨는 자립생활을 하면서 헤어스타일이 쇼트컷트에서 긴 머리 파마로, 누워서 먹던 밥을 휠체어에 앉아서, 타인이 관리해 주던 통장을 자신이 관리하게 되었다. 특히 특수학교 고등학교 과정을 졸업하고도 읽고 쓰기를 못했는데 평생교육원에서 문해교육을 받은 후 주위 사람들과 휴대폰 문자로 소통하게 되었다. 송아 씨에게 한글은 세상과 소통하는 새로운 언어가 된 것이다.

책을 읽으면서 저자들과 봄날이 가기 전에 여행을 하고 싶어졌다. 그동안 잘 살아줘서 고맙다는 말과 앞으로 어깨동무하며 함께 가자는 말을 전하고 싶다. 나새언이 여성으로 장애인으로 아내로 어머니로 비혼으로 살아가는 작가들의 삶에 새로운 이정표가 되리라 확신한다. 편집을 맡아 책에 생명을 불어넣은 송기역 작가에게 무한한 감사를 드린다. (2022.04.24)

'그냥, 사람'을 읽어야 하는 이유

언젠가부터 홍은전이라는 이름이 눈에 들어오기 시작했다. 그는 노들장애인야학에서 교사로 10년이 넘게 활동했다. 지금은 구술작가로 인권의 현장에서 싸우는 사람들의 이야기를 기록하고 있다.

홍은전의 책 '그냥, 사람'을 읽었다. 한겨레 신문에 5년 동안 실린 60편의 칼럼을 모은 책이다.(2015.12.28.-2020.09.13) 당시에 한국사회에서 일어났던 굵직한 사건은 물론 잊힌 사람들의 이야기에 마음이 끌린다.

'그냥, 사람'은 쉽게 읽히지 않는다. 활자에 담겨있는 사람들의 삶의 무게 때문인지 한 페이지도 쉽게 넘어가지 않는다. 분노하다가 한숨을 쉬다 눈을 지그시 감고 심호흡을 한다. 자주 가슴이 먹먹해지고 눈물이 터져 나왔다.

가끔씩 등장하는 내가 아는 사람들 이야기는 반가움보다는 그동안 제대로 알지 못했던 미안함에 가슴이 턱 막혔다. "바뀌어야 할 것은 갇힌 자들이 아니라 가둔 자들이다." 우리 사회는 그동안 사회적 약자를 위한다는 명분으로 그들을 제한, 배제, 분리, 거부해왔다. 더 이상 갇힌 자들을 위한 일이라고 포장하지 말라. 휘청거리는 다리가 꺾인 사람의 마지막 희망마저 빼앗는 일이다.

장애인권 활동가뿐 아니라 후배 사회복지사들이 '그냥, 사람'을 읽었으면 좋겠다. 내 앞에 있는 클라이언트가 그냥 사람으로 보인다면 잘 읽은 것이다. '그냥, 사람'은 무심코 지나쳤던 존재들에게 질문을 던지며, 온몸에 죽어있던 감각들을 깨우는 짜릿한 전율을 느끼게 할 것이다. (2022.04.25)

문제를 문제라고 지적하지 않는 사회

어제 전국장애인차별철폐연대가 성명서를 발표했다. "전장연의 지하철 캠페인은 교통방해죄라는 사법처리의 기준으로 판단할 문제가 아니다."라는 입장이다. 전장연의 '지하철 캠페인'은 장애인의 이동할 권리를 보장받기 위해 휠체어를 탄 장애인들이 지하철을 일렬로 탑승하고 내리는 행동이다.

국민의힘 이준석 대표는 "다수 시민의 불편을 볼모로 자신의 주장을 관철시키려 한다"라며 장애시민과 비장애시민을 갈라치기 했다. 어떤 이들은 장애인의 이동의 권리와 시민들이 겪는 불편함으로 생기는 권리의 침해 즉 권리 대 권리의 충돌로 보기도 한다.

이 문제의 본질은 무엇인가? 장애인의 이동권 보장은 기본적인 시민권 보장이라는 국가책무의 문제이다. 그런데 21년 동안 외쳤어도 장애인의 시민적 권리는 보장되지 않았고, 정치권은 누구도 그것이 문제라고 지적하지 않았다. 우리 사회는 문제를 문제라고 말하지 않고 외면해 왔던 것이다.

국가가 장애인의 권리를 차별하는 무책임함이 원죄다. 권리를 권리답게 보장해 달라는 장애인의 요구를 '교통방해죄'로 입막음하려 하지 마라. 경찰은 장애인의 권리 요구에 사법처리 운운하기 전에 국가의 책무를 방기한 것에 대하여 처벌해야 할 것이다. 장애인의 권리에 대한 보장 없이 공권력으로 짓밟는다면 전국적으로 더 큰 저항을 불러올 것이다. 장애인의 권리가 권리답게 보장될 때까지 투쟁! (2022.04.26)

7일간의 특별한 휴가

자가격리 마지막 날이다. 별로 바쁘거나 서두를 일도 없는데 새벽부터 눈이 떠졌다. 머물고 있는 집이 산과 들로 둘러싸여 있어서 그런지 공기도 기분도 신선한다. 이런 곳에서 살면 만병이 통치될 것 같다.

오늘도 아침은 빵과 사과로 가볍게 먹었다. 평소 같으면 3분 안에 해치웠을 것이다. 위장에 음식물을 채우는 것뿐 아니라 먹는 과정 자체를 즐기고 싶어졌다. 이쯤 되자 사과 하나를 쪼개는 것도 의미가 다르다. 준비하는 과정이나 식사를 하는 것이 내 삶의 한 부분이라는 생각이 들었다.

창 밖으로 보이는 이팝나무는 하루가 다르게 푸르름이 더해가더니 오늘 아침 드디어 하얀 꽃잎을 피웠다. 이팝나무 하얀 꽃은 자가격리 중에 있는 내게 최고의 선물이다. 방 안에 머물러 있어도 스마트폰 하나로 웬만한 일들은 가능하다. 전국장애인차별철폐연대 현장투쟁 실시간 영상도 보고, 전국에서 열리는 장애인 정책토론회도 유튜브를 통해 시청한다. 무엇보다 줌(zoom) 회의를 통해 일상적인 업무가 가능했다.

지난 월요일 밤에는 비가 내렸다. 오랜만에 반가운 빗소리를 들으며 실로암사람들의 사람들을 생각하며 기도했다. 어쩌면 그 시간의 기억은 두고두고 내 마음에 남아있을 것 같다. 31년째 실로암 공동체에 머무를 수 있어서 무한 감사하다.

어제 오후에 있었던 '예능 한장선 생방송'은 새로운 도전이었다. 원래 실로암센터에서 김미숙 국장이랑 줌으로 진행하기로 했는데, 각자 떨어져서 진행해야 했기에 부담이 되었다. 그동안 목요모임 라이브 방송을 함께 해 온 팀워크가 어려운 상황에서 빛을 발했다.

김모세 팀장과 이유미 국장이 기술적인 부분은 완벽하게 커버해주어서 무사히 방송을 마칠 수 있었다. 한장선 사무국에서도 신선하고 즐겁고 유익한 시간이었다는 후기를 보내왔다.

땅에 뿌리를 내리고 살아가는 생명체를 보면서 자연의 변화를 실감한다. 삭발했던 머리도 제법 자라서 손가락에 잡힐 정도가 되었다. 코로나19 확진자로 일주일의 시간을 보내면서 자신에게 많은 말을 걸었다. 내가 듣고 싶은 말도 해주었다. "애쓴다." "괜찮아." 나랑 비슷한 시기에 코로나19 확진자가 된 고향에 계신 부모님의 회복을 빈다. (2022.04.28)

북구청의 결단을 촉구한다

기다리던 김대덕 님의 사회복지서비스 변경신청거부처분취소 선고공판이 열렸다. 그동안 한차례 연기가 되어 마음을 졸여왔다. 1심 재판부는 김대덕 님의 손을 들어주었다. 북구청이 항고하지 않으면 김대덕 님은 활동지원서비스 신청이 가능해졌다.

장애인 중에 65세 이전에 노인장기요양서비스를 이용하고 있으면 장애인활동지원서비스 신청이 불가능하다. 황신애 님은 2020년 말에 장애인활동지원에 관한 법률 제5조 제2호에 대한 헌법불합치 결정을 이끌어 내었다. 이후 광주지방법원 행정소송을 통해 사회복지서비스 변경신청 거부처분취소 재판에 승소하여 2021년 6월부터 활동지원서비스를 이용하고 있다.

광주장애인차별철폐연대는 2021년 9월, 사회복지서비스 변경신청 거부처분 취소 촉구 기자회견을 가졌다. 공익변호사와 함께하는 동행의 이소아 변호사의 법률지원을 통해 김대덕, 박영환 님의 행정소송을 진행하였다. 특히 김대덕 님은 올해 말이면 만 65세가 된다. 만약 올해 안에 활동지원서비스를 이용하지 못한다면 영원히 신청자격을 상실하게 된다. 그야말로 벼랑 끝에 몰려있었다.

황신애 님이 열어 놓은 길을 김대덕 님이 걸어가고 있고, 박영환 님이 기다리고 있다. 김대덕 님은 현재 하루 세 시간의 장기요양 서비스를 받고 있다. 요양보호사가 오면 아침을 먹고, 점심은 준비해 놓은 것을 먹지만 저녁은 굶는다. 활동지원서비스를 이용하게 된다면 따뜻한 저녁식사를 하고, 일상생활이나 외출도 자유로워질 것이다. 이제 마지막 키를 쥐고 있는 북구청의 결단을 촉구한다.

(2022.04.28)

학생기록부는 지적장애 판단의 필수사항이 아니다

K는 1962년 광주에서 태어났다. 광주 동구의 어느 초등학교에 입학하였으나 선천적인 지능 저하와 정신장애로 인해 학교생활에 적응하지 못했다. 결국 이상행동으로 1학년을 채 마치지 못한 채 그만두고 말았다.

그는 2004년 장애등록(청각장애 2급)을 했다. 청각장애 외에도 지적장애, 정신장애가 있으나 가족들이 창피하다는 이유로 중복장애 등록을 못하게 했다. 때문에 적절한 장애인 교육을 받지 못한 것은 물론 대인관계 부재로 인해 불안정하고 폐쇄적인 성장기를 보냈다.

K는 2021년 7월 행정복지센터에 장애심사 서류를 제출했다. 국

민연금공단에서는 지적장애 확인을 위해 학령기 생활기록부를 요구하였다. 하지만 K와 어머니는 어느 초등학교에 다녔는지 명확하게 기억하지 못했고, 교육청을 통해서도 확인이 불가능했다. 결국 국민연금공단은 생활기록부가 없다는 이유로 지적장애 확인불가 판정을 내렸다.

2021년 11월 광주광역시에 장애정도 결정처분 최소청구 행정심판을 신청했다. 지적장애에 대한 증명이 생활기록부가 있어야만 가능할까? 만일 학교를 다니지 않은 사람은 지적장애 등록이 불가능하다는 말이 된다. 지적장애는 지능지수(IQ)와 사회성숙도 검사로 판단한다. K는 2021년 7월 IQ 47로 중간정도의 지적장애가 있다는 심리평가를 받은 바 있으나 청각장애로 인한 영향으로 보고 이를 인정하지 않았다.

K는 현재 90세가 된 어머니와 함께 살고 있다. 어머니에 대한 갈등, 분노로 충동적이고 공격적인 행동을 보이고 있어서 2017년 11월부터 분노조절 및 우울증 약을 복용하고 있다. K는 60세가 되던 작년부터 자립생활을 꿈꾸고 있다. 자립을 위하여 주택, 연금, 활동지원서비스 등이 필요한데, 중복장애가 인정되어야만 적절한 사회서비스를 지원받을 수 있다. 4월 29일(금)에 있을 광주광역시 행정심판의 결과가 주목된다. (2022.04.28)

566일 만의 자유

자정이 넘어서 산책에 나섰다. 코로나19 팬데믹 이후 566일 만에 실외 마스크가 자유로워지는 것을 만끽하기 위해서다. 실외라는 꼬리표가 붙긴 했지만 마스크를 벗고 보니 일상 회복에 훅 다가서는 느낌이다.

자정이 지나서인지 밤공기가 차갑다. 하지만 콧속으로 바로 들어오는 공기는 상쾌하다. 심호흡을 하며 봄기운을 불어 넣으니 온몸의 세포가 깨어나는 듯하다.

산책로는 이미 하얀 꽃들이 점령하고 있다. 하얀 철쭉은 반은 나무에 반은 땅바닥에 피어있다. 목련과 벚꽃이 지나간 자리는 이팝나무 하얀 꽃이 차지했다. 아카시아 꽃향기가 나는 걸 보면 근처 숲에 녀석들이 있는 모양이다.

밤 산책은 자연의 변화를 몸으로 느낄 수 있어서 좋다. 도시에 살고 있는 소시민으로서는 달과 별을 볼 수 있는 최고의 기회다. 오랜만에 누리는 노마스크는 자유다. 돌아보니 긴 길을 돌아왔지만 모두가 독립적으로 존재하는 것이 아니라 서로가 기대어 있음을 배우는 시간이었다. (2022.05.02)

실로암사람들 행암동 시대가 열리다

실로암센터 1호관이 이사하는 날이다. 지난 월요일부터 이삿짐을 싸왔으니 오늘은 짐만 옮기면 된다. 요즘 포장이사를 많이 하는데 이사비용이 만만치 않아서 엄두를 못 내고 용달차만 불러서 이삿짐을 나르고 있다. 다행히 많은 분들이 손을 넣어 주어서 순조롭게 진행하고 있다.

실로암사람들 법인 사무실이 17년 만에 이전하였다. 그동안 봉선동에 자리하면서 크고 작은 일들이 많았다. 2005년 여름부터 매년 두 차례 골목길음악회를 센터 앞 골목에서 열어오고 있다. 실로암사람들이 인화학교 성폭력대책위나 자립생활 조례제정운동, 광주장애인차별철폐연대 등 장애인권 연대활동도 활발하게 한 것도 이때다. 내부적으로는 제도권 안에서 장애인복지를 본격적으로 시작하게 되었다.

17년 동안 묵은 짐들을 정리하는 일이 만만치 않았다. 수시로 정리한다고 하지만 시간이 지나면서 쌓인 짐들은 사람이 살아야 할 자리를 차지하고 있다. 문제는 알면서도 손때 묻은 짐들을 정리하기란 여간 어려운 숙제가 아니다. 나도 나이 들면서 누군가의 짐이 되지 않기를 바랄 뿐이다.

이제 실로암사람들 행암동 시대가 열렸다. 실로암센터 1호관(봉선동)은 라브리주간보호센터가 사용하게 된다. 2호관(행암동)은 법인 사무처, 평생교육원, 가정상담소가 함께하면서 협력하게 될 것이다. 다음 주 말까지는 리모델링과 짐 정리가 끝날 듯하다.

앞으로 골목길음악회는 옥상음악회로 전환해야 할 것 같다. 넓은 옥상에 서서 음악회를 상상하니 절로 흐뭇해진다. 새로운 실로암센터를 통해서 어떤 일들이 기다리고 있을지 궁금하다. 무엇보다 회원들과 울고 웃으며 함께하는 공간이 되었으면 좋겠다. 5월 16일부터는 새로운 실로암센터(행암동)에서 만나자. (2022.05.06)

교회는 믿음의 도서관이다

실로암사람들의 형제 교회인 신원벧엘교회 창립 15주년을 진심으로 축하한다. 신원벧엘교회가 주님의 아름다운 교회로 세워져 가는 15년의 시간을 가까이서 지켜보면서 '한결같다'는 생각을 했다. 그동안 교회의 기초를 세우며 15년의 시간을 쌓아온 성도들께 박수를 보낸다. 오늘 장로 임직을 받는 정기윤 장로님, 장영님 장로님을 통하여 앞으로 15년 동안 부흥하는 주님의 교회가 되리라 기대한다.

한 마을에 도서관이 있다는 것은 한 세대 후에 지도자가 생겨날 것이라는 예언이다. 교회는 그 도시의 믿음의 도서관과 같다. 도서관의 생명은 건물이 아니라 책이고, 성도는 믿음의 책이다. 특별히 오늘 임직 받는 두 분의 장로님은 성도들에게 인정받은 믿음의 책이다. 장로님들의 믿음의 삶을 보고 신원벧엘교회의 어린 세대들과 새신자들이 자랄것이다.

정기윤 장로님, 장영님 장로님의 임직을 축하한다. 하나님의 능력을 사모할 뿐 아니라 하나님을 사모하며 기뻐하는 자, 열심히 기도할 뿐 아니라 우리의 기도를 받으시는 하나님을 더욱 사랑하는 자 되시기 바란다. "내 구주 예수를 더욱 사랑 엎드려 비는 말 들으소서. 내 진정 소원이 내 구주 예수를 더욱 사랑 더욱 사랑." (찬송가 314장) (2022.05.15)

저항과 연대의 5·18 정신으로 투쟁하자

장차연의 깃발 아래 금남로에 모였다. 42년 전, 금남로와 옛 전남도청 앞은 목숨을 마쳐 민주주의를 지켜낸 곳이다. 당시 나는 광주의 조대부고 2학년 학생이었다. 고3 선배는 계엄군의 총에 맞아 죽었고, 같은 반 친구는 몸에 총알이 관통하였지만 살아났다.

5·18 당시 계엄군의 총칼에 의해 많은 분들이 죽거나 장애인이 되었다. 광주지역 5·18 첫 희생자는 청각장애인 김경철 열사다. 어머니 임근단 여사님은 91살이 되도록 아들을 가슴에 품고 투사의 삶을 살고 있다.

5·18이 우리에게 물려준 광주정신은 저항과 연대다. 불의한 국가권력에 저항하고 연대를 통해 시민공동체를 이루었다. 42년이 지난 지금 이 땅에 민주주의는 이루어졌는가?

전국장애인차별철폐연대는 장애인 이동권, 교육권, 노동권, 탈시설, 자립생활 권리를 요구하며 출근길 지하철 연착 투쟁을 하고 있다. 또한 릴레이 삭발투쟁을 통해 기획재정부에 2023년 장애인 권리예산 책임을 촉구하고 있다.

전국장애인차별철폐연대의 저항과 연대의 정신은 바로 5·18 광주정신이다. 전국의 장애인들이 금남로에 모여 장애인의 존엄한 삶을 위한 결의대회를 진행했다. 현장에서 삭발을 결의한 박영석 활동가는 장애인의 차별적인 현실에 대한 울분을 참을 수 없었다고 했다.

3년 만에 민주대행진과 전야제가 열린 금남로는 42년 전 해방광주를 보는듯했다. 시민들은 마음껏 자유로움을 만끽했다. 앞으로 5년 동안 금남로에서 또 얼마나 촛불을 들어야 할까? 오월 광주는 여전히 암울한 시대의 빛이다. (2022.05.17)

일권 씨는 목요모임을 기다린다

신일권 회원은 1976년 8월 4일생으로 영광 법성에서 태어났다. 실로암사람들 창립일 즈음이다. 뇌병변 장애로 인해 어렸을 때는 잘 걷지 못했는데 친구들이 바닷가 백사장에서 뛰어놀던 모습을 보면서 자랐다.

특수학교 진학을 위해서 1988년 온 가족이 광주로 이사를 와서 1989년 은혜학교에 입학하였다. 그해 여수 애양병원에서 수술한 후에 목발을 사용하여 걷게 되었다. 은혜학교 초중고 12년을 늘 함께한 친구들은 마치 가족과도 같다. 김혜진, 이원신, 장수만, 윤명숙, 하경필, 박상준, 이문순… 이름만 떠올려도 기분이 좋아진다. 학교에 다닐 때는 국어와 과학 과목을 좋아했다.

실로암사람들은 은혜학교 선배인 김재미 누나의 소개로 알게 되었다. 중학교 1학년 때 장애청소년 통합캠프에 참여하면서 실로암사람들과 함께하게 되었다. 특히 가족별 모임, 캠프파이어와 악수례가 기억에 남는다. 벌써 27년이 흘렀다. 지금도 재미 선배의 안부를 물으면서 행복했던 시절의 추억을 떠올리며 웃곤 한다.

목요모임에 함께한 지도 20년이 넘었다. 코로나 이전에는 거의 개근을 했다. 말씀의 은혜를 사모할 뿐 아니라 회원들의 얼굴을 보며 서로 격려하는 시간이 참 좋았다. 다른 사람들을 위해 할 수 있는 일을 찾다가 실로암밴드를 통해 생일 축하의 글을 올리고 있다.

실로암밴드나 회원톡방에서 일권 씨와 소영 씨는 최고의 케미를 보여준다. 마치 톰과 제리를 보는 듯한데, 주로 일권이 톰이다. 올해 안에 어린 시절에 보았던 바닷가에서 사랑하는 사람들과 목요모임을 위해 기도하고 싶단다. 실로암공동체의 든든한 기둥인 일권 씨가 곁에 있어서 고맙다. (2022.05.20)

정 많은 미정 씨의 꿈

평생교육원을 이용하는 분들 가운데 내 방에 찾아와 안부를 건네는 회원들이 있다. 미정 씨도 그렇다. 월급 타면 맛있는 것 먹자는 이야기도 빠지지 않는다. '마치 기다리고 있었다는 듯이' 반갑게 함께하는 시간이 좋다. 같이 이야기를 나누다 보면 내 마음도 맑아진다.

김미정 씨는 1971년 전남 여수시 화양면에서 5남매 중 넷째로 태어났다. 지금은 고흥과 여수를 잇는 섬섬백리길이 마을 앞을 지나간다. 아버지는 굴 양식을 하기도 했는데 나중에 여수시 문화원장을 지냈다. 3년 전에 아버지는 돌아가셨고 어머니는 지금도 고향집에 살고 계신다.

초·중·고등학교를 여수에서 다녔다. 졸업 후 직장생활을 하다가 스무 살이 갓 넘은 나이에 결혼을 하여 4년여를 함께 살다가 이혼 후 친정으로 왔다. 슬하에 딸과 아들을 두었다. 딸은 올해 대학 졸업반이고 아들은 군대에 갔다. 언젠가 아이들을 다시 만날 때 엄마로서 도움이 되어주고 싶어 열심히 일하고 있다.

광주의 시설에서 3년 여를 살다가 2018년 천천공동생활가정으로 오게 되었다. 그룹홈에 처음 왔을 때는 체력이 약했는데 지금은 몰라보게 좋아졌다. 현재 일하고 있는 제석근로사업장에서 5년째 일하고 있다. 하루에 4시간, 주로 배추 세척하는 일을 한다. 오전에는 직장에서 일하고, 오후에는 평생교육원과 장애인체육회 프로그램을 이용하여 여가생활과 생활체육을 하고 있다.

요즘에는 임플란트 치료를 준비하고 있다. 미정 씨의 꿈은 자립하여 살아가는 것이다. 나는 '자립이 우선이 아니라 관계가 우선이다'라는 말을 해 주었다. 자립은 혼자서 살아가는 것이 아니라 더

불어 울고 웃고 기대어 살아가는 것이기에 함께 행복해지는 삶이 되기를 응원한다. (2022.05.24)

장클라의 도전은 진행형이다

클라리넷티스트 장성규의 애칭은 장클라다. 장클라는 1982년 전남 고흥에서 1녀 2남 중 장남으로 태어났다. 어린 시절을 보냈던 동강은 벌교와 고흥의 경계지역으로 생활권은 벌교에 속했다. 7살 되던 해 시각장애인 특수학교로 진학하면서 광주에서 살게 되었다. 세광학교 초등 3학년 때 처음으로 리코더를 불었고, 5학년 때는 밴드부에서 드럼을 쳤다.

중학교 1학년이 되자 트럼펫을 연습하기 시작했으나 자신과 잘 맞지 않아 클라리넷을 불기 시작했다. 1996년 중학교 2학년, 실로암 여름캠프에서 처음으로 클라리넷 독주를 했다. 300여 명의 박수 소리가 수천 명의 울림으로 다가온 짜릿한 느낌은 지금도 생생하다. 1997년 광주문화예술회관 대극장에서 열린 하나된소리 공연무대에 섰고 이후 실로암사람들 전속(?)으로 출연하게 되었다.

실로암사람들 선교예배는 연주자로서 내공을 쌓는 최고의 기회였다. 세상에서는 연주하다 틀리면 혼을 내는데, 교회에서 연주를 하다 틀리면 아멘을 하고 격려해 주었다. 그러나 어떤 무대든지 연주자로서 떨림은 동일했다. 대중 앞에 서는 경험을 통해서 긴장감을 덜 갖게 된 것은 연주자로서 큰 자산이 되었다.

2001년 광주대 음악학부에 진학하여 본격적인 음악공부를 시작했다. 음악학부에 시각장애인이 입학한 것은 처음이었다. 새내기 때는 강의실을 찾다가 화장실 주위만 배회하다 결국 수업에 참석하지 못한 적도 있었다. 시각장애인 재식이 형과 자취할 때 놀러 온 친구가 버린 담뱃불로 인해 화장실 휴지통에 불이 나서 쫓겨날 뻔했다.

  대학을 졸업할 즈음 유학의 꿈을 품었다. 2005년 학부를 졸업하고 난 후 무진장애인장학회 첫 장학생으로 선정되어 독일로 유학을 떠났다. 아는 사람도 없고, 언어도 안되어 처음 23일 동안은 집에서만 지냈다. 돈이 없어서 5일 정도 굶은 적이 있는데 아는 집사님의 초대로 곰탕을 먹고 나니 바로 설사를 했다. 대학 화장실에서 뜨거운 물로 라면을 불려먹은 것은 웃픈 추억이 되었다.

  11번의 도전 끝에 독일 카셀음대에 입학하여 2009년 우수한 성적으로 졸업하였다. 세광학교에 다닐 때 자원봉사를 왔던 분을 만나 처음 독일 생활에 큰 도움이 되었다. 베를린으로 이사한 후에는 독일 어머니라 불렀던 엘리(ELLY)를 만나게 되어 독일 생활 후반부를 잘 견디어 낼 수 있었다. 엘리 어머님에게 독일어를 배우고 어머님께 안마를 해 드렸다.

  새로운 배움을 위해 2010년 미국으로 갔다. 2011년 텍사스주립대 클라리넷 연주자 과정에 입학하여 2013년에 졸업하였다. 클라리넷 연주의 레전드라 불리는 리처드 맥도웰 교수와 벵겔 캥게로브 교수를 통해서 자신만의 독특한 클라리넷 소리를 갖게 되었다. 2014년 존스 홉킨스 피바디 대학원에 입학하여 한 학기 공부를 했으나 등록금이 너무 비싸서 학업을 이어가지 못했다.

  2015년 7월 5일 일요일 오후 2시, 예술의전당에서 독주회를 가졌다. 어릴 적 품었던 꿈이 이루어진 순간이었다. 지금까지 자신을 이끌어 주었던 분들 앞에서 혼신의 연주를 했다. 2017년 미국 생활을 마치고 한국으로 돌아왔다.

2018년 호주 뉴질랜드에 이어 미얀마 베트남을 여행했다. 사역지를 놓고 기도하다가 동남아시아의 중심이라 할 수 있는 베트남 하노이에 지디아센터를 세웠다. 2020년 3월, 학생들이 30명으로 늘어났다. 가난한 학생들에게 계란을 받고 피아노 기타 색소폰 등 악기나 미술을 가르쳤다. 혼자 사는 사람에게 쌀이나 물품을 후원하고, 신학생에게 장학금을 지급하기도 했다. 하노이 지디아센터는 현지에 있는 직원들이 운영하다가 2021년 4월에 문을 닫았다.

코로나의 확산으로 한국에 들어오는 것이 여의치 않아서 2020년 3월 20일, 비자 문제로 캄보디아로 가게 되었다. 2021년 11월 1일, 캄보디아 제2의 도시 바탐방에 두 번째 지디아센터를 세웠다. 광주에 있는 보배로운교회의 후원과 실로암사람들의 응원이 큰 힘이 되었다. 장클라의 꿈은 캄보디아에 기술종합학교를 설립하여 인재를 키우는 것이다. 장클라의 도전은 현재 진행형이다.

(2022.06.09)

실로암의 길잡이가 된 참된 스승

은혁상 회원은 1954년 전북 정읍에서 태어났다. 모태신앙으로 고향마을에 있는 신광교회를 다니며 꿈의 사람 요셉처럼 가난한 이웃을 돕는 사람이 되고 싶었다. 아버지는 일곱 살 때 돌아가시고 어머니마저 열다섯에 돌아가셨다. 가세가 기울자 중학교 2학년 초에 학교를 그만두었다.

어릴 때 꿈은 성악가였다. 하지만 선천적으로 기관지가 약해 호흡조절이 어려워서 포기해야 했다. 어머니는 노래면 노래, 춤이면

춤 다재다능한 분이었다. 고등 공민학교에 다니면서 첫눈에 반한 여학생을 만났다. 여학생이 전학을 간 후에도 짝사랑의 기억은 지워지지 않았다.

이리와 전주에서 매부님을 도와 이불가게 일을 하다가 22살에 군대를 갔다. 35사단에서 수송 교육을 받고 안동 포병부대에서 운전병으로 복무했다. 일병으로 복무하던 중 상급자로부터 정신이 혼미해질 때까지 맞았다. 가해자를 용서하기로 마음먹고 끝까지 이름을 밝히지 않았다. 이후 병원 치료를 받으면서 정신과 약을 먹다가 결국 30개월 만에 의병제대를 했다. 목소리가 흔들리는 것을 봐서는 지금도 힘든 모양이다.

26살 때 천안에 있는 기독성심원에 가게 되었다. 70여 명의 정신장애인이 생활하는 곳이다. 1년이 지나 몸과 마음의 안정을 되찾자 양승주 선생님의 소개로 직원들의 보조역할을 하게 되었다. 작지만 월급도 받았다. 원장이신 이희경 목사님과는 28년간 부자지간처럼 친밀하게 지냈다.

시설에서 퇴소 후 교직에 있던 여동생이 소개한 순창 태평교회로 오게 되었다. 57살이던 2005년에는 여동생이 있는 광주에서 지내고 싶어서 꽃피는집 그룹홈으로 갔다. 꽃피는집에서는 장익선 이영준 이길영 김삼남 형제들과 함께 지냈다.

꽃피는집이 효천역 근처에 있을 때 김용목 대표와 원탁을 만들어 부설기관에 선물하기도 했다. 이후 두암동으로 자립하였다가 다시 꽃피는집으로 돌아오기도 했는데 2019년에 주월동 빛여울채로 자립하여 살고 있다. 앞으로 꿈은 일본의 벧엘의집과 같은 정신장애인 공동체를 만드는 것이다. 정신장애를 의료적 관점에서만 보지 않고, 있는 그대로 인정하고 서로 기대어 살고 싶다.

실로암사람들의 명예간사로서 최선을 다하고 있다. 실로암센터 건립을 위하여 열심히 기도하고, 목요모임이나 실로암의 공식 모임에는 빠지는 일이 없다. 어려운 이웃을 보면 그냥 넘기지 못한다. 자신을 위해서는 작은 것도 아끼지만 남을 섬기는 데에는 부유한 사람이다. 실로암사람들의 길잡이가 되는 참된 스승이다. 내년이면 칠순을 맞는 은혁상 명예간사님이 강건하고 평안하기를 바란다.

(2022.06.11)

꽃보다 아름다운 당신

나보다 한 살 많은 이지숙 누나의 60회 생일이다. 깜짝 선물처럼 파티를 준비하기 위하여 여러 사람이 공을 들였다. '꽃보다 아름다운 당신' 현수막을 걸어놓으니 제법 잔치 분위기가 난다. 음식은 이팝너머와 새날에서, 떡과 꽃은 오방에서 정성껏 준비했다. 상담소와 사무국에서는 선물도 준비했다.

오늘의 주인공인 지숙 누나가 입장하면서 분위기는 최고조에 달했다. 백만 불짜리 유쾌한 웃음으로 기쁨을 나누어 주었다. 곁을 든든히 지키고 있는 안병순 형님은 오늘따라 기분이 좋아 보인다. 실로암센터에는 안병순 형님의 그림 두 점이 걸려있다.

이지숙 누나는 1962년 전남 구례에서 태어났다. 고향집 앞에 있는 당산나무 아래서 어린 시절을 보냈다. 스물여덟 살에 친척의 소개로 고향을 떠나 실로암재활원(현, 이팝너머)으로 오게 되었다. 어려운 시절 주방을 맡아 섬기면서 힘든 일들이 많았지만 오히려 감사가 넘치는 시간이기도 했다. 가장 자신 있는 음식은 새우된장국이다.

어느 날 한 남자가 결혼 상대자를 찾기 위하여 목요모임에 참석했다. 마음에 드는 한 여자를 발견하고 실로암재활원에 찾아왔다. 두 사람은 그렇게 만났다. 1997년 4월에 결혼하여 26년 차 신혼부부로 알콩달콩 살고 있다.

신혼 때부터 오치동에 살다가 2019년 봄 주월동 빛여울채로 이사했다. 기독병원도 가깝고 활동지원서비스도 받게 되어서 생활이 안정되었다. 요즘에는 건강에 신경을 많이 쓴다. 서로의 건강을 챙겨 가면서 살아가는 모습이 영락없는 천생연분이다.

지숙 누나는 실로암사람들이 주최하는 하나된소리 공연에 가수 김호중 씨를 초대하는 날을 고대하고 있다. 그 첫 시작으로 올해 안에 김호중 씨가 살았던 마을에 놀러 가기로 했다. 며칠 전에는 지숙 누나의 조카가 재능기부도 하고 후원도 하고 싶다고 연락을 했다. 한 사람으로부터 시작된 나눔과 섬김이 어떤 열매를 맺어 나갈지 기대된다. (2022.06.16)

황신애 님의 빛나는 삶을 응원한다

제5회 곽정숙인권상 수상자는 황신애 님이다. 수상 소식을 들으면서 두 가지 장면이 떠올랐다. 먼저는 2020년 12월, 헌법재판소 최후진술에서 그녀는 그동안 마음속에 담아두었던 이야기를 꺼냈다.

2005년 희귀질환 다발성경화증 확진을 받고, 7번의 재발과 진행으로 중증장애인이 되었다. 한동안 죽을 것만 생각하다가 2014년 세월호 참사 이후 글을 쓰고 그림을 그리기 시작했다. 2017년 대한민국 장애인문학상 공모전에서 운문부문 대상을 수상하며 실력을 인정받았다. 시화집도 출판하는 등 활발한 활동을 했으나 장애는 점점 진행되어 모로 누워 책을 읽거나 스케치하는 것도 어렵게 되었다. 하루 4시간 요양보호사가 오는 시간 외에는 침대에 누워서 지내야 했다.

2016년, 북구청에 활동지원서비스를 신청했으나 장기요양서비스를 먼저 받고 있다는 이유로 거절당했다. 그대로 받아들인다면 자신의 남은 삶이 꺾인다고 생각한 그녀는 2016년 12월, 광주지방법원에 행정소송을 제기했다. 2017년 7월, 광주지방법원은 위헌법률심판 제청결정(장애인활동지원법 제5조 제2호)을 내렸다.

황신애 님은 헌법재판소 위헌제청 사건 최후변론을 했다. 자신이 주위 사람들에게 짐이 되는 것이 싫어서 시설에 들어갈 결심도 했다. 활동지원서비스를 받게 되면 누워있을 때 갑자기 떠오른 생각도 메모할 수 있고, 일 년에 한두 번은 영광 해안도로의 석양을 보고 싶다고 했다.

다행히 2020년 12월 헌법재판소는 헌법불합치 결정을 하였다. 이를 근거로 2021년 4월, 광주지방법원에서 '사회복지서비스 변경 신청 거부처분 취소' 소송에 승소하여 5월부터 활동지원서비스를 이용하게 되었다. 북구청에 활동지원서비스를 신청한 지 5년 만이었다.

두 번째 장면은 활동지원서비스를 받고 나서 축하 전화를 드렸다. 그녀의 목소리는 상기되어 있었다. 너무 좋아서 뭐라고 말해야 할지 모르겠다며 다른 사람들에게 미안하다고 했다. 65세 미만 장애인 가운데 장기요양서비스를 먼저 받았기에 활동지원서비스를 신청하지 못한 장애인이 전국적으로 3만 명이나 되었다. 그러면서 시청이나 법원 앞에서 1인 시위라도 하면서 빨리 법 개정이 되어서 다른 사람들도 동일한 서비스를 이용했으면 좋겠다고 했다.

이후 2021년 9월, 광주장애인차별철폐연대가 주최한 사회복지서비스 변경신청 거부처분 취소 촉구 기자회견에 참여하여 발언을 하기도 했다. 황신애 님과 같은 입장에 있는 김대덕, 박영환 님이 광주지방법원에 행정소송을 접수하는 날이었다. 김대덕 님도 2022년 4월, 행정소송에서 승소하여 6월부터 활동지원서비스를 이용하고 있다.

2022년 5월, 장애인활동지원법이 개정되어 65세 미만 노인성질환자도 활동지원 신청이 가능해졌다. 우리나라 장애인을 대표하여 6년여의 외로운 싸움을 견디어 낸 황신애 님께 박수를 보낸다. 어제보다 빛나는 삶이 되길 응원한다. 연약한 이들의 벗, 곽정숙인권상 수상을 진심으로 축하한다. (2022.06.23)

우주의 중심에서 예배하다

행복재활원 주일예배에 다녀왔다. 코로나19로 인해 2020년 2월부터 장장 2년 5개월만의 해후다. 그동안 보고 싶은 얼굴들을 떠올리며 오늘을 기다려왔다. 코로나가 결코 하나님의 사랑과 은혜를 막지 못한다는 믿음으로 견디었다. 오늘은 행복원에서 살다가 자립한 송아와 방울도 함께했다.

대면 예배가 단절된 기간 동안 신앙의 거품이 걷혔다. 형식적인 신앙에서 생명적인 신앙을 회복하는 시간이기도 했다. 예배의 형식이나 기도의 응답보다는 예배와 기도의 대상이 되는 하나님과의 관계에 집중하게 했다. 하나님께 집중하는 신앙인은 필연적으로 이웃을 향한다. 그것이 십자가를 통해 우리에게 주신 복음이다.

하나님의 은혜와 타인의 손길이 필요 없는 인생은 아무도 없다. 영화 '에반 올마이티'의 대사가 생각난다. "인내를 달라고 기도하면 신은 뭘 줄까요? 인내? 인내할 기회? 용기를 달라면 당장 용기를 줄까요? 가족 간의 사랑을 기도하면 당장 사랑을 선물로 줄까요? 혹은 사랑할 기회를 줄까요?"

행복원 예배는 하나님께서 내게 주신 기쁨의 기회다. 온몸과 마음으로 드리는 예배는 시간의 간극을 훌쩍 넘어서 낯선 듯 깊은 감동으로 다가왔다. 지금 이 순간 이곳이 우주의 중심이라는 생각이 들었다. 긴 시간 행복원 주일예배의 회복을 위해 기도해 오신 동역자들에게 감사드린다. (2022.06.26)

공동체 고백이 삶에서 이루어 지기를

성대 씨는 만나자마자 인사를 대신해 손목시계를 가리키며 엄지척을 해 보였다. 웃는 모습이 평안해 보인다. 오른손 팔뚝과 손등, 손가락에는 여전히 문신 자국이 남아있다. 성대 씨가 여름을 유난히 힘들어했던 이유를 알 것 같다. 양손에 새겨진 문신으로 인해 반팔 셔츠를 입을 때마다 트라우마가 재생되었을 것이다.

성대 씨를 처음 만난 것은 10년 전 오늘이었다. 원주사랑의집 피해 생존자 네 분이 살 곳을 찾는 중이었다. 수소문 끝에 실로암 공동체로 왔지만 첫 대면의 충격은 상상했던 것보다 컸다. 남녀 모두 빡빡이 헤어스타일을 하고 있었다. 마치 외계행성에 불시착한 지구인처럼 낯섦과 금방이라도 터질 듯 불안한 기색이 역력했다.

네 분뿐 아니라 실로암 공동체도 함께 살아갈 준비가 되어있지 못했다. 한바탕 광풍이 지나가듯 수많은 이야기를 만들어 내며 천천히 시간이 흘러갔다. 그사이 성아 씨가 먼저 세상을 떠났다. 가해자로 부터 벗어난 지 6개월 만이었다. 이미 그녀의 몸은 직장암 말기로 손을 쓸 수가 없었다. 임종을 지키면서 죽어서야 비로소 자유롭게 되신 분이라 생각했다. 다시는 이런 삶과 죽음이 있어서는 안된다는 다짐도 했다.

맏형인 성민 씨는 기적처럼 원가족과의 재회로 자신의 성씨와 나이도 알게 되었고, 법적 회복도 이루어졌다. 회갑잔치 때 난생처음 입은 한복도 잘 어울렸다. 하지만 동생들로부터 받은 구두를 채 신어보지도 못하고 심근경색으로 별세했다. 허망하고 아쉽고 허전하다. 생전의 모습을 떠올리니 밤에 누군가를 호통치듯 큰소리치던 잠꼬대가 그립다. 언젠가 천국에서 다시 만날 때 나누고픈 이야기가 참 많다. 그날까지 남아있는 동생들을 응원해 주시길.

성오 씨는 세광학교 고등부 1학년이다. 예전에 비해 몸무게가 많이 줄어들어 걱정이다. 성오 씨 하면 떠오르는 흥도 줄어들어 예전의 멋진 춤사위와 웃음은 좀처럼 보기 힘들게 되었다. 성대 씨는 비교적 건강을 유지하고 있다. 작년 안색이 안 좋아서 여러 병원을 오가면서 검사한 끝에 소장의 종양을 떼어냈다. 요즘에는 매일 운동과 건강보조식품을 먹으며 건강에 각별히 신경을 쓰고 있다.

이제 두 분은 가고 두 분이 남았다. 과연 이 분들은 실로암 공동체와의 만남이 행복했을까? 분명한 것은 네 분을 통해 실로암사람들 공동체 고백이 생겼다는 것이다. "우리는 장애인을 환대합니다. 장애인을 존중합니다. 장애인과 함께합니다." 장애인이 그 존재로 환대받기를, 존중받기를, 이웃과 더불어 함께 살아가는 세상을 꿈꾸게 되었다. 공동체 고백이 삶을 통해 이루어지길 바란다.

(2022.07.03)

일상에서 낯섦을 발견하라

책풍(책이 있는 풍경)에서 주최한 인문학 강좌가 열렸다. 5회 연속 강좌의 첫 문을 이정록 시인이 열었다. 이정록 시인은 충남 홍성 출생으로 시집과 동시집, 청소년시집, 산문집 등 20여 권을 낸 중견 작가다. 고창에 가면서 이정록 시인의 서시를 떠올렸다. "마을이 가까울수록/ 나무는 흠집이 많다// 내 몸이 너무 성하다"

결론부터 말하자면 강의를 듣고 나에게 실망했다. 나는 몇 년 동안 꾸준히 글을 써왔고 책으로 만들기도 했다. 그런데 내가 쓴 글들이 활자 공해처럼 느껴졌다. 시인이 단어 하나 시 한 문장을 쓰기 위해서 얼마나 고심하는지 알게 되었다. 만족스러운 문장이 완성되었을 때의 감동과 자부심도 느껴졌다. 시인들의 이런 노력으로 인해 새로운 단어가 국어사전에 등재되고 우리말과 표현이 풍성해지고 있는 것이다.

한 가지 위로가 되었던 말이 있었다. "일상에서 낯섦을 발견하는 것이 삶의 여행이다." 전율이 느껴졌다. 익숙하게 반복되는 일상에서 낯섦을 발견하기는 어렵다. 그래서 일탈을 꿈꾸거나 여행을 떠나지만 결국 다시 일상으로 돌아오게 된다. 끊임없이 새로운 눈과 마음으로 일상을 대할 때 익숙함의 덫에 빠지지 않게 될 것이다.

이정록 시인의 시집 '그럴 때가 있다'에 저자 사인을 받았다. "그럭저럭 사는 거지./ 저 절벽 돌부처가/ 망치 소리를 다 쟁여두었다면/ 어찌 요리 곱게 웃을 수 있겠어./ 그냥저냥 살다 보면 저렇게/ 머리에 진달래꽃도 피겠지."(진달래꽃_이정록) 시인의 이야기를 들어서 그런지 그냥 허투루 읽을 시가 없다. 한여름 무더위에도 내 마음에 백일홍이 피고 있다. (2022.07.08)

장애인의 이동권을 제한하지 마라

작년 말 김상호 회원을 만났다. 가끔씩 전화통화를 해왔기에 근황은 알고 있었지만, 불과 일 년 전과는 전혀 다른 모습에 놀랐고 그동안의 무심함에 미안한 마음이 컸다. 내 기억 속의 상호 씨는 자전거를 타고, 승용차를 운전하는 건강한 모습이었다. 그런데 그가 전동휠체어를 타고 나타난 것이다.

상호 씨는 작년 가을부터 화순 전대병원을 다니며 혈액암 치료를 받고 있다. 코로나19에 감염되면 면역력이 약해서 굉장히 위험해진다. 가끔씩 실로암센터를 방문할 때면 간식을 가져와 나눠 주기를 좋아했다. 환하고 순박한 웃음을 대할 때면 잘 견디어 내고 있구나 싶어 안심이 되었다.

상호 씨에게 병원에 오갈 때 차량은 어떻게 하냐고 물었다. 화순 전대병원에 갈 때는 새빛콜을 이용하여 차비가 4천 원 들고, 광주에 돌아올 때는 일반택시를 이용해야 하기에 2만 4천 원이 든다고 했다. 현재 몸 상태로는 전동휠체어를 이용해야 하나 일반택시를 타고 돌아와야 하기에 수동휠체어를 사용한단다. 상호 씨는 기존 2급 장애인으로 광주에서 시외로 나갈 때는 새빛콜을 이용할 수 있지만, 시외에서 광주로 들어올 때는 불가능했다.

상호 씨의 몸 상태는 점점 힘들어지고 있다. 독립 보행을 하다가 전동휠체어를 사용하게 되었지만 기존 2급에서 1급으로 전환할 수 있는 방법은 없다. 2019년 7월 장애등급제가 폐지되면서 기존 1-3등급은 장애정도가 심한 장애(중증)로, 4-6등급은 장애정도가 심하지 않은 장애(경증)로 구분되었다. 법적으로 중증 장애인에게는 동일한 이동서비스가 지원되어야 마땅하다.

만약 이 문제를 국가인권위원회에 진정한다면 어떻게 될까? 광주교통약자이동지원센터에 기존 2급 장애인에게도 화순 전대병원까지의 왕복운행을 허용하라고 요구했다. 그리고 공론화 과정을 거쳐서 전면적으로 확대 운행해야 한다는 의견을 전달했다. 다행히 7월 1일부터 기존 2급 장애인에게 화순 전대병원 왕복운행이 가능하게 되었다.

며칠 전 상호 씨는 전동휠체어를 타고 화순 전대병원에 다녀왔다며 좋아했다. 다행이다. 대중교통이 전국 어디서나 동등하게 이용할 수 있는 것처럼 장애인 이동도 광주광역시와 전남북을 넘어서 전국 어디에서나 권리로 보장되기를 기대한다. (2022.07.11)

골목길음악회에서 옥상음악회로

실로암센터가 봉선동에서 행암동으로 이전하면서 명암이 엇갈렸다. 평생교육원을 이용하는 회원들의 얼굴을 자주 볼 수 있다는 것이 무엇보다 좋다. 수업시간을 전후해서 내 방에 찾아와 얼굴을 보여주는 분들이 계셔서 감사하다. 그런데 좁은 공간으로 옮기다 보니 회의실이 사라지고, 예전보다 한 시간이나 빨리 출근해도 주차장을 차지하기가 쉽지 않다. 날마다 주차전쟁을 치르고 있다.

하지만 실로암센터에 들어서면 보상이라도 하듯 선물 같은 공간이 기다리고 있다. 바로 4층 옥상이다. 실로암센터를 한 번이라도 오신 분들은 이구동성으로 최고의 장소라 말한다. 옥상을 처음 마주한 순간 '옥상음악회'를 떠올렸다. 생활하다 보니 마당 같은 옥상에서 해 보고 싶은 일들이 점점 늘어나고 있다.

2005년 봄, 봉선동으로 실로암센터를 이전하고 처음 했던 일이 골목길 청소였다. 한 달여 울력 끝에 '골목길음악회'를 열었다. 2005년부터 2020년까지 1년에 두 차례씩 총 32회를 진행했다. 당시에는 모기와 사투를 벌이면서도 봉선동 골목길에서 잊을 수 없는 추억을 쌓았다. 코로나19로 인해 2020년에는 두 차례 비대면으로 진행하기도 했다.

2022년 봄, 실로암센터가 행암동으로 이전하면서 맨 처음 했던 일도 옥상 청소였다. 비가 오는 날 몇 차례 청소를 통해 옥상의 얼룩진 것들을 벗겨냈다. 음악회를 앞두고는 대대적인 물청소를 했는데 햇볕이 몸속을 통과하는 듯한 열기 아래 흡사 염전에서 일하는 사람들 모양새다. 서로들 옥상 염전 노예라면서 웃었다.

2년 만에 음악회가 다시 열렸다. 타이틀도 골목길음악회에서 옥상음악회로 바뀌고, 장소도 봉선동에서 행암동으로 옮겼다. 2년 반 동안 비대면으로 행사를 하다 보니 얼마나 참석할지 살짝 걱정도 되었다. 새벽까지 내리던 비는 그쳤지만 한낮의 기온은 36도를 웃도는 폭염이 계속되었다. 천막을 5개나 펼치고 의자를 깔았다. 양안수 장로님은 음향과 조명을 후원해 주시고 오전부터 장비 설치와 테스트에 비지땀을 흘렸다.

옥상음악회는 모기가 없어서 좋지만 태양과의 전쟁을 피할 수 없게 되었다. 실로암센터와 가장 가까이에 있는 천년나무 7단지 아파트 뒤편으로 해가 들어가자 금세 시원해졌다. 평소에는 노을을 제대로 볼 수 없게 가로막는 장애물이라 원망스러웠는데 오늘은 참 고마운 마음이 들었다. 세상사 새옹지마다.

33번째 옥상음악회는 강명진의 전자바이올린 연주로 시작되었다. 땀에 흠뻑 젖어서 연주하는 모습은 안쓰러웠지만 연주는 여느 때처럼 감동적인 울림을 선물해 주었다. 올해 들어 아버님이 목회에서 은퇴하시고, 본인은 장로 임직을 했다며 실로암사람들과의 동역을 이야기했다.

기현수, 기드온의 부자밴드의 노래와 연주가 이어졌다. 그동안 골목길음악회에 가장 많이 출연한 분으로 회원들의 호응이 뜨거운 무대이기도 했다. 기현수 집사님의 감미로운 목소리와 부자간의 호흡이 환상이다. 은혁상 집사님과 이팝너머 김춘지 자매님의 춤사위는 옥상음악회의 또 다른 재미다.

옥상음악회에서 바라본 하늘은 그 어느 때보다 아름다웠다. 오랜만에 만나는 반가운 얼굴들을 마주하는 것만으로도 벅찬 감동이 차오른다. 실로암사람들이 같은 곳을 바라보며 꾸는 꿈은 무엇일까? 장애를 뛰어넘어 자신의 삶을 세워갈 뿐 아니라 서로가 기대어 살아가는 삶을 생각한다. 특별하고 행복한 밤이다.

(2022.07.14)

박노해의 시는 울컥이다

박노해의 시집을 꺼내 들었다. 무더위와 싸우다 보니 그냥 끌렸다. 그의 시집 '그러니 그대 사라지지 말아라'는 내가 가장 아끼는 책이다. 책도 세월을 나다 보니 겉표지가 떨어지고 있어서 정성스레 비닐 커버를 씌웠다. 근사해진 책은 내게 말을 걸어온다.

시인의 근황이 궁금했다. 두 달 전, 12년 만에 새로운 시집을 발간했다는 반가운 소식이 들려왔다. 파란 시집 '너의 하늘을 보라'는 그렇게 내게로 왔다. 마치 연애편지를 받았을 때처럼 설렘으로 책장을 편다. 감동은 기대하는 자의 것이다. 오늘은 금식을 하고 있어서 배고픈 시인의 시는 더 울컥하다.

지구 위 어딘가를 걷고 있을 시인을 생각한다. 젊은 시절 혁명을 꿈꾸던 그가 눈물 흐르는 지구의 골목길에서 생명 평화 나눔의 삶을 살고 있다. 내친김에 박노해 경구집 '걷는 독서'를 주문했다. 올여름은 시인의 시와 삶을 통해 피서(避書)는 글렀다.

새벽녘 차가운 공기를 들이마신 것처럼 그의 시가 내 감각들을 일깨운다. 살아야겠다. 최대한의 사랑으로 살아야겠다. 가까운 이들에게 환대(歡待)하며 살아야겠다. 별과 광야를 품고 가난과 저항과 고독을 벗 삼아 살아야겠다. 익숙한 것들과 거리를 두며 낯설게 일상을 살아야겠다. 박노해 시인에게 감사와 응원의 마음을 보낸다. (2022.07.20)

임은정 검사와 함께 가보겠습니다

임은정 검사의 책 '계속 가보겠습니다'를 인터넷 예약으로 구입했다. 첫 페이지를 넘기는데 벌써 울컥이다. 성경말씀이 눈에 들어왔다. "나의 사랑 나의 님이여 일어나 함께 갑시다."(아가 2:10) 그동안 신앙의 힘으로 견디어 왔고, 앞으로도 한결같을 것이란 확신이 생겼다.

임은정 검사는 2007년 도가니 사건 공판검사로 처음 만났다. 이후 검찰 내부고발 검사로 언론에 회자되면서 전 국민이 알게 되었다. 하지만 카페홀더를 통해 만난 임은정 검사는 소탈하면서도 내면의 힘이 느껴지는 분이었다. '도가니 검사'라는 이름값을 매년 카페홀더를 방문하여 농인 바리스타들을 격려하며 갚고 있다.

그는 광야에서 '외치는 자의 소리'다. 세례 요한이 끝내 목베임을 당했던 것처럼 임검사는 지부상소(持斧上疏_받아들이지 않으려면 머리를 쳐 달라는 뜻으로 도끼를 지니고 올리는 상소)의 각오로 검찰과 소통해 왔다. 내부고발자, 얼마나 두렵고 외로운 말인가? 검찰동일체와 상명하복의 조직에서 가당치나 한 말인가? 그는 흙탕물이 넘쳐나는 곳에서 국민의 목을 적셔준 한줄기 생수였다.

책장을 넘길수록 영화 도가니(silenced)가 검찰에도 존재한다는 것을 보았다. '침묵을 강요당한' 곳이 도가니다. 검찰은 자신들의 치부에 대해서는 철저하게 침묵을, 자신들의 이익을 관철하기 위해서는 평검사회의 등 검사들의 집단행동도 마다하지 않았다. 속 보이는 관제 데모(?)를 하면서도 국민의 시선에는 부끄러움을 모른다.

외치는 자의 소리를 듣고 법과 원칙을 지키는 검찰로 깨어나기를 바란다. 그 끝이 어디일지 아무도 모른다. 하지만 지금까지 살아왔던 삶 그대로 계속 갈 것이다. 두려움이 없어서가 아니라 두려움 가운데서 마음의 중심을 놓치지 않기 위한 몸부림을 확인할 수 있어서 믿음이 갔다.

'무엇이 이익인가?'가 아니라 '무엇이 옳은가?'를 고민하는 사람이 있어서 다행이다. 임은정 검사의 책은 10여 년 동안 검찰 내부와 국민들에게 끊임없이 함께 가자고 구애해 온 손짓이다. 이제는 검찰과 언론과 국민이 대답할 차례다. 나의 대답은? 임은정 검사와 함께 가보겠습니다!

＊임은정_계속 가보겠습니다(메디치) (2022.07.24)

3부

당당하게 당연하게 예외 없이

헌법재판소도 법원도 인권도 무시하는 광주광역시 복지행정 각성하라

김대덕 님은 올 연말이면 만 65세가 된다. 법적으로 장애노인이 된다는 것보다 활동지원서비스 신청 자격을 영원히 상실한다는 두려움이 컸다. 작년 여름, 주민센터에 활동지원서비스 신청을 했으나 거절당했다.(2021.06.28) 이렇게 살다가 그냥 죽을 수 없어서 뭐라도 해야 했다.

광주장차연은 활동지원서비스 변경신청 거부처분 취소 촉구 기자회견(2021.09.16)을 열었다. '공익변호사와 함께하는 동행'이 당사자를 대리하여 광주지방법원에 서비스변경신청거부처분취소소송을 제기하였다. 이 소송에 김대덕 님과 박영환 님이 당사자로 참여했다. 광주지방법원 행정 제1부는 해당 거부 처분이 위법하므로 취소하라는 판결을 내렸다.(2022.04.28)

바슬바슬 부스러져가던 가슴에 단비 같은 소식이었다. 해당 판결이 확정(2022.05.24) 됨에 따라 김대덕 님은 2022.06.01.부터 장애인활동지원서비스를 받고 있다. 그런데 2022.07.14. 북구청 장애인복지과로부터 '광주광역시와 보건복지부의 공문 지침'이라며 "2022.08.01.부터 장애인활동지원서비스를 중단하겠다. 2023.01.01. 다시 신청해라. 그전까지는 활동지원서비스 제공의 근거가 없으므로 환수조치될 수 있다."라는 납득할 수 없는 말을 전해 들었다.

활동지원서비스는 장애인의 지역사회에서 살아가기 위한 '필수불가결한' 기본권을 위한 기본권이다. 이러한 서비스를 법적 근거도 명확하지 않은 지침을 이유로 중단한다고 통보하는 것은 한 사람의 삶을 파괴하는 행위이다. 더구나 헌법재판소에서는 헌법불합치라는 판결을 받았으며, 지방법원에서도 행정당국이 생존을 위한 서비스 변경 신청을 거부하는 것은 위법이므로 취소하라는 판결을 내렸다.

왜 활동지원서비스여야 하는지 김대덕 님의 삶 자체가 답이다. 하루 3시간, 요양보호사를 중심으로 돌아가던 삶에서 자신이 주도하는 삶으로 바뀌었다. 예전으로 돌아가는 것은 사망선고다. 광주광역시와 북구청은 즉각적이고 전면적으로 65세 미만 노인장기요양 이용자에 대해 장애인 활동지원서비스를 제공하기 바란다.

(2022.07.25)

살아 주어서 고맙다

요즘 주간 일정 가운데 가장 기다려지는 시간이 '장애인권 스터디'다. 2015년 7월 14일 첫 모임을 갖고 매주 화요일 오전 10시를 밝혀오고 있다. 코로나로 인해 2년 반 동안의 공백이 있기도 했지만 삶의 에너지를 충전하는 기회다. 현재는 '그냥, 사람'(홍은전 지음)을 읽으며 장애인권을 주제로 생각과 경험을 나누면서 서로 배우고 있다.

오늘은 '화상 장애인'에 대해 공부하면서 마음의 울림이 컸다. "화상의 통증보다 괴로운 건 사람들의 시선과 돈이 없어 치료를 받지 못하는 고통"이라 했다. 전신의 86%에 화상을 입은 엄마가 딸에게 난처한 일이 생길까 봐서 항상 딸과 떨어져 뒤에서 걷는단다. 딸과 엄마의 거리는 어쩌면 우리 사회가 화상장애인에 대해 갖는 왜곡된 시선의 거리란 생각이 들었다.

인권스터디에 함께하는 승일 씨는 중도에 장애인이 되었다. 동생의 결혼을 앞두고 "제수씨, 제가 짐이 되는 일은 없을 거예요. 걱정 말고 결혼하세요."라고 했단다. 인권스터디 낭독자인 경열 씨도 중도장애인이다. 가족과 헤어져 혼자서 살게 되었고 삶의 희망이 없다고 생각하는 순간 아파트 베란다에 섰다. 고개만 숙이면 죽을 수 있는 순간에 아이들이 떠올랐다. 평생 아이들에게 상처를 줄 수는 없다는 생각으로 돌아섰다.

누구든지 자신의 장애는 벅차다. 자신의 장애를 정면으로 마주하는 것은 죽을 만큼 어렵고 힘든 일이다. 내게도 그랬다. 바닥으로 처박히는 자존감은 물론이고 모든 소망이 사라져 갔다. 그러나 그것은 통과의례에 불과하다는 것을 뒤늦게 깨달았다. 절망으로 밑바닥을 쳐야만 그것을 딛고 서는 힘이 생긴다.

나도 자신의 장애의 무게 때문에 타인을 돌아볼 여유가 없었다. 하지만 자신의 장애를 객관적으로 바라보며 수용할 때가 장애인 당사자에게는 별의 순간이다. 비로소 자신의 장애를 넘어서 타인의 아픔이 보이기 시작했다. 그제야 부모님과 동생들이 나 때문에 많이 힘들었을 것이라는 생각이 들었다.

'태사남'이라는 말이 있다. 태어난 김에 사는 남자라는 의미다. 사람으로 태어났으면 죽을 때까지 자신의 삶을 살아갈 책임이 있다. 장애를 몸으로 겪어낸 사람들에게 이렇게 살아 주어서 고맙다는 말을 전하고 싶다. (2022.07.26)

우영우 변호사에게 물어보라

과연 우영우 신드롬이라 할 만하다. '이상한 변호사 우영우'는 감동과 재미 두 마리 토끼를 잡으면서 매회 시청률을 경신하고 있다. 딸아이가 요즘 괜찮은 드라마가 있다고 강추하여 넷플릭스를 통해 보게 되었다. 자폐인을 소재로 한 드라마여서 흥미로웠다. 마침 '우리들의 블루스'를 통해 다운증후군 배우 정은혜 씨가 직접 연기해 호평을 받은 터라 기대치를 높였다.

'이상한 변호사 우영우'는 천재적인 두뇌와 자폐스펙트럼을 동시에 가진 신입 변호사 우영우의 대형 로펌 생존기다. 자폐인을 일상에서 만나는 사람의 눈에는 비자폐인의 자폐 연기는 한계가 뚜렷해 보였다. 하지만 자폐인을 소재로 한 판타지라 생각하니 유쾌하게 볼 수 있었다. 다만 우영우처럼 비장애인을 능가하는 뛰어난 능력을 갖춘 장애인만이 인정받고 함께 살아갈 수 있다는 영웅 서사를 강화하지 않을까 우려스럽다.

오늘 아침 전국장애인차별철폐연대는 만평을 통해 드라마 우영우와 전장연의 지하철 시위에 대한 이중적 태도를 비교하였다. 드라마에는 열광하면서 장애인의 현실에 대해서는 냉담한 이 간극을 어떻게 해결해야 할까? 영화 '똥 싸는 소리' 개봉을 앞두고 있는 조재형 감독이 쿨한 답을 내놓았다. 드라마 마지막 회에 우영우 변호사가 장애인의 이동권 문제에 대하여 명쾌한 답을 내놓는다면 어떨까?

자폐인 우영우는 드라마 속의 캐릭터에 불과한 것이 아니다. 우리 주위에는 수많은 '우영우들'이 있고, 이들과 우리 사회가 장애인과 함께 살아갈 준비가 되었느냐고 묻고 있는 것이다. 문지원 작가의 영화 '증인'에도 자폐스펙트럼장애인이 등장한 건 우연이 아닐 것이다. 작가에게도 고마움을 전하며 다음 작품이 기대된다.

(2022.07.26)

2022 살아서는 존중을, 죽어서는 기억을

2022년 실로암사람들 합동추모식이다. 생전에 회원으로 함께하다 별세하신 분들의 삶을 실로암사람들의 이름으로 기억하며 추모하는 날이다. 실로암사람들은 누구든지 살아서는 존중받으며, 죽어서는 기억되는 삶이 되기를 원한다.

합동추모식은 실로암 공동체에서 특별한 의미를 갖는다. 실로암사람들의 오늘이 있게 만든 디딤돌이 된 사람들, 46년의 시간을 채워온 소하고 순한 사람들의 삶과 죽음을 기억하며 미래의 좌표를 정조준하는 시간이다. 산 자와 죽은 자, 현재와 과거를 잇는 믿음과 소망의 자리다.

- 홍선영(12주기)_평생 시를 쓰며 들꽃처럼 살았던 자유인이었다.
- 장성아(9주기)_억압 속에서 살다가 죽어서야 비로소 사람이 되었다.
- 윤정재(7주기)_있는 듯 없는 듯 호기심 많고 해맑은 청년이었다.
- 이성민(7주기)_환한 미소로 동생들을 챙기는 4남매의 맏형이었다.

- 곽정숙(6주기)_장애가 능력이고 장애인이 아름답다는 것을 삶으로 보여주었다.

- 최명자(6주기)_그녀의 삶과 시는 진주조개의 눈물이었다.
- 이육남(4주기)_수줍은 듯 화려함을 꿈꾸는 작약꽃을 닮았다.
- 임승기(4주기)_탈시설 자립생활을 통해 새 시대를 여는 물맷돌이 되었다.

- 김종문(3주기)_실로암사람들의 부흥을 이끈 최고의 찬양인도자였다.
- 권종대(3주기)_실로암사람들의 오늘이 있게 한 신실한 믿음의 용사였다.
- 김안중(3주기)_실로암사람들을 가장 사랑한 아낌없이 주는 나무였다.
- 김종근(3주기)_중도장애로 인해 좌절된 꿈 너머 자유를 꿈꾸며 살았다.

- 노문자(2주기)_수선화처럼 선한 미소와 맑은 영혼을 지녔다.
- 배인환(2주기)_도전과 열정의 삶을 살다가 하늘의 별이 되었다.
- 손관희(1주기)_의료선교의 열정을 품고 살아온 의사요, 동역자였다.
- 김문철(1주기)_해학과 욕망이 담긴 독특한 글쓰기가 벌써 그립다.

그리고 강신석 목사님과 김복순, 곽명구, 김요한, 오영빈… 올해 별세한 정희숙. 당신들의 이름과 삶을 잊지 않고 기억할 것이다.

돌아보면 온통 그리움이다. 환한 미소와 따스한 온기는 손에 잡힐 듯 그대로다. 함께했던 시간과 공간에 묻어있는 추억들이 여전히 울고 웃게 한다. 하늘의 별이 된 당신들과 함께 꾸었던 꿈은 남은 자들의 몫이 되었다. 주님의 나라에서 다시 만날 때까지 안녕히.

(2022.07.28)

야구장에서 만난 사람들

불금이다. 한 달 전 조재형 감독님과 야구장에 가기로 약속한 날이다. 지난 화요일에는 오방센터에서 단체 응원을 갔으나 NC에 9:1로 대패했다. 오늘은 부동의 1위를 달리고 있는 SSG와의 경기여서 어려운 경기가 예상되었다. 다행스러운 것은 기아의 선발투수가 에이스 양현종이라는 것이다.

야구장 입구에서 정향기 회원 일행을 만났다. 장애인 관람석에 앉으니 작년에 실로암센터에서 장애인 일자리로 일했던 민재와 아버지가 보였다. 반가운 마음에 이름을 불렀더니 민재도 웃으며 손을 흔들었고, 아버지는 음료수를 건네 왔다. 평소에도 아들을 살뜰히 챙기는 것을 보아왔지만 부자가 나란히 앉아 야구를 보는 모습이 참 흐뭇하다.

경기를 준비하는 이들의 손길이 바빠졌다. 운동장을 고르고, 라인을 다시 그리고, 내야에 물을 뿌렸다. 신기한 것은 투수 마운드 뒤쪽 가장자리에 물 호스가 숨겨져 있었고, 투수 마운드는 작은 분무기로 깔끔하게 마무리했다.

1회 초 선두타자 추신수의 3루 주루사와 나성범의 3점 홈런 두 개가 희비를 갈랐다. 야구박사 박대왕의 엄청난 응원에 힘입어 기아 타이거즈는 15개의 안타를 몰아치며 11:2로 이겼다. 양현종 투수는 8년 연속 두 자릿수 승리를 했고, 나성범은 2홈런 7타점을 올렸다.

7년 만에 야구장을 찾은 조 감독과 우리에게 유쾌한 추억이 하나 생긴 것이다. 나는 금식 중이라 야구장 치킨을 못 먹었다. 다음 주 금요일 기용 씨랑 야구장에 갈 때는 치킨이랑 간식거리를 챙겨가야겠다. 역시 직관은 응원하는 팀이 이겨야 재밌다. 오늘은 행복한 밤이다. (2022.07.29)

새빛콜, 분리배차가 답이다

올해 들어 새빛콜 이용자들은 늘어나는 대기시간에 애를 태우고 있다. 광주교통약자이동지원센터에서 발표한 2022년 상반기 차량 이용현황을 보면 구체적인 수치를 확인할 수 있다. 대기시간이란 접수에서 승차까지 소요되는 시간을 말한다. 2022년 상반기 평균 대기시간은 26분 27초. 코로나가 시작된 2020년 20분 41초, 2021년 22분 59초와 비교하면 평균 대기시간이 점점 늘어나고 있는 추세다.

평균 대기시간 26분 27초를 들여다보면 휠체어 이용인 33분 47초, 비휠체어 이용인 24분 14초로 10분 정도 차이가 난다. 특히 1시간 이상 장시간 대기 건수는 전체 6%(휠체어 이용인 10%, 비휠체어 이용인 4%)나 된다. 심지어 2시간 이상 대기자는 전체 0.2%(휠체어 이용인 0.5%, 비휠체어 이용인 0.03%)로 휠체어 이용인에 대한 대책마련의 필요성이 대두되었다.

새빛콜은 8월 1일부터 바우처택시 도입 운영을 공지하였다. 바우처택시는 법인택시 사업자와 계약을 맺어 휠체어를 사용하지 않은 장애인의 이동을 지원하는 교통수단이다. 우선 바우처택시 도입을 환영한다. 평균 대기시간이 급격하게 늘어나고, 휠체어 이용인과 비휠체어 이용인의 대기시간이 10분이나 차이나는 상황에 대한 현실적인 대안은 바우처택시다.

바우처택시 도입은 분리배차를 시행하기 위해서다. 휠체어 이용인은 리프트가 장착된 전용차량을, 비휠체어 이용인은 임차택시와 바우처택시를 이용하게 된다. 새빛콜은 법정 도입기준 증차(129대), 운전원 확충, 이용 요금체계 변경, 임차택시 지원 현실화 등 여러 과제를 안고 있다. 바우처택시 도입이 장애인의 이동권을 신장하는 기회가 되기 바란다. (2022.08.01)

스위치온은 디딤돌이다

두번째 스위치온 다이어트를 시작했다. 느닷없이 시작하긴 했지만 오랫동안 내 몸이 나에게 말을 걸어오고 있었던 것이다. 7월 8일, 이정록 시인의 강연회에 참석한 것도 갑작스러운 일이었다. "일상에서 낯선 것들을 발견하라"는 시인의 말이 긴 울림으로 남았다. 나는 익숙한 것들로부터 떠나기로 작심했다.

나이가 들어가면서 나도 모르게 달라붙는 것들이 있다. 점점 늘어가는 몸무게를 어쩌지 못하고 나잇살이라고 정당화시켜왔다. 변해가는 자신의 모습이 처음에는 낯설다가도 점점 익숙해진다. 내 몸에 달라붙는 것들은 낯설게 받아들이기로 했다.

지난 겨울부터 기침이 계속되었다. 처음에는 감기인가 했더니 역류성 후두염이라 한다. 걷기 운동을 해보았으나 차도가 없었고, 호흡이 짧아져 노래를 할 수 없을 뿐 아니라 일상적인 대화도 신경이 쓰일 정도가 되었다. 겨울에서 여름으로 계절이 바뀌자 이러다 평생 가나 싶어 슬쩍 겁이 났다. 먹은 것이 없다면 역류하는 것도 없을 것이라는 생각에 이르자 스위치온을 떠올렸다.

재작년 여름 첫 번째 다이어트를 했으니 2년 만이다. 경험이 있다고는 하나 21일의 과정은 여전히 낯설고 어려웠다. 하지만 지난번의 좋았던 일들을 떠올리며 날마다 자신과의 싸움을 이어갔다. 함께 시작한 분들과 매니저님과의 소통이 큰 힘이 되었다. 허용된 음식과 보조식품을 먹으니 일상생활이나 직장생활에 별 어려움이 없었다. 폭풍 같은 세 번의 금식도 무난히 넘겼다.

나이 들면 건강은 저절로 따라오지 않는다. 몸무게도 3kg 줄어들었고, 혈압은 정상으로 유지되고 있다. 덤으로 역류성 후두염도 사라졌다. 신체적인 변화 뿐 아니라 삶의 감각을 민감하게 회복할 수 있어서 좋았다. 어려울 때 강해지는 내 자신에게도 박수를 보내며 스위치온을 디딤돌 삼아서 심플하게 살아야겠다. 지금 가장 먹고 싶은 것은 수박과 복숭아 등 제철 과일이다. 기분 좋게 바람이 스쳐간다.

(2022.08.02)

반창고로 부터 시작된 만남

9월 3일 결혼식을 앞두고 있는 예비 신랑 신부를 만났다. '참 빛나는 때다'라는 말이 절로 나왔다. 두 사람은 2015년 9월, 한가희 간사님이 영광의 여민동락에서 일할 때 처음 만났다. 사회복지사와 공익요원으로 만난 지 7년이 흘렀다.

첫인상이 궁금했다. 양동혁 군의 공익근무 첫날에 가희 샘은 전날 교통사고로 결근했다. 다음날 가희 샘이 직원들에게 선물을 나눠주었는데 동혁 군의 몫은 없었다. 갑자기 호주머니를 뒤지더니 반창고를 선물했다. 신선하고 유쾌했다. 무엇보다 어르신들에게 진중하게 대하는 것을 보고 가희 샘에게 호감을 갖게 되었다.

한가희 간사는 중고등학생 때부터 자원봉사를 열심히 다녔다. 대학 4학년 때 여민동락 강위원 대표의 강의를 듣고 가슴 뛰는 일을 찾아서 농촌으로 향했다. 여민동락에서 받은 첫 월급 80만 원은 대부분 사고차량 수리비로 썼다. 4년 동안 여민동락에서 좌충우돌하며 열정을 불태웠으나 건강이 좋지 않아 광주로 돌아왔다.

영광에 있을 때에도 광주지역 장애인 당사자들과의 연대를 이어갔다. 광주장차연 천막농성장에도 찾아와 함께했다. 2017년 오방장애인자립생활센터에서 일하면서 인간의 존엄에 대한 확신과 소명을 확인하게 되었다. 여전히 일도 결혼도 가슴 뛰는 삶을 꿈꾼다.

두 사람이 사귄다는 소식이 알려지자 오방 총각들의 원성이 하늘을 찔렀다. 그런데 동혁이 오방센터에서 몇 차례 자원봉사를 하고 나자 모두들 동생처럼 좋아했다. 그 비결이 뭘까? 두 사람은 화평의 씨앗을 갖고 있어서 언제 어디서나 평화를 일구어 나가는 힘을 가졌다.

드라마 '우리들의 블루스'의 한 장면이 떠올랐다. 해녀 영옥은 선장 정준과 연인이 되면서 "누나에서 야로 호칭 바꾸지 말아 줘. 존중 없는 관계는 딱 싫어. 잘해줄 생각 말고 싫다는 짓 하지 마."라고 말했다. 영옥과 정준을 닮은 가희와 동혁 커플이 언제까지나 행복하기를 바란다. God bless you! (2022.08.07)

내가 가진 모든 것은 다 네 것이다

실로암센터가 행암동으로 이전하면서 가장 힘든 것이 주차문제다. 매일 아침 주차전쟁이 계속된다. 한 시간이나 빨리 출근해야 겨우 한자리를 차지하는데 중간에 나가기라도 할 때면 아쉬움이 남는다. 며칠 전 주차장에서 뜻밖의 만남이 이루어졌다. 2층 광명데이케어센터 차량에서 배태휴 집사님이 내렸다.

배태휴 집사님은 광주겨자씨교회 장애인선교부 성도들을 위해 차량봉사를 해오신 분이다. KBS 기자로 일하면서 타 지역으로 발령이 났을 때를 빼고는 꾸준히 차량봉사를 했다. 특히 조봉순 집사님의 차량 지원을 오랫동안 했는데 성도들 가운데 두 분을 어머니와 아들로 생각하는 분들이 많았다. 내가 보기에도 두 분의 친밀함과 무던함이 특별했다. 안타깝게도 코로나 이후 조봉순 집사님은 대면 예배에 출석하지 못하고 있다.

배 집사님은 3년 전 정년퇴직을 했다. 남은 삶을 어떻게 살아야 할지 고심하다가 노인복지에 관심을 갖게 되어 부부가 함께 요양보호사 자격을 취득했다. 현재는 주간보호센터에서 아침, 저녁으로 송영서비스를 맡아 차량운행을 하고 있다. 오랫동안 장애인 차량 지원을 해 온 덕분인지 자신에게 딱 맞는 일이라면서 만족해했다.

오늘은 실로암센터에 오셔서 새로 나온 책을 선물로 드렸다. 책 제목인 '마치 기다리고 있었다는 듯이'가 성경의 탕자 이야기를 배경으로 하고 있다는 것을 나눴다. 배 집사님은 탕자 이야기 중 아버지가 큰 아들에게 한 "애야, 너는 늘 나와 함께 있으니 내가 가진 모든 것은 다 네 것이다."(누가복음 15:31, 새번역)라는 말에 큰 은혜를 받았다고 했다. 우리의 존재와 소유 전체가 하나님의 선물임에도 자녀에게 약속된 풍성함을 누리지 못하고 있는 것이다.

배 집사님께 활동지원사 교육도 받으시라고 알려드렸다. 그리스도인은 연약한 이웃과 더불어 살아가는 삶이 당연한 도리라면서 기자로 일할 때보다 지금의 삶이 더 행복하단다. 배 집사님의 인생 이모작이 감사와 은혜로 아름답게 엮이길 기대한다. (2022.08.24)

수어 공부는 즐겁다

8월 말 수어교실 개강을 앞두고 설렘을 감출 수 없다. 10년 만에 수어교실 강사로 복귀하는 것이어서 지난주부터 수어 공부에 집중해 왔다. 주로 수어의 어원과 구성 원리를 살펴보고 있다. 수어의 어원을 알아갈수록 수화언어에 대한 매력에 빠진다.

수어는 수형, 수위, 수동, 수향으로 구성되어있다. 손가락 모양, 손의 위치, 손과 팔의 움직임, 손바닥의 방향에 따라 의미가 달라진다. 또한 비수지 신호(NMS_non manual signals)라 불리는 표정이나 몸짓도 중요하다. 요즘에는 양손으로 하던 수어에서 한 손 수어로, 2-3개 수형으로 이루어진 단어가 약자처럼 간략해지는 추세다.

가끔 수어가 만국 공통어냐고 묻는 이들이 있다. 수어가 도상성이 뛰어나긴 하지만 언어로서 사회성과 역사성을 가지고 있기에 나라마다 다르다. 서양에서 금기 수형이지만 우리나라에서는 사용하는 수어도 있다.(예_형) "나의 눈은 나의 귀다(My eyes are my ears)"라는 슬로건이 있다. 농인은 소리를 보고, 손으로 말하는 수어(수화언어)를 사용한다. 수어는 리듬, 고저, 강약의 변화를 통해 자신의 생각과 감정을 섬세하게 전달할 수 있다.

97기 실로암 수어교실은 '차이 나는 클래스'가 될 것이다. 수어교육이 수어 단어를 도제식(徒弟式)으로 익히고 한글 어순에 맞추어 단순 치환하는 방식으로 진행되어서는 안 된다. 올 가을 수어에 담대한 도전을 하기 바란다. 수어는 중간에 포기하는 사람은 있어도 배우지 못하는 사람은 없다. 97기 실로암 수어교실은 2022년 8월 29일에 개강한다. (2022.08.25)

오방 보치아대회는 감동이다

2022년 오방 보치아대회가 열렸다. 대회가 열린 북구반다비체육센터는 개관 후 첫 번째 행사여서 그 의미가 컸다. 횟수로 치면 2019년에 첫 대회를 개최하고 코로나로 인해 2년 동안 쉬었으니 2회인 셈이다. 이번 대회는 기아자동차 밀알봉사회의 후원이 큰 힘이 되었다. 경품도 70점이나 준비하여 나눔의 즐거움이 컸다.

2019년 대회는 10개 클럽, 36팀이 출전하였다. 올해에는 코로나로 인해 8개 클럽, 24팀, 107명이 참여했다. 선수들이 던지는 공 하나하나는 승패를 떠나 감동이었다. 오방보치아클럽에서는 박대왕-고주혁, 배영준-김현숙, 박일용-한샘 등 3팀이 출전하였다. 박일용-한샘 팀이 결승에 올라 백구사랑팀과 맞붙어 6:1로 승리하였다. 오방보치아클럽 소속 팀의 당초 목표는 4강이었다. 박일용-한샘 팀은 처음으로 손발을 맞췄는데 에이스 박일용 선수와 해결사 한샘 선수가 고비마다 멋진 플레이를 선보이며 우승했다. 2019년에 김방울-한샘 팀은 4강에 올랐으나 체력 저하와 경험 부족으로 고배를 마신 적이 있었다. 한샘 선수는 다음 대회는 결승까지 올라가겠다는 각오를 밝혔는데, 약속을 지킨 것이다.

오방 보치아대회는 이제 걸음마를 뗘었다. 2회라는 타이틀 대신에 2022년이라 붙인 것은 아직 정례화 되지 않았기 때문이다. 정례화뿐 아니라 대회 위상을 세우는 과제를 안고 있다. 생활체육 보치아의 저변 확대를 통해 실업팀 창단까지 나아가기 바란다. 탁구, 사격, 양궁에 이어 네 번째 광주광역시 실업팀은 보치아가 되기를 열망한다. 대회 준비와 진행을 위해 수고하신 오방센터 직원들에게 감사한다. (2022.08.31)

광주광역시는 장애인 공동생활가정 관련 약속을 이행하라!

　태풍 '힌남노'의 영향으로 새벽부터 빗줄기가 이어지고 있다. 사회복지 기관들은 인명이나 시설에 피해가 없도록 철저한 준비를 하면서도 긴장감이 최고조로 달해있다. 출근하자마자 걸려온 전화는 태풍보다 더 큰 충격을 주었다. 지난 5월 30일에 광주광역시가 발표한 장애인 공동생활가정 관련 정책을 원점에서 재검토하겠다는 것이다. 그사이 시장도 국장도 과장, 계장, 주무관도 다 바뀌었다. 자신들이 결재한 사항이 아니니 다시 자신들이 결정하겠단다.

　윤석열 정부의 문재인 정부 흔적을 지우려는 시도를 보아오던 터라 지방정부에서도 그 같은 행태가 반복되는 것이 이상하지 않다. 중앙정부에서는 여야가 정권교체가 되었는데 광주는 같은 민주당 후보가 되었음에도 복지행정의 일관성과 지속성을 부인하고 있는 것이다. 더 큰 문제는 그 과정에서의 소통과 협치의 부재다. 민선 8기가 시작되면서 복지 현장에서는 시장의 관심과 의지가 안 보인다는 우려가 제기되었다. 이번 장애인 공동생활가정과 관련된 사안에서 강기정 복지의 단면을 확인할 수 있을 것이다.

5월 말 광주광역시가 발표했던 내용은 크게 두 가지로 요약된다.

1. 공동생활가정 종사자 정규직 2명(시설장 1, 사회재활교사 2) 배치
- 공동생활가정 시설장(사회재활교사 겸직) 인정하며 65세까지 지원
- 사회재활교사 1명 추가 배치

2. 장애인 공동생활가정 시설 난립 예방
- (신규 설치) 개인시설의 보조금 지원은 불가하고, 시설 총량 내에서 법인시설은 3년 후 심의 지원(예산 범위 내)
- 개인시설 사유화 방지 : 장애인 공동생활가정 서비스 공공성 강화를 위하여 일정기간 유예를 두어 개인시설 법인 전환 추진 (미전환시 지원 중단)

2022년 보건복지부의 운영지침이 '근로기준법' 준수를 위해 추가적인 인력배치가 가능하도록 개정되었다.(시설장 1명, 사회재활교사 및 생활지도원 2명) 이에 따라 광주시는 복지 현장의 요구를 반영하여 정책을 발표한 것이다. 현장에서는 운영자나 종사자들이 대체적으로 환영하는 분위기였다. 그런데 광주광역시의 난데없는 원점 검토는 복지행정에 대해 불신하고, 민선 8기의 복지에 대하여 절망하게 만들었다. 강기정 시장은 이번 기회에 복지 협치와 소통의 장으로 돌아오기 바란다. (2022.09.05)

빈소도 없이 순자 씨를 보내다

요 며칠 태풍 힌남노로 인해 온 나라가 들썩였다. 그사이 전순자 회원이 소리 없이 별세했다. 지난 금요일에 활동지원사가 다녀간 후 월요일 오전에야 사망을 확인했다. 평소 주말에는 혼자서 지내고 월요일부터 금요일까지 활동지원 서비스를 이용해왔다.

금요일 밤과 월요일 낮 사이에 무슨 일이 있었는지 모른다. 하지만 경찰은 금요일 밤에 사망한 것으로 추정했다. 고독사... 활동지원사가 아니었으면 언제 발견되었을지 모를 죽음이었다. 순자 씨는 9월 9일 생일을 앞두고 51세의 생을 마감했다.

30년 전, 귀일민들레집에서 생활하던 순자 씨를 만났다. 밝고 활달하여 실로암사람들 캠프와 목요모임에도 참여하였다. 귀일원에서 생활할 때부터 문경희 언니와 가까이 지냈다. 두 사람은 앞서거니 뒤서거니 하면서 탈시설과 자립생활을 시작했다. 순자 씨는 경희 언니와 티격태격하면서도 언니에 대한 애틋한 감정은 각별했다.

최근에는 순자 씨하고 주로 톡으로 소통하였다. 안부를 묻거나 고민되는 것, 궁금한 것을 물어오기도 했다. 가끔씩 이런저런 일로 혼내기도 하고, 어르기도 했는데 그때마다 내 말을 수용해 주었다. 언젠가 활동지원사가 다른 센터로 옮겨가자고 했을 때도 흔들리지 않고 끝까지 실로암사람들에 대한 신의를 지켰다.

빈소도 없이 순자 씨를 보냈다. 생전의 삶도 외롭고 힘들었을 텐데 죽어서도 허망하게 보내야 하는 것이 안타깝다. 1년 전에 함께 찍었던 사진을 영정사진으로 쓰게 될 줄은 꿈에도 몰랐다. 실로암사람들은 순자 씨의 이름과 삶을 기억할 것이다. 주님의 나라에서 안식하기를 빈다. (2022.09.07)

주월산 정상에서 추석을 맞다

윤제림이 위치한 주월산 정상에 올랐다. 대낮에 몇 차례 다녀가긴 했으나 한밤에 온 것은 처음이다. 깊은 산중이라 밤 풍경은 별 기대하지 않았는데 야경은 더욱 경이로웠다. 달은 구름 사이를 지나면서 시시각각 변화무쌍한 분위기를 연출했다.

해발 557m 주월산 정상 뱃머리에 텐트를 쳤다. 패러글라이딩 활공장이라는 말이 무색하게 바람 한 점 없다. 살아오면서 이처럼 달에 가까이 다가선 적이 있었을까? 명절이라 그런지 인근이 고향이거나 연고가 있는 분들이 밤중에 마실처럼 다녀갔다.

주월산 정상에 텐트 4개가 펼쳐졌다. 함께 밤을 새우는 이웃이 있다는 것이 든든했다. 머리 위에 휘영청 둥근달과 총총한 별빛은 오랜만이다. 밤이 깊어지자 풀벌레 소리가 가슴 깊이 파고든다. 깊은 산중에서 삶이란 결국 자신을 향해 나아가는 것이라는 생각을 하며 잠을 청했다.

데크를 오가는 사람들의 발자국 소리에 잠을 깼다. 일출을 보기 위해 올라온 사람들이었다. 6시가 되니 해가 떠올랐다. 짙은 구름으로 인해 아쉬움이 있긴 했지만 주월산 정상에서 맞는 일출의 감동을 누리기에는 부족함이 없었다.

동생인 김용삼 목사 덕분에 추석을 주월산 정상에서 맞게 되었다. 최근에는 자연휴양림이나 캠핑장처럼 안전하고 편리하게 캠핑할 수 있는 곳이 많다고 한다. 나에게도 건강과 영성을 위해 백패킹을 권했다. 올 가을에는 꼭 실로암센터 앞 옥상에서 천막을 치고 하룻밤을 보내고 싶다. (2022.09.09)

자립생활, 욕구에서 권리로!

2022년 7월부터 광주광역시 2차 탈시설 자립지원 5개년 계획이 시행되고 있다. 2차 5개년 계획(2022.07-2026.12)은 1차 5개년 계획(2017.07-2022.06)의 성과와 문제점을 분석하고 개선을 통해 탈시설 자립생활 보장을 위해 수립되었다. 사업기간은 4년 6개월로 회계연도를 맞추기 위하여 조정한 듯하다.

1차 5개년 계획의 결과에 대해서는 아쉬움이 크다. 현장에서 다양한 문제 제기가 있었으나 종합지원센터에서는 거의 반영하지 않았다. 결과는 참담했고, 책임지는 사람도 없었다. 탈시설 자립생활 지원 목표가 145명이었는데 완전 자립 장애인이 49명으로 34%에 불과하다.(당초 지원목표가 137명이었으나 사랑의집 폐쇄로 인해 145명으로 늘어남) 완전 자립 장애인 49명 중 오방센터를 통해 21명이 자립해 43%를 차지했다.

1차에서는 장애인이 장애인시설에서 살았으면 지원대상이 되었지만 아동양육시설이나 장애인공동생활가정에서 살면 제외되었다. 탈시설 자립생활 욕구 조사할 때 자립 의사를 밝힌 장애인만 지원대상이고, 이후 자립을 원하는 장애인은 제외했다가 지난한 논의과정을 통해 지원대상에 포함되었다. 종합지원센터에서 지정한 자립주택(체험홈)에 거주하면 지원대상이고 다른 자립주택에서 거주하면 지원대상에서 배제되었다. 아이러니하게도 지원대상에서 배제한 장애인도 자립 실적에는 포함시켰다.

2차 계획의 핵심은 탈시설한 장애인 당사자 중심의 지원체계를 구축한 것이다. 특히 탈시설 자립지원 대상이 장애인 거주시설뿐 아니라 장애인 공동생활가정과 아동양육시설(장애아동)까지 확대되었다. 광주광역시에 거주하는 장애인 69,834명 중에서 시설에 거주하는 장애인은 990명이다.(2021년 12월 기준) 2021년 하반기에 실시한 장애인 탈시설 자립생활 욕구 실태조사에 따르면 만 15세~70세 이용인 882명 중 210명이 자립에 대한 의지를 갖고 있는 것으로 나타났다.(거주시설 134명, 공동생활가정 56명, 아동양육시설 20명)

　2차 계획은 이미 시행되고 있지만 세부적인 내용은 아직 달라지지 않았다. 자립주택(체험홈)을 이용하려는 장애인 거주시설 장애인에 대하여 지정 체험홈이 아니라는 이유로 지원할 수 없다고 한다. 현장이 원하는 것은 자립주택에 대한 지원이 아니라 자립주택을 이용하는 장애인 당사자를 지원해 달라는 것이다. 차기 장애인자립지원위원회에서 논의를 통해 결정하겠다고 한다. 광주장애인종합지원센터는 욕구 중심에서 권리 중심으로 전환한 새로운 기조에 맞추어 지원체계를 신속하고 촘촘하게 만들어 가기 바란다.

(2022.09.13)

기용 씨가 응원하는 것?

　기아 챔피언스필드에 왔다. 지난 화요일, 장애인권 스터디 모임에서 한 달 만에 기용 씨를 만났다. 9월 초 코로나19 확진 때문인지 얼굴이 수척해 보였다. 매일 걸려오던 전화도 요즘에는 뜸해졌다.

　기용 씨는 몇 년 전부터 '야구장 가자'라는 말로 인사말을 대신하고 있다. 해마다 함께 야구장 가는 횟수를 합의하는데 올해에는 두 번 가기로 했다. 그런데 첫 번째 가기로 약속한 날에 기용 씨가 바람을 맞혔다. 컨디션이 좋지 않았던 모양이다.

언젠가부터 야구 관람은 하나의 문화가 되었다. 응원팀 유니폼을 입고, 간식을 먹으며 즐기는 3시간 동안의 유쾌한 나들이다. 야구장 최고의 간식은 치킨이다. 현태 선생님이 광주에서 가장 맛있다는 통닭을, 기용 씨는 공룡알 빵을 준비했다.

경기 내내 기용 씨는 서서 응원을 했다. 하지만 기아의 경기는 후텁지근한 날씨만큼이나 답답했다. 기용 씨는 기아가 홈런을 쳤을 때와 치어리더의 흥겨운 댄스타임에 대형 하트를 날렸다. 공수 교대하는 막간에 진행되는 이벤트는 젊은이들의 발랄함이 묻어났다. 특히 바로 옆에서 펼쳐진 꼬마 아가씨의 응원을 직관할 수 있었던 것은 행운이었다.

기용 씨로부터 슬픈 소식을 들었다. 자신의 활동지원사가 항암치료 중이라 했다. 활동지원사 이야기를 꺼내자마자 눈시울이 붉어졌다. 4년 동안 동고동락을 했기에 기용 씨 마음이 어떠할지 상상하기 어려웠다. 우리는 야구장에서 큰 소리로 응원하면서 활동지원사의 쾌유를 빌었다.

임기용 형제와 활동지원사 선생님이 '사망의 음침한 골짜기를 지날 때'에 하나님의 긍휼과 치유의 은혜가 함께하길 빈다. "인생은 가장 캄캄한 곳에 선물을 숨기기도 한다."(드라마_빨간 머리 앤) 머잖아 지금 이 시간을 돌아보며 웃으며 이야기할 수 있기를...

(2022.09.16)

인권적인 인권기념관을 만들자

　장애인 수련시설 중간보고회가 열렸다. 광주광역시는 인화학교 부지에 370억 원의 예산으로 인권기념관과 수련시설을 2023년까지 준공할 예정으로 추진해 왔다. 그런데 갑자기 준공시기를 2025년으로 2년이나 미뤘다.
　오늘은 전시체험물 제작 설치에 대해 논의하는 자리였다. 하지만 인권기념관과 수련시설이 어떻게 설계되었는지에 대해 공유가 되지 않아서 논의의 진전이 이루어지지 못했다. 조만간 TF 위원과 전시팀, 건축팀이 함께하는 자리를 마련해 줄 것을 요청했다.
　인권기념관은 기존 인화학교 건물 가운데 생활관을 리뉴얼하여 사용할 것이다. 인권기념관 건물은 원형 보존이 중요하다. 하지만 인권기념관이 인권적이지 않다면 그 의미는 퇴색할 것이다. 원형보존과 더불어 승강기, 화장실, 경사로 등을 신축하여 누구나 접근이 가능하도록 해야 할 것이다.
　인화학교 사건을 성폭력 문제로 단순화하거나 도식화하지 말아야 한다. 도가니 사건은 장애인 인권, 교육, 복지, 성폭력 등 장애인에게 가해진 다양한 차별과 폭력이 내포되어 있다. 인권기념관에 전시될 콘텐츠도 이런 포괄적인 내용이 담겨야 한다. 전시체험물에 사용하는 단어와 이미지를 통해 인권의 의미를 확장해가는 노력이 필요하다. 특히 수어로 소통하는 것에 대하여 '들리지 않는 대화'라는 청인 중심의 표현을 지양해야 한다.
　또한 수련시설에 들어갈 장애체험장에 대해서는 '체험'이라는 단어가 가지고 있는 한계와 불편함을 지적했다. 그동안 장애체험이 장애인식 개선에 도움이 되는가에 대한 찬반이 존재했다. 장애체험이 장애인을 둘러싼 차별과 장벽이라는 구조를 이해하기보다는 장애로 인한 불편함과 시혜나 동정 의식을 강화할 수도 있기 때문이다. 어떤 장애인 당사자는 "그 누구에게도 나를 체험할 권리는 없다"라고 외쳤다. 나는 장애체험 대신에 '장애공감'이라는 용어를 제안했다.

도가니 인권기념관과 장애인 수련시설이 준공되면 광주의 랜드마크가 될 것이다. 단순히 전국 최초라는 의미를 넘어서 한국의 장애인권을 상징하는 공간으로 거듭날 것이다. 그날이 오면 인화대책위에서 함께했던 농인들이 안내원으로 활동했으면 좋겠다.

(2022.09.30)

토요일이 준 선물

토요일 아침에 늦은 출근을 했다. 사무실 블라인드를 올리니 가을 하늘이 기다리고 있다. 실로암센터가 효덕동으로 이전하면서 가장 큰 선물은 사무실 창을 통해 보이는 하늘과 산이다. 오늘은 그 선물을 푸짐하게 받았다.

딱히 바쁜 일이 있는 것은 아니지만 홀로 사무실을 지켰다. 평일의 분주함과는 대조적인 고요함이 낯설다. 평온함과 자유로움을 만끽하며 오늘 하루를 어떻게 보낼지 행복한 고민을 한다. 점심은 은혁상 집사님과 함께 하기로 했다. 만나면 편안하고, 감사하고, 유쾌하고, 한결같은 분이다.

유튜브로 김창옥 교수님의 강연을 들었다. 평소 믿고 듣는 강연자이긴 하지만 오늘은 몇 번이나 울다가 웃었다. 이효리 씨가 말했다는 "좋고 나쁜 사람이 어디 있나요? 나하고 맞고, 안 맞는 사람이 있을 뿐"이라는 말에 깊이 공감했다. 내 주위에 좋은 사람과 나쁜 사람을 떠올리며 피식 웃는다. 결국 나와 관계가 좋은 사람은 좋은 사람이고, 나와 관계가 나쁜 사람은 나쁜 사람이었다.

미국에서 농장을 한다는 김승호 회장의 글을 읽다가 흥미로운 것을 알게 되었다. 나무를 새로운 땅에 옮겨 심어서 자리 잡게 하려면 4배의 에너지가 필요하다고 한다. 다음 주 신입직원 교육을 앞두고 있다. 실로암사람들 신입직원들이 힘든 과정을 지내고 있을 것인데 무심했던 것이 부끄럽다.

토요일의 최고의 선물은 '스카이브릿지'였다. 강상수 형제가 보내온 톡을 보며 며칠 동안 기대하며 기다려온 시간이다. 나주 서성문 앞에서 상수 형제가 단장으로 있는 스카이브릿지 재즈밴드 공연을 관람했다. 소금(小笒) 연주가 돋보인 북한 작곡가의 '초소의 봄'은 압권이었다. 시각장애인 2명과 비장애인 3명으로 구성된 5인조 스카이브릿지는 같은 장소에서 10월 29일 한차례 공연이 더 예정되어 있다.

공연 후 오랜만에 상수 형제 어머님을 볼 수 있어서 좋았다. 늘 곁을 지키셨던 어머니는 공연을 보는 내내 어떤 마음이었을까? 세상의 모든 장애인의 어머니는 '추앙'받아 마땅하다. 강상수 형제가 하늘의 소망을 이어주는 축복의 통로가 되기를 기도한다.

(2022.09.24)

새빛콜 최저운행률에 대한 사회적 합의가 필요하다

최송아 씨의 활동지원사로부터 연락이 왔다. 조선대병원 진료를 마치고 4시간이 넘도록 새빛콜을 기다리고 있다는 것이다. 지난 8월 말에도 4시간을 기다렸다가 새빛콜을 탔는데 오늘은 더 심각하다고 했다. 결국 오후 3시 20분에 접수를 하여 8시 17분에 탑승을 했다. 4시간 57분 만이다.

새빛콜 상황이 갈수록 어려워지고 있는데 해결책은 안 보인다. 백가쟁명식의 의견은 분분하지만 이야기를 나눌수록 배가 산으로 가는 분위기다. 답답하던 차에 광주광역시 군공항교통국장을 만났다. 그동안 고민해 왔던 새빛콜 관련 의견들을 전달했다. 기존 교통건설국이 민선 8기에 군공항교통국으로 개편되었는데 교통 관련 사안이 뒤로 밀리지 않을까 살짝 우려가 되었다.

1. 특별교통수단 법정대수 확충

광주광역시의 특별교통수단 법정대수는 129대이다. 교통약자의 이동편의 증진법(교통약자법)에 따르면 보행이 어려운 중증장애인 150명 당 1대의 특별교통수단을 도입해야 한다. 현재 특별교통수단 운영대수는 116대로 2018년 이후 4년 동안 단 한대도 늘어나지 않았다. 2023년에는 전용차량 13대를 증차해야 한다.

2. 차량 운행률 신장

새빛콜은 특별교통수단 116대를 운전원 122명이 운행하고 있다. 차량 대 운전원의 비율은 1:1.05로 운영기준 1:1.2에 미치지 못하고 있다. 현재 특장차 116대를 기준으로 한다면 당장 140명의 운전원을 확보해야 한다. 기준 운전원과 차량을 확보하지 않고 적절한 서비스를 기대하기는 어렵다.

3. 분리 배차와 배차 시스템 개선

올해 들어 지난 7월 말까지 새빛콜의 신청에서 탑승까지 걸리는 평균 대기시간은 26분 27초였다. 이를 세부적으로 들여다보면 휠체어 이용인은 33분 47초, 비휠체어 이용인은 24분 14초로 휠과 비휠의 대기시간이 10분 가까이 차이가 난다. 특히 1시간 이상 장시간 대기자는 휠체어 이용인의 10%를 차지하고 있어서 압도적으로 많다. 이에 대한 대책으로 8월부터 바우처 택시 100대를 도입하여 휠체어 이용인과 비휠체어 이용인의 분리 배차를 시행하고 있다. 그런데 여전히 휠체어 이용인들의 장시간 대기 문제가 풀리지 않고 있다. 새빛콜은 현재 근거리 배차를 원칙으로 하고 있는데 1시간 이상 장시간 대기자는 지정배차를 해야 한다.

4. 최저 운행률 사회적 합의

실시간으로 몇 대의 전용차량, 전용택시, 바우처 택시가 운행 중인지에 대한 정보를 공개해야 한다. 전용차량 116대, 전용택시(임차택시) 92대, 바우처 택시 100대 중에서 현재 운행 중인 차량 대수에 대한 정보를 이용인에게 공개해야 한다. 주 5일제 근무, 연가, 병가, 고장수리, 교육 등으로 배차시간표 대로 운행대수 확보는 불가능하다. 이용인과 실시간 운행대수에 대한 정보를 공유한다면 예측가능성이 높아지고 민원발생도 줄어들 것이다. 무엇보다 사회적 공론화위원회를 통해 최저 운행율에 대한 사회적 합의를 해야 한다. 장애인의 이동권과 새빛콜 종사자의 노동권, 센터의 경영권 등 서로의 권리를 존중하면서 사회적 합의를 통해 최선의 방안을 도출하기 바란다.

5. 그리고...

연차휴가 현금 보상, 성과상여금 제도 개선, 전용택시 운전원 처우 개선 등 종합적인 해결방안을 검토해야 한다. 이 모든 것들은 광주시의 재정 지원 없이는 불가능한 일이다. 민선 8기 강기정 시장은 새빛콜 관련 문제를 장애인의 이동권의 입장에서 접근해 주기 바란다. 해주면 고맙고 돈 없으면 어쩔 수 없는 선택의 문제가 아니다. 민관정이 지혜를 모아 전진해 나가자. (2022.09.27)

당당하게 당연하게 예외 없이

사회복지종사자 처우개선을 위한 민관정 대토론회가 열렸다. 긴 가뭄의 단비처럼 사회복지 현장의 반응은 뜨거웠다. 특히 여성권익시설과 지역아동센터, 아동그룹홈 종사자들은 가히 필사적이었다. 반면에 사회복지사들이 손에 든 '평등한 사회복지! 행복한 복지현장!'이란 피켓은 왠지 어울리지 않은 옷처럼 이질감을 주었다.

2022년 민관정 대토론회는 첫 단추부터 잘못 끼워졌다. 강기정 시장의 인사말도 없었고, 민관정의 한 축인 복지국장이 토론자로 참여하지도 않았다. 강기정 시장은 후보 시절 사회복지사 5천 명의 지지선언을 받았지만 시장이 되고나서는 푸대접을 하고 있는 것이다. 거기다가 질의응답에서 보여준 복지 관련 과장들의 답변은 원론적인 수준에도 미치지 못해 실망을 넘어서 분노를 불러일으켰다.

2022년 말은 사회복지종사자 처우개선과 관련하여 중요한 시기다. 7월부터 시작된 민선 8기 강기정 시장의 사회복지 분야 1번 공약은 '종사자 처우개선'이다. 또한 2기 처우개선 3개년 계획(2021-

2023년)의 마무리와 3기 3개년 계획(2024-2026)의 수립을 준비하는 해이기 때문이다.

사회복지종사자의 처우는 '사회복지사 등의 처우 및 지위 향상을 위한 법률'(사회복지사법)에 근거하고 있다. 사회복지사법은 2021년 12월 21일에 개정되어 2022년 6월 22일부터 시행되고 있다. 개정의 핵심은 보건복지부와 광역시도, 자치구에 처우개선위원회를 두어 사회복지사 등의 처우개선에 관한 사항을 심의하도록 하는 것이다. 이를 위해 2022년 말에는 광주광역시 사회복지종사자 처우개선위원회를 구성해야 한다.

이번 민관정 대토론회를 시작으로 사회복지 현장의 연대를 강화해야 한다. 그리고 2021년 지역아동센터의 경우처럼 한 직능의 투쟁으로 고립되는 시행착오를 반복하지 않기를 바란다. 광주시도 사회복지사의 급여를 깎아서 다른 사업을 하려는 우를 범치 않기를 바란다. 동일노동, 동일임금, 단일 임금체계가 이루어지는 날까지 광주사회복지사협회를 중심으로 '당당하게 당연하게 예외 없이' 연대하며 투쟁하자. (2022.10.25)

참사는 사람을 가려오지 않는다
- 10·29 참사 희생자를 추모하며

10·29 참사가 일어난 지 5일째다. 도무지 이해할 수 없는 참담한 현실 앞에 무력감만 쌓여간다. 처음 뉴스를 접했을 때 서울에 사는 딸에게 전화를 걸었다. 나와 내 딸은 단지 그 자리에 있지 않았을 뿐, 참사는 사람을 가려오지 않는다.

오늘도 나는 죄인이 된다. 숨을 쉬는 것도 미안한데 국가 애도기간(10.30-11.05) 중이라 끽소리도 못하고 속울음만 깊어갔다. 그 사이에 정부는 '이태원 사고 사망자'로 규정해 버렸다. 누구나 지나다녔던 일상의 공간에서 156명이 죽었는데 '참사 희생자'가 아니라 '사고 사망자'라고 우긴다. 방탄국회는 들어봤어도 '방탄 애도'는 난생처음이다. 자유를 그렇게 강조하는 정부에서 애도의 자유는 없다.

국민의 인식과는 다르게 정부의 지침에 따라서 애도의 탈정치화 프레임이 형성되었다. 이태원 사고 사망자를 애도합니다.(네이버) 이태원 사고 사망자를 추모합니다.(다음) 이태원 참사 피해자 분들께 깊은 슬픔과 애도를 표합니다.(TBS) "지금은 추궁의 시간이 아닌 추모의 시간이다."라는 정진석 국민의힘 비대위원장의 말은 그 속내를 그대로 보여주었다. 추악한 속내가 보인다.

하지만 5시간 40분 동안 국가는 없었다. 그래서 '사고 사망자'가 아니라 '참사 희생자'라 부른다. 광주광역시도 청사 내에 설치한 '이태원 사고 사망자 합동분향소' 명칭을 11월 2일, '이태원 참사 희생자 합동분향소'로 변경했다. 정작 이태원은 억울하다. "미국의 9.11 테러를 맨해튼 테러라고 말하지 않은 것처럼 이태원 참사도 '10.29 참사'라 칭해야 한다."(신지영 교수) 정부가 이태원이 삶터인 분들의 낙인을 생각해서 중립적인 용어를 쓰려고 했다면 '참사 희생자'라는 말을 바꾸기보다는 '이태원'이라는 지명을 뺏어야 했다.

이제는 진상 규명과 책임의 시간이다. 진정한 애도는 참사 희생자를 기억하는 것, 참사의 진상을 규명하는 것, 참사의 책임을 묻고 재발 방지 대책을 세우는 것이다. 10.29 참사 희생자분들께 깊은 애도를 표한다. (2022.11.04)

하나된소리에 대한 기대와 감사

장애인과 비장애인이 하나 되어 나아가는 하나된소리 공연이 31회를 맞았다. 재작년 30회 공연은 랜선으로 열렸지만 다시 대면 공연을 할 수 있어서 다행이다. 실로암사람들은 그동안 실로암중창단, 실로암수어중창단, 목요찬양단, 장애인극단 그래도, 실로암문학회 활동을 이어왔다. 31회에 걸친 하나된소리 공연이 가능했던 것은 이런 문화예술 활동의 기반이 있었기 때문이다.

올해 하나된소리는 7명의 장애여성 이야기를 담았다. 작년에 실로암사람들과 광주장애인가정상담소가 발간한 책 '나에게 새로운 언어가 생겼습니다'의 주인공들이다. 그동안 마음속 깊은 곳에 묻어두었던 삶과 사랑과 꿈에 대한 이야기다. 자신의 삶을 관통한 장애와 더불어 살아온 이들이 갖는 단단한 힘과 자부심이 배어있다.

이 공연은 기획 김모세 팀장, 연출 최영화 교수, 작가 최민 선생의 수고로 가능했다. 어려운 여건 가운데서도 늘 최선의 것을 만들어 왔다. 출연해 주신 '나에게 새로운 언어가 생겼습니다'의 7명의 작가(임은옥, 서지혜, 김미숙, 차지숙, 이지숙, 박정혜, 최송아)와 극단 진달래피네, 전자 바이올리니스트 강명진, 실로암수어중창단, 라브리주간보호센터 난타팀에 감사와 박수를 보낸다. 또한 공연에 활력을 불어넣어 주신 한국장애인문화예술원과 광주문화재단에 감사한다. 아울러 한결같이 성원해 주신 실로암사람들 회원, 자원활동가, 후원자 여러분들께 사랑과 존경을 전한다. 하나된소리는 우리의 기쁨이요 자랑이다. (2022.12.21)

자립생활의 중심은 사람이다

우리 사회에서 탈시설에 대한 논쟁이 뜨겁다. 문재인 정부는 탈시설 로드맵을 통해 2041년까지 탈시설을 마무리하겠다는 정책을 발표하기도 했다. 최근 장애인 탈시설 지원법 제정과 관련하여 첨예한 대립이 이어지고 있다. 이 논쟁에 있어서 중요한 것은 장애인 당사자를 중심에 두어야 한다는 것이다.

자립생활도 마찬가지다. 공간의 분리가 아니라 장애인의 삶이 핵심이다. 자립생활이 당위에 그쳐서는 안 된다. 날마다 일상의 삶에서 동등한 기회와 이동과 접근이 권리로서 보장되어야 한다.

오방장애인자립생활센터는 탈시설 자립생활을 하는 당사자의 이야기를 책으로 만들어 왔다. 〈나는 희망을 겨냥한다〉(2013년), 〈자립생활은 목표가 아니라 삶이다〉(2017년), 〈자립생활은 관계의 확장이다〉(2020년), 〈자립에서 연립으로〉(2021년)에 이어서 다섯 번째 자립생활 이야기 〈자립생활의 중심은 사람이다〉(2022년)를 발간하였다.

장애인의 자립은 개인의 선택뿐 아니라 지역사회의 준비가 필요하다. 자립생활의 시작도 끝도 관계다. 내가 사랑하는 사람들, 나를 사랑하는 사람들과 더불어 살아가는 것이다. 그래서 자립은 반드시 연립으로 나아가야 한다.

이 책에는 자립생활을 막 시작한 장애인과 그동안 지역사회에서 자립생활을 이어온 장애인들의 이야기가 담겨있다. 이번 자립생활 이야기에 참여한 권은지, 김기현, 김소라, 김영웅, 김은정, 박영석, 이민용, 정봉기, 조면기, 최승규 님의 이야기는 잔잔한 감동을 준다. 왜 자립생활이 사람을 중심에 두어야 하는지 증명한다.

장애인의 자립생활을 지원해 온 오방장애인자립생활센터 권광미

국장과 직원, 활동가들께 감사와 경의의 마음을 보낸다. 이 책이 만들어지기까지 편집을 맡아 오랜 시간 동안 열과 성을 다해온 강선진, 강동진 님의 수고에 감사한다. 앞으로도 오방센터가 장애인의 자립생활을 지원하는 소임을 바르게 감당해 갈 것을 다짐한다.

(2022.12.22)

성탄절

메리 크리스마스!
하나님으로 말미암아, 사람과 더불어 화평을 구합니다.
일상의 작은 것들 속에 있는 은총을 기뻐하고 감사합니다.
서로의 안부를 확인할 수 있어서 참 좋습니다.
안녕… (2022.12.25)

팀보다 위대한 선수는 없다

이순(耳順)의 날을 보내고 있다. 언젠가는 귀가 순해져 어떤 말이든 편하게 받아들일 수 있게 되었으면 좋겠다. 연초 '서로에게 선물이 되는 공동체'를 꿈꾸며 실로암사람들의 선물이 되고 싶었다. 연말이 되어 돌아보면 예술뿐 아니라 삶도 사역도 디테일이라는 것을 실감한다. 실로암 공동체에 헌신한다는 것은 당연한 말이지만, 구체적으로 내 시간과 물질과 에너지를 어떻게 사용했는지 아쉬움이 남는다.

올해 들어서도 굵직한 일들이 많았다. 첫째는 실로암센터를 행암동으로 이전한 것이다. 2005년부터 17년 간 사용했던 봉선동센터 시대는 실로암사람들 역사에서 큰 획을 그었다. 2011년 도가니 사건이 진행 중이던 때 센터 출입문 강화유리가 박살나기도 했다. 2005년부터 시작한 골목길음악회는 행암동으로 이전하면서 옥상음악회로 이어졌다. 매일 주차 전쟁을 벌이면서도 마당 같은 옥상과 탁 트인 전망에 평화를 누린다. 무엇보다 평생교육원과 나란히 있다 보니 회원들을 자주 볼 수 있어서 참 좋다.

둘째는 1월부터 연제큰꿈 다함께돌봄센터 수탁 법인이 되었다. 연제큰꿈은 광주지역 1호 다돌센터의 역사성을 갖고 있다. 지난여름 옥상음악회에 다돌센터를 이용하는 가영이네 가족들이 찬양하는 모습은 감동이었다.

또한 10년 만에 수어교실 강사로 복귀했다. "수어교육의 차이 나는 클래스! 세상에서 가장 매력적인 수화언어의 새로운 세계가 열립니다. 수화교육의 일타 강사를 통해 만나보세요."라는 광고에 걸맞은 강사가 되기 위하여 준비도 많이 했다. 매주 월, 화요일 밤 시간을 수어교실에 온전히 투자하는 것은 생각보다 힘들었다. 마치 봄에 씨를 뿌리며 가을의 추수를 내다보는 농부처럼 수어교실은 사람을 키우는 것으로 더욱 긴 시간을 필요로 한다.

올 한 해 아쉬운 장면도 생각난다. 코로나19로 인해 비대면 모임이 지속되다 보니 회원과 직원 간의 소통의 한계가 드러났다. 무엇보다 목요모임과 청소년캠프가 멈춰 선 것이 뼈아프다. 맨 앞줄에 앉는 일권 형제, 태술 은옥 부부, 성록 은미 부부, 기용 형제의 모습과 은혁상 집사님의 아멘 소리도 그립다. 목요모임은 실로암사람들의 심장과 같은 사역이고, 청소년캠프는 한 해를 힘차게 여는 시작이다. 회원과 직원이 함께하며 하나 됨을 경험하는 목마름이 크다.

희망나눔 바자회는 작년에 이어 비대면으로 진행되었다. 희망나눔 특별위원회는 판매물품 선정에서부터 레몬청과 다시팩, 드립백 작업까지 많은 손길을 필요로 했다. 다행히 시행착오도 줄이고 결과도 좋았다. 5만 원 티켓 한 장을 판매하는데 얼마만큼의 수고가 필요한지는 해 본 사람만이 안다. 몇 사람의 열심으로는 감당할 수 없지만 '팀실로암'의 이름으로 함께했기에 가능했다. 퍼거슨 감독의 "팀보다 위대한 선수는 없다"는 말은 언제나 정답이다.

실로암사람들 대표로서 가장 기쁜 것은 공동체의 성장이다. 조재형 감독의 '똥 싸는 소리'를 영화관에서 관람하는 것, 사랑이의 합창단 활동, 영준이 광주장차연에서 상임활동가로 커가는 것, 일용과 한샘이 보치아대회 우승, 경원과 니니가 전국체전에서 사냥한 메달을 가지고 센터를 방문했을 때, 승규와 은정이 결혼하여 행복하게 살아가는 것, 장클라의 캄보디아 사역 영상을 볼 때, 김국장 이국장 권국장 진국장이 정책토론회에서 발제자나 토론자로 나설 때 가슴 뭉클하다. 광주 사회복지사대상을 김현아 처장이 받은 것은 기쁘고 자랑스러운 일이다. 29년 동안 실로암사람들에서 헌신하여 복지현장 뿐 아니라 도가니 사건, 세월호 참사, 장애인차별철폐 투쟁에 연대활동을 인정받은 것이어서 더욱 값지다.

2023년을 상상한다. 실로암 공동체는 퍼즐과 같다. 낱개로 떨어져 있을 때는 또렷이 보이지 않지만, 서로가 서로에게 연결되어 하나의 그림을 만들어 나갈 때 놀라운 기적이 일어난다. "아직도 첫눈 오는 날 만나자고 약속하는 사람들 때문에 첫눈은 내린다"(안도현)는 시처럼, 실로암 공동체를 위해 헌신하는 이들 때문에 실로암사람들은 전진해 나갈 것이다. 하나님으로 말미암아, 사람과 더불어. (2022.12.31)

새로운 한 해

새로운 한 해가 시작되었네요.
지난해의 아쉬움을 뒤로하고 마음을 새롭게 다잡습니다.
오늘 제게 주신 말씀입니다.
미움은 다툼을 일으키나 사랑은 모든 허물을 덮는다.(잠언 10:12)
삶과 일과 가정과 세계가 지금보다 조금 더 평화롭기를 빕니다.

(2023.01.01)

하나님으로 말미암아, 사람과 더불어

지난 한 해를 돌아보면 다사다난했다. 세월호 이후 다시는 그런 일이 없을 줄 알았는데 10.29 참사 앞에서 여지없이 무너져 내리고 말았다. 실로암사람들도 크고작은 일들이 있었다. 연제큰꿈 다함께돌봄센터를 위탁받아 운영하게 되었고, 17년만에 실로암센터를 봉선동에서 행암동으로 이전하였다. 겨울에 열린 하나된소리 공연은 자신의 몸으로 고난을 통과한 사람들만의 진한 감동을 주었다.

이제 다시 새로운 해를 선물로 받았다. 2023년은 실로암사람들 창립 47주년이 되는 해다. 코로나19 팬데믹으로 인해 위축되었던 사역이 회복되기를 기대한다. 실로암사람들의 미션은 "우리는 하나님 나라를 위해 일한다. 우리는 연약한 사람들과 함께한다. 우리는 모두를 위한 공동선을 추구한다."이다. 올해는 미션에 더 다가가고 싶다.

2023년 슬로건은 '하나님으로 말미암아, 사람과 더불어'이다. "모든 사람과 더불어 화평하게 지내고, 거룩하게 살기를 힘쓰십시오. 거룩해지지 않고서는, 아무도 주님을 뵙지 못할 것입니다."(히브리서 12:14_표준새번역) 그리스도인은 하나님으로 말미암아 사람과 더불어 화평하고 거룩하게 살아가는 사람들이다.

"실로암이 있어서 다행이다"라는 말을 좋아한다. 자신의 권리를 스스로 주장하지 못하는 사람들에게 실로암이 다행이었으면 좋겠다. 외롭고, 지치고, 상한 마음을 가진 이들에게 실로암이 다행이었으면 좋겠다. 연약한 사람들은 경쟁이 아니라 협력으로, 자신의 힘이 아니라 은총으로 살아간다. 실로암사람들의 존재 이유는 연약한 사람들과 함께하는 것이다.

2022년에 시작한 2% 나눔 운동이 확산되기 바란다. 실로암사람들의 미래 세대를 위하여 실로암센터 건립이 필요하다. 미래를 준비할 때는 바로 지금이다. 물이 기울어 파도가 되듯 실로암사람들의 마음이 기울면 기적을 만들어 낼 것이다. 하나님의 긍휼과 인도하심이 실로암사람들과 함께하길 빈다. (2023.01.02)

그녀는 탈시설 자립생활의 선구자였다

김다영 회원은 1962년에 전남 함평에서 태어났다. 이후 60여 년의 삶은 우리 사회의 중증 장애인이 살아온 것과 크게 다르지 않았다.

그녀는 1987년, 26살에 실로암재활원(현, 이팝너머)에 입소하였다. 그곳에서 평생을 함께한 곽정숙 원장님과 또래 친구 이지숙을 만났다. 기독교 신앙을 가지면서 다영의 삶은 새롭게 되었다. 그녀는 평생 성경을 묵상하며 기도하는 삶을 살았다. 뒤늦게 공부를 시작하여 중입 검정고시에 합격했다.

그녀의 재능은 동양자수를 만나면서 꽃을 피웠다. 실로암재활원에서 그녀는 동양자수 교사로 일했다. 그녀는 병풍 뿐 아니라 성화도 동양자수로 수놓는 등 새로운 작품세계를 열었다.

김다영 회원은 1995년 4월, 실로암재활원에서 나와 자립하였다. 지금처럼 이동지원서비스나 활동지원서비스가 없던 시절이었다. 이후 실로암재활원에서 살던 이들의 탈시설 자립생활의 길잡이가 되었다.

어느 날 수요예배를 드리고 돌아오는데 인기척이 있어서 뒤를 돌아보니 한 남자가 서 있었다. 그 아저씨는 멋쩍어하며 "꿋꿋하게 살아가는 아가씨 모습이 좋아 보인다"라며 자기는 건강하지만 죄도 많이 짓고 괴로운 삶을 산다는 것이었다. "그럼, 예수님을 믿으세요"하며 전도를 했더니 그 아저씨는 주님을 믿겠다고 대답했다. (글_김다영, 1995.07.27)

그녀는 모든 것을 혼자서 스스로 해결하며 살았다. 그러다가 건강이 점점 힘들어지자 2021년 3월에야 활동지원서비스를 이용하기 시작했다. 2022년 7월, 조촐한 회갑연이 열렸다. 실로암사람들 여러 기관에서 음식과 선물을 장만하였다. 수줍은 그녀의 얼굴에 미소가 번졌다. 가장 행복한 순간이었다.

김다영 회원은 코로나19에 확진되어 2023년 1월 2일, 갑작스레 별세하였다. 단정하고 단아했던 그녀의 갑작스런 죽음에 슬픔은 끝이 없다. 하늘의 안식과 위로를 빈다. (2023.01.03)

고 김종문 간사 4주기를 보내며

벌써 4년이 흘렀다. 하지만 그의 노래와 미소는 여전하다. 실로암사람들에게 김종문 간사는 시간이 지날수록 짙어지는 향기 같은 존재다.

고 김종문 간사는 1975년 전남 나주에서 태어났다. 생후 6개월 경에 폴리오바이러스에 감염되어 소아마비 장애를 갖게 되었다.

1996년 광신대 음악과에 진학하면서 실로암사람들과 만남이 시작되었다. 그는 노래도 잘하고 기타도 잘치는 교회오빠였다. 찬양 인도자로서 탁월한 달란트가 있어서 목요모임과 실로암캠프의 찬양인도는 그의 몫이 되었다.

김종문 간사를 중심으로 목요찬양단이 조직되어 목요모임, 선교 예배, 청소년캠프 등 활발한 활동을 이어갔다. 그는 실로암사람들 문화사역의 전성기를 이끈 주인공이었다.

대학을 졸업하고 2011년부터 실로암사람들 간사로 사역하였다. 장애청소년 통합캠프(청캠)의 자원봉사자로 참여했던 임지은 자매와 2006년 결혼하여 슬하에 유민, 유은 두 딸을 두었다.

김종문 간사는 자작곡으로 CCM 음반을 내고자 했다. 끝내 그 꿈은 이루지 못했지만 '우린 하나'라는 곡은 실로암사람들 모임에서 즐겨불렀다. "우린 하나 주 안의 하나 약한 자 강한 자 있는 자 없는 자 모두 우린 하나 주 안에 하나 주님의 위로 주님의 사랑 있는 이곳에서 우린 하나"(우린 하나_김종문 작사 작곡)

건강이 좋지 않아 2016년부터 투석을 해야 했다. 건강과 사역을 회복하기 위해 분투하던 그는 2019년 1월 7일 별세하였다. 그의 나이 45세였다.

김종문 간사의 두 딸은 올해 고2, 초5가 된다. 아버지의 재능을 물려받은 큰 딸은 음악 분야의 꿈을 키우고 있고, 둘째도 훌쩍 컸다. 하늘의 별이 된 그가 그립고, 남은 가족의 삶을 응원한다.

(2023.01.06)

직원워크숍은 팀실로암의 작전타임이다

2023년 직원워크숍이 대면으로 이루어졌다. 코로나19로 인해 초긴장 속에서 진행되었던 작년만큼은 아니지만 올해도 조심스럽긴 마찬가지였다. 직원워크숍 자료집에는 올해 사역의 방향과 일정 그리고 직원에세이가 실렸다. 직원들이 2022년 현장에서 경험하고 성장한 이야기와 2023년의 기대를 담은 글이다. 지난해의 사역을 상징하는 두 장의 사진은 게시한 후 선물로 주었다.

첫째 날 저녁식사는 숯불 바비큐였다. 오랜만에 맛보는 실로암표 솥뚜껑 삼겹살의 맛은 한층 레벨업 되어 있었다. '대촌가든 김현태 사장님'의 수고에 감사한다. 사무국에서 준비한 간식뿐 아니라 박서영 간사님이 가져온 홍시와 곶감은 워크숍을 풍성하게 만들었다.

김황용 교수님의 강의는 언제나 가슴을 뛰게 한다. 사회복지사는 사람이 사람답게 살아가도록 지원하는 전문가다. 동료와는 신뢰관계를 유지해야 하고, 이를 위해 전문성(실력)과 진실성을 갖추어야 한다. 솔직하다는 것은 자신의 감정에 충실한 것이지만, 진실하다는 것은 상대방의 성장을 중요시한다. 클라이언트와의 관계는 전문가로서 자질과 품위를 지켜야 한다. 품위는 인간에 대한 이해와 자신의 정체성을 아는 것으로부터 나온다.

1박 2일 동안 몇 번이나 울었다. 올해 6월 말에 정년인 직원의 떠날 채비도, 새내기 직원의 2전 3기 도전기도 벅찬 감동이었다. 올해에 실로암에 입사한 세 분의 신입직원은 실로암공동체의 미래다. 십 년 후에는 든든한 기둥으로 자라나길 기대한다. 신입직원은 선임자들을 보고 배우며 성장할 것이다. 선임자들은 신입직원의 목소리에 귀 기울일 때 매너리즘에 빠지지 않게 될 것이다.

실로암사람들 47년의 발자취는 자부심과 책임감이다. 2023년 실로암공동체는 '하나님으로 말미암아, 사람과 더불어' 나아갈 것이다. 가장 연약한 모습으로 살아가는 이들의 삶 속에 스미어 들어갈 것이다. 실로암사람들에게 직원워크숍은 한 해의 사역을 시작하는 출발선이다. 각자가 흩어져 일하는 실로암사람들의 특성상 한 자리에 모인다는 것 자체가 쉽지 않은 일이다. 직원워크숍은 '따로 또 같이' 일하는 팀실로암의 작전타임과 같다.

이틀 동안의 직원워크숍의 감동을 안고 사진을 둘러본다. 대표로서 신입 직원의 목소리와 실로암공동체 현장을 자주 찾아가리라 다짐했다. 한 장 한 장 넘길 때마다 악수례를 하듯 축복하다 보니 올 한 해 함께할 날들이 더욱 기다려지고 기대된다. 올해 끝자락에서 실로암공동체와 동역자들이 있어서 다행이라는 고백을 했으면 좋겠다. (2023.01.07)

보조기가 부러지자 모든 것이 정지되었다

코로나로 인해 유튜브로 예배를 드리던 이문순, 황미화 부부가 주일예배에 나왔다. 반가운 마음에 두 사람과 은혁상 집사님과 점심을 함께 했다. 식사 후 실로암센터를 구경시킬 요량으로 계단을 올라서는 순간 느낌이 왔다. 이리저리 움직여 봤을 때는 별 이상이 없었으나 차에 타면서 보조기(브레이스)의 바깥쪽 무릎부위가 절단되었음을 알았다.

순간 모든 것이 정지되는 느낌이었다. 곧바로 성도재활센터 김원선 선생님께 전화를 걸었다. 오늘이 휴일이니 내일 아침 몇 시에나 찾아가면 되는지 물었다. 보조기 사진도 찍어 보냈더니 곧바로 연락이 왔다. 보성에 있던 김원선 씨와 집에서 쉬던 홍대승 사장님이 작업실로 출발했단다. 급한 마음에 염치없이 작업실로 갔다.

보조기 수리는 모든 것이 수작업으로 이루어졌다. 철을 자르고 갈고 뚫고 휘고 두드려 맞춰가는 것이 마치 놀이하듯 자연스러웠다. 두 사람의 케미가 그만이다. 오랫동안 함께한 사람들만이 통하는 것들이 있다. 다행히 수리가 잘 되어서 다시 착용하니 새로운 다리가 생긴 듯 날아갈 것 같다.

장애인에게 보장구는 신체의 일부다. 보장구의 성능에 따라 신체 기능이 달라진다. 내가 사용했던 하지 보조기(Brace)의 성능도 그동안 많이 발전되었다. 예전에는 쉽게 부러졌는데 최근에는 10년 이상 사용하고, 기능도 편리해졌다. 갈수록 숙련된 의지·보조기 기사가 줄어들고 있어서 살짝 걱정이 된다. 한결같은 성도재활센터 홍대승 사장님과 김원선 선생님께 감사드린다. (2023.01.08)

고맙다는 말

설명절이 들어있는 주간이라 그런지 마음이 분주하다. 작년 12월 23일부터 쌓여있던 눈이 사라져 오랜만에 옥상을 자유롭게 걸었다. 일상을 회복한다는 것이 얼마나 감사하고 소중한 것인지 만끽했다. 올해의 화두는 일일일생(一日一生)이다. 인생이 헛되다는 것을 아는 사람만이 오늘 내게 주어진 삶이 선물임을 알고 하루를 새롭게 산다.

올해 초 법인 내 인사 이동과 신규 직원 채용이 있었다. 직원의 실력이 실로암사람들의 실력이라 해도 과언이 아니기에 직원을 채용하는 것만큼 중요한 일은 없다. 사람을 키우는 일은 시간과 정성이 필요하다. 지금 실로암공동체에서 중요한 역할을 하는 사람들의 면면을 봐도 10여 년의 과정을 거쳐서 성장한 이들이다.

이번 신규직원으로 입사한 직원들에 대한 기대가 크다. 10년 후 이들이 공동체 안에서 할 역할을 상상하며 축복한다. 그중에 인사 이동이 한 건 있었다. 광주광역시는 장애인복지시설 종사자 채용기준으로 사회재활교사에 대하여 7호봉 이내로 채용할 것을 지침으로 내렸다.(2022.07.01)

실로암사람들은 순환 근무를 원칙으로 하고 있다. 이번 인사 이동한 직원이 8호봉으로 관할 구청에서 임용에 대한 난색을 표명했다. 지난 금요일에는 광주시청을 찾아가 법인의 사정을 전달했다. 어제는 인사 관련 서류를 정리하여 공문을 보냈다. 다행히 행정에서 신규채용이 아니라 인사이동이라는 사실을 인정해 주었다.

시청 주무관에게 전화를 걸어 고맙다는 인사를 했다. 그러나 그의 이야기는 뜻밖이었다. 지금까지 공무원으로 일하면서 부탁하는 전화만 받았는데, 일이 끝나고 고맙다는 전화는 처음이라며 오히려 고맙다고 했다. 점심때 들은 그 말 한마디가 퇴근 시간이 지나도 가슴에 큰 울림으로 남아있다. 고맙다는 말에 고맙다고 하니 참 고맙다. (2023.01.17)

유품을 정리하며

고 김다영 회원이 떠난지 벌써 2주일이 지났다. 새해 벽두에 너무나 갑작스런 죽음이라 그 충격과 슬픔도 컸다. 어제는 가족들로부터 유품을 정리한다는 연락이 왔다.

가족들은 고인이 쓰던 전동스쿠터와 리프트기, 김치냉장고, 세탁기를 오방센터에 주었다. 나머지 물건들은 모두 소각하려 했다. 가족들과 상의해 유품 중 동양자수 작품과 성경, 사진 앨범을 챙겨왔다. 성경에는 단정하고 단아한 고인의 손때가 그대로 묻어 있었고, 사진도 가지런히 정리되어 있었다.

두근거리는 마음으로 앨범을 펼쳤다. 고인의 삶 뿐 아니라 실로암사람들의 역사가 고스란히 담겨있었다. 그리운 얼굴들이 30년 전으로 순간이동하여 살아났다. 실로암재활원 식구들, 동양자수 작품, 장애인 캠프, 나들이, 새울림교회... 누구에게나 청춘의 날은 있었다.

사진을 넘기면서 왜 고인이 문 밖 출입이 어려울 때에도 매년 실로암사람들 회비를 냈는지 알 것 같았다. 사진을 통하여 고인의 동양자수 작품을 만날 수 있어서 다행이다. 유품 중에는 장애인기능경기대회에서 수자수로 금상을 받은 상장과 메달도 있다. 고인 뿐 아니라 지인들의 증명사진도 잘 정리되어 있었다.

작은 종이백 하나에 담긴 유품들은 실로암센터가 세워지면 역사관에 전시될 것이다. 일일일생(一日一生), 오늘이 기회이지만 기회가 늘 있는 것은 아니다. 고 김다영 회원이 그립고 미안한 밤이다.

(2023.01.17)

설연휴를 보내고

설연휴는 잘 보내셨죠?
이름만 떠올려도 기분이 좋아집니다.
가까이 있어서 든든합니다.
열심히 살아야겠다고 다짐하는 것도 당신 덕분입니다.
건강과 평안을 빕니다.^^ (2023.01.25)

실로암센터에 강신석 목사님 부부 그림을 걸다

고 강신석 목사님의 2주기를 앞두고 귀한 선물을 받았다. 며칠 전 강의준 목사로부터 부모님 그림을 교회에 보관하고 있는데 실로암사람들에 기증하고 싶다는 연락을 받았다. 5·18 시민군이었던 김상집 님이 무진교회를 배경으로 강신석 목사님 부부를 그린 작품이다.

이 그림을 처음 접한 것은 작년 5월이었다. 강의준 목사가 톡으로 사진을 보내왔을 때 두 분을 다시 만난 듯 반가웠다. 강신석 목사님의 특유의 환한 미소가 돋보이는 작품으로 100cm×80cm의 대작이다. 실로암센터에 걸어 놓으니 매일 뵐 수 있겠구나 싶어 가슴 벅차다.

2년 전 강신석 목사님이 돌아가신 후 실로암사람들은 '미아'가 된 듯했다. 세상의 가장 낮은 곳에서 살아가는 이들과 함께했던 목사님의 삶은 실로암사람들의 나침반이었던 것이다. 앞이 보이지 않을 때 한걸음 내디딜 수 있는 용기와 지혜를 주었다. 누군가는 꼭

해야 하는 일이라면 어렵고 힘들더라도 피하지 않았던 강 목사님의 정신은 실로암사람들이 도가니 대책위 활동의 중심에 서게 했다.

지금도 강신석 목사님의 손길을 느낀다. 희망나눔 바자회 때 티켓판매의 어려움에 봉착할 때면 "적선을 하는 사람보다 적선을 하게 하는 사람이 복되다"는 가르침이 떠오른다. 무진장학회를 시작하면서 강신석 목사님의 아호(雅號)를 명칭으로 사용하고 싶다고 했지만 작은 것이라도 드러내기를 싫어하는 목사님은 끝내 허락하지 않으셨다. 결국 강 목사님이 목회하고 있던 광주무진교회의 명칭을 따서 사용하게 되었다.

민주사회장으로 치른 장례식을 마치고 강의준 목사와 유가족들이 조의금으로 들어온 3천만 원을 후원해 주셨다. 실로암사람들이 아버님의 뜻을 잘 알고 있을 거라 생각한다며 의미 있는 곳에 써달라고 했다. 생전에 목사님은 실로암센터를 직접 마련해 주지 못한 것에 대하여 늘 미안해하셨다. 목사님의 유지를 받들어 실로암센터 건립기금으로 사용하기로 했다.

강신석 목사님의 삶은 '진실하라 온유하라 두려워 말라'는 말로 요약된다. 하나님 앞에서 진실한 목회자였고, 연약한 이들에게는 한없이 온유한 아버지였으며, 불의한 권력자를 두려워하지 않는 투사의 삶을 사셨다. 2주기를 앞두고 목사님을 추모하는 현수막을 5·18 민주묘지 입구에 걸었다. 실로암사람들에게는 한없이 부드럽고 따뜻했던 목사님이 그립고 그립다. 강신석 목사님의 정신을 이어받아 올곧게 나아갈 것이다. (2023.02.02)

장애인 이동권은 인권 도시의 척도

광주광역시의 장애인 이동권은 어디까지 왔을까? 2001년 광주 장애인이동권연대가 조직되면서 이동권에 대한 요구를 시작한 지 20년이 흘렀다. 그 사이 지하철과 저상버스, 특별 교통수단(장애인 콜택시)도 생겼다. 2023년 현재 광주에 살고 있는 장애인은 자신이 원하는 시간에 원하는 장소에 자유롭고 안전하게 갈 수 있을까? 장애인 당사자의 입장에서 답한다면 많이 좋아졌지만 아직은 갈 길이 멀다.

광주 지하철 19개 역사 가운데 엘리베이터가 없는 곳은 양동시장역 한 개소다. 하지만 산술적으로 5.3%의 불편이 아니라 양동시장역은 이용 자체가 불가능한 것이다.

장애인 이동권 보장의 키는 버스다. 광주에는 2022년 말 현재 330대의 저상버스가 운행하고 있다. 전체 시내버스 999대 중 33%에 해당한다. 국토교통부의 '제4차 교통약자 이동편의 증진 계획'에 따르면 2026년까지 저상버스 도입 목표가 61%로 광주시의 경우 610대를 도입·운행해야 한다. 교통약자 이동편의 증진법(교통약자법) 제14조는 시내버스 및 마을버스를 신규 구입 또는 대폐차하는 경우 저상버스로 의무 도입하도록 규정하고 있다. 강기정 시장도 2030년까지 저상버스 100%를 도입·운행하겠다고 공약한 바 있다.

지난 설날을 앞두고 광주의 장애인단체는 휠체어 탑승이 가능한 고속·시외버스 도입을 요구하였다. 2006년 교통약자법이 생기면서 시내버스에는 휠체어 탑승이 가능한 저상버스가 도입되었지만, 한 도시에서 다른 도시로 이동하는 고속버스나 시외버스에는 휠체어 탑승이 가능한 버스가 단 한 대도 도입되지 않았기 때문이다. 광주에서는 2014년 이후 10년 동안 유스퀘어 광장에서 교통약자를 위한 시외 이동권 보장 캠페인과 기자회견을 진행해 왔다.

하지만 광주터미널에서 다른 곳으로 이동할 수 있는 고속버스와 시외버스는 단 한 대도 없다. 전국적으로도 2019년 10월 국토부는 휠체어 탑승 설비를 갖춘 고속버스 10대를 도입해 시범 운영을 시작했다. 이후 정부 차원의 별도 지원이 없어 오히려 운행 노선은 축소되었고, 현재는 서울과 당진을 오가는 노선에만 휠체어 탑승이 가능한 고속버스가 겨우 두 대 운행하고 있다.

장애인 차별금지법 제19조 제1항은 "교통사업자 및 교통행정기관은 이동 및 교통수단 등을 접근·이용함에 있어서 장애인을 제한·배제·분리·거부하여서는 아니 된다"라고 규정하고 있다. 제4항은 "교통사업자 및 교통행정기관은 장애인이 이동 및 교통수단 등을 장애인 아닌 사람과 동등하게 이용하여 안전하고 편리하게 보행 및 이동을 할 수 있도록 하는 데 필요한 정당한 편의를 제공하여야 한다"라고 규정하고 있다.

광주 지역 장애인들은 교통사업자인 금호고속과 교통행정기관인 광주광역시를 상대로 단 한 대도 휠체어 탑승이 가능한 고속·시외버스가 없는 차별을 구제받기 위해 2017년 가을 소송을 시작하였다. 하지만 이 소송이 시작된 지 5년이 훌쩍 지난 지금까지도, 여전히 재판은 진행 중이다. 그 사이 지난해 11월에 열렸어야 할 재판은 올해 1월로 변론 기일이 변경되었고, 다시 3월로 또 한 차례 변론 기일이 변경되었다.

우리나라에서 가장 큰 규모를 자랑하는 금호고속은 반복적으로 재정적인 어려움을 내세우면서도 구체적인 자료도 제시하지 않고 있다. 이는 교통사업자로서 장애인 차별금지법상 정당한 편의 제공 의무 등을 이행할 의지가 없음을 단적으로 보여주는 것이다. 금호

고속은 불성실한 태도로 시간을 끌며 소송에 임하면서도, 지난 수년간 돈이 되는 프리미엄 고속버스 노선은 계속 확대해 가고 있다.

휠체어 탑승이 가능한 고속버스와 시외버스를 도입하는 것은 국가적인 정책이며, 각 지자체에서 시행해야 할 과제이기도 하지만, 금호고속 역시 운영 사업자로서 이행해야 할 마땅한 책임이 있는 주체이다. 장애인이 휠체어 탑승이 가능한 고속버스와 시외버스 도입을 촉구하는 것은 특별하고 부당한 무언가를 요구하는 것이 아니라, 법에 명시된 대한민국의 국민으로서의 당연한 권리다.

장애인의 이동권 보장은 기본적인 시민권 보장이라는 국가 책무의 문제이다. 그런데 20년이 넘게 외쳤어도 장애인의 시민적 권리는 보장되지 않았고, 정치권은 누구도 그것이 문제라고 지적하지 않았다. 우리 사회는 문제를 문제라고 말하지 않고 외면해 왔다. 서울에서 진행 중인 전장연의 시위의 본질은 서울시가 시민의 불편을 볼모로 장애인의 권리를 배제하고 거부하고 있다는 점이다. 광주시는 이를 타산지석으로 삼아야 할 것이다.

* 출처 : 광주일보 (2023.02.07)

봄날엔~ 희망나눔은 팀실로암의 꽃이다

2023 희망나눔의 깃발을 올린 지 한 달이 흘렀다. 막막함과 기대감으로 보낸 한 달 동안 벚꽃이 다녀가고 이팝나무 하얀 꽃이 찾아왔다. 단연코 희망나눔은 실로암 사역의 꽃이다. 힘들고 어려운 과정을 함께 견디고 팀실로암의 이름으로 피워 올린 땀과 눈물의 꽃이다.

팀실로암에 대한 믿음이 없었다면 시작조차 못했을 것이다. '사역자'라는 이름으로 실로암의 현장을 든든하게 지키는 직원들이 있어서 가능한 일이었다. 세상 어느 기관의 직원들이 이런 일을 상상하며 해낼까? 지금 나는 또 울고 있다. 힘든 고비마다 서로 격려하며 달려온 직원들께 경의와 감사의 마음을 전한다.

우리 직원들은 나의 자랑이고 기쁨이다. 5만 원권 티켓 한 장을 손에 들고 몇 번을 망설이다 친구에게 말을 붙여본 사람은 안다. 거절 당했을 때의 민망함보다 내민 손을 잡아준 이들을 통해 받은 격려가 컸기에 함께 웃는다. 한 개의 기쁨이 천 개의 슬픔을 이긴다. 김혜옥 총괄본부장의 리더십과 직원들의 헌신은 실로암사람들의 역사에 오래도록 기억될 것이다. (2023.04.28)

아픔을 직시하는 힘이 아픔을 넘는다

인화학교성폭력대책위는 2005년 7월 6일에 결성되었다. 처음에는 광주지역 11개 시민사회단체로 시작했다가 나중에 40여 단체로 확대되었다. 내가 대책위 상임대표를 맡게 된 것은 연대단위 대표자 가운데 공인 수어통역사 자격이 있어서 농인과 직접 소통이 가능하다는 단순한 이유였다. 대책위 활동을 하면서 그것은 운명과도 같은 것이었다는 것을 알게 되었다. 시간이 흘러서 인생의 마지막 순간에도 인화대책위 활동이야말로 삶의 큰 의미였다고 회상할 듯하다.

대책위 활동을 시작하면서 충격을 받았던 것은 가해자와 피해자가 대부분 평소 안면이 있는 사람들이라는 것이었다. 특히 장애청소년 통합캠프에서 만났던 피해 학생들을 생각하면 억장이 무너졌다. 순진난만한 얼굴 속에 감춰진 아픔을 들추는 것은 모두에게 고통이었다.

　대책위 활동은 집행위원장을 중심으로 진행되었다. 초대 윤민자, 2대 박찬동, 3대 한현우 위원장이 있었기에 대책위가 활발하게 유지될 수 있었다. 상임대표로서 내 역할은 대책위를 원만하게 유지하며 외부의 공격으로부터 울타리 역할을 하는 것이었다. 개인적으로는 상임대표로서 적당히 타협하지 않을 것이며 끝까지 농학생들의 손을 놓지 않겠다는 다짐을 수없이 했다.

　대책위 활동에서 가장 아쉬웠던 것은 피해학생에 대한 지원이 제대로 이루어지지 않았다는 것이다. 초기 상담에서부터 피해자와 가해자가 분리되지 않아서 '세탁기 린치 사건'이 일어나기도 했다. 인화대책위 활동도 진상규명과 가해자에 대한 엄중한 처벌에 초점이 맞춰졌기에 피해자에 대한 지원은 상대적으로 소홀했다.

　또한 광주농아인협회는 대책위에 결합하지 않았기에 인화학교총동문회가 그 공백을 채웠다. 이때부터 시작된 광주지역 농사회의 분열은 최근까지 계속되었다. 다행히 2021년에 광주농아인협회는 도가니 사건에 대해 공식적으로 반성하는 입장을 내놓았다.

　인화학교 성폭력 사건이 '도가니'로 명명된 것은 공지영 작가의 소설 도가니와 동명의 영화 때문이다. 대책위 활동을 하며 지칠 때면 도가니 소설을 읽고 또 읽었다. 소설 속 서유진의 "난 그들이 나를 바꾸지 못하게 하려고 싸우는 거예요"라는 말처럼 '도가니'는 내 삶의 방향타가 되었다.

　소설 도가니는 무진의 안개와 종소리로 시작된다. 모든 것을 덮고 사라지게 만드는 안개와 안개를 통과하는 종소리는 청각장애의 특성과 맞물려 묘한 파동을 일으켰다. 안개는 모든 시선을 차단해

버린다. 소리를 잃어버린 사람들에게 무진의 안개는 사회와의 단절을 의미했다. 누군가 가까이 다가가지 않으면 알 수 없기에 오랜 시간 동안 도가니는 계속되었던 것이다. 대책위에 참여한 사람들은 안개 너머에 살고 있던 농학생들을 사회로 이끌어 내는 가교역할을 하였다. 도가니 구술집에 참여한 사람들은 모두가 대책위에 참여한 분들이다. 그것 때문에 직장에서 해고되거나 조직에서 왕따를 당하기도 했다.

대책위는 광산구청, 광주시교육청, 광주지방법원 사거리, 광주터미널 등에서 400일이 넘는 천막농성과 두 차례의 삭발, 광주광역시청 점거 등 강력한 투쟁을 이어갔다. 그 과정에서 윤민자 집행위원장과 신윤식 활동가 등이 벌금형을 받기도 했고, 나는 기소유예 처분을 받았다.

어떤 이들은 소설 도가니나 영화 도가니가 너무나 힘든 내용을 담고 있기에 차마 보지 못했다고 한다. 하지만 외면한다고 아픔이 사라지거나 경감되지 않는다. 진실은 때로 아프고 불편하고 힘이 든다. 아픈 이야기를 직시하는 힘을 길러야만 그 아픔을 넘어설 수 있다. 이 책을 통해 다시 '당신이 모르는 도가니 이야기'를 들추는 것은 이 때문이다.

도가니 사건은 광주의 부끄러움이었다. 사실은 인화학교 성폭력 사실을 알고도 이를 해결하지 못한 광주에 살고 있는 어른들이 부끄러워해야 할 일이다. 나는 어른으로서 그 부끄러움을 씻고자 대책위 활동을 해왔다. 아이들의 아픔을 알고도 모른 체 하는 것이야말로 정말 부끄러운 것이다.

도가니와 비슷한 사건은 전국 어디에서나 일어났다. 그러나 제대로 해결한 곳은 광주가 처음이었다. 광주였기에, 광주시민이었기에 제대로 해결한 것이다. 도가니는 이제 광주의 부끄러움이 아니라

인권도시 광주의 자부심이 되었다. 이른바 도가니법이라 불리는 성폭력특례법, 사회복지사업법의 개정도 도가니 열풍으로 이루어졌다. 앞으로 인화학교 부지에 인권기념관과 장애인 수련시설이 건립되면 한국의 장애인권을 상징하는 공간이 될 것이다. 도가니 구술집은 인화대책위의 기록이자 광주의 역사다. 인권기념관에서 이 책이 전시되는 날을 기대한다.

 시간이 지나면서 도가니 사건은 점점 잊혀가고 있다. 하지만 여전히 힘들게 살아가고 있는 피해자들이 우리 주위에 있다. 그런 면에서 도가니는 아직 끝나지 않았다. (2023.07.30)

역사정의를 위한 시민모금에 참여하다

 윤석열 정부는 지난 3월 6일, 2018년 대법원의 배상 확정판결을 받은 강제징용 피해자와 유족, 총 15명의 판결금과 지연 이자를 일본 피고기업 대신 행정안전부 산하 일제강제동원피해자지원재단이 지급한다는 소위 '제3자 변제안'을 발표하였다. 피해자와 국민적 반대에도 강제동원 굴욕해법을 강행하며 피해자들에게 '판결금' 수령을 집요하게 종용해오고 있다.

 이춘식 할아버지(100세), 양금덕 할머니(94세) 등 4인은 제3자 변제를 받을 의사가 없음을 밝혔다. 양금덕 할머니는 "그런 돈은 굶어 죽어도 안받겠다"며 일본정부의 사죄가 먼저라는 입장이다. 정부는 판결금 수령을 거부하고 있는 강제동원 피해자들의 채권을 소멸하기 위해 공탁을 시도했으나 법원으로부터 거부당했다. 정부는 변호인단을 꾸려서 법적대응을 계속하겠다니, 일본기업의 배상 책임을 면제해 주시기 위해 우리 국민과 싸우겠다는 꼴이 된 것이다.

정부의 공탁금 논란은 시민모금의 도화선이 되었다. 오랜 시간을 버티며 힘겹게 싸워온 피해자와 유족을 지키기 위해 지난 6월 29일 '역사정의를 위한 시민모금'이 제안되었다. 역사정의를 위한 시민모금을 통해 피해자들의 용기 있는 투쟁을 응원하고, 역사정의를 지켜나가고자 한다.

실로암사람들도 역사정의를 위한 시민모금에 동참하였다. 100만 원(33명)을 모금하여, 8월 11일 한일역사정의평화행동에 전달하였다. 김순흥 교수님이 기증한 '일제를 빛낸 사람들'(이상호 화백) 작품포스터는 후원에 참여한 이들에게 선물로 드렸다. 그동안 전국적으로 모금된 4억 5천만 원은 8월 12일에 피해자 및 유족 4인에게 전달할 예정이다. (2023.08.11)

루게릭 장애인에 대한 지원이 필요하다

광주광역시는 복지연구원과 사회서비스원의 통합을 추진하고 있다. 광주복지연구원의 연구기능의 확대와 연구원의 처우가 개선되기를 바란다. 광주복지연구원은 3개년에 걸쳐 근육장애인(2022년), 루게릭 장애인(2023년), 농맹인(2024년) 등 소수 장애인에 대한 조사연구를 계획하고 있다. 이미 근육장애인에 대한 실태조사와 정책제안을 통해 올해 사업에 반영되었다. 오늘 이 연구의 자문회의에 참여하여 의견을 제안했다.

올해에 예정된 루게릭 장애인에 대한 조사와 연구는 현재 진행 중이다. 루게릭(ALS)은 평균 생존 기간이 3-5년으로 알려진 치명적인 희귀 난치 질환이다. 초기 진단과 치료 시 집중적인 지원이 필요하다. 아울러 가족들은 강도 높은 돌봄 제공자로서 몫을 오로지 담당하고 있다. 2022년 현재 광주에는 103명(남자 69명, 여자 34명)이 있고, 대부분 48세 이상이다.

1. 광주광역시 근육장애인 권리보장 및 지원에 관한 조례 개정

광주광역시 근육장애인 권리보장 및 지원에 관한 조례(2019.07.01 제정)가 있다. 루게릭 장애인 관련 별도의 조례를 제정하기보다는 기존의 근육장애인 지원조례의 명칭을 신경.근육장애인 지원조례로 하고, 루게릭 장애인 관련 내용을 추가하여 개정하면 된다. 참고로 광산구는 광주광역시 광산구 희귀질환 관리 및 지원에 관한 조례(2023.02.24 제정)를 통해 루게릭 장애인 지원이 가능하다.

2. 루게릭 장애인 공적 돌봄 지원서비스 확대 및 지원 환경 개선

광주광역시 활동지원 24시간 서비스의 대상을 루게릭 장애인으로 확대해야 한다. 24시간까지는 아닐지라도 시 추가시간을 확대할 필요가 있다. 루게릭 장애인을 지원하는 활동지원사에게는 가산수당을 추가하고, 별도의 보수교육을 실시하되 교육비를 지원해야 한다. 활동지원서비스에 위루술과 석션을 주치의 처방을 받아 활동지원사가 실시할 수 있는 제도적 장치를 마련해야 한다.

3. 루게릭 장애인 이동권 확보

이동지원센터에 와상 장애인콜택시 1대를 도입 운행해야 한다. 현재 루게릭 장애인의 외출빈도는 1년에 2회 병원을 오가는 정도다. 대부분 사설 구급차를 이용하고 있는데 비용은 10만 원으로 왕복하면 20만 원이다. 와상 장애인콜택시 도입 전에는 사설 구급차 이용 시 이용료를 지원해야 한다. 와상 장애인콜택시가 도입되면 루게릭 장애인 가족여행 지원에도 활용할 수 있을 것이다.

4. 다양한 보조기구 및 흡수용품 지원

안구마우스는 1대 가격이 500만 원 정도여서 필요한 사람들의 부담이 크다. 1년에 한 두대라도 지원할 필요가 있다. 현재 뇌병변 장애인 흡수용품 지원 대상을 루게릭 장애인과 근육장애인으로 확대해야 한다.

5. 루게릭 장애인 가족지원

가족 여행서비스뿐 아니라 주 돌봄 서비스를 담당하는 배우자에 대한 지원이 필요하다. 외출 불가능한 배우자들을 위한 방문 요가, 방문 정서 상담이 필요하고, 가족지원 코칭사업(동료상담)은 루게릭장애인 주 돌봄자를 코칭자로 양성하여 활용하는 것이 바람직하다.

6. (가칭) 광주 신경·근육장애인지원센터 설립 및 지정

루게릭 장애인의 권익보호와 복지증진 및 정보제공을 체계적으로 지원하는 지원센터를 설립해야 한다. 가능하면 루게릭 장애인과 근육장애인을 포괄하여 센터를 설립하고 근육장애인협회 등 당사자 조직이 위탁운영 할 수 있도록 지원해야 한다. 신경.근육장애인 지원센터가 설립되면 긴급 및 주말 돌봄 서비스 확대를 위한 장기적인 검토가 필요하다.

이번 루게릭 장애인에 대한 조사 연구를 통해서 제안된 정책이 광주광역시 정책에 반영되기 바란다. 아울러 루게릭 장애인의 권리 보장과 복지향상에 직접적인 도움이 되었으면 좋겠다. 소수 장애인에 대한 조사연구를 진행하는 광주복지연구원과 참여 연구원들께 감사드린다. (2023.08.09)

내가 할 수 있는 일이어서 다행이다

뒤척이다 잠이 깨었다. 평소 같으면 느긋하게 들었을 빗소리에 신경이 집중된다. 새벽 1시 30분, 태풍 카눈의 영향을 가늠해 보려고 하나 아직은 바람도 빗소리도 잔잔하다. 잠 못 들게 하는 것이 태풍 만은 아니었다. 아침 6시에 일어나 특장차를 운행해야 하기 때문이다. 1년에 두 차례 있는 검정고시를 치르는 수험생을 지원하기로 했다.

어제 오후 퇴근시간이 가까운 때였다. 부재중 전화가 찍혀있어 그에게 전화를 걸었다. 다짜고짜 무조건 자기 말을 들어 주라며 활동지원 기관을 옮기겠다고 으름장을 놓았다. 자초지종을 들어보니 내일 아침 검정고시장에 특장차 운행을 해 달라는 것이었다.

오방센터에 같은 요청을 했더니 태풍이 오더라도 시내권은 장애인콜택시 이용이 가능하다고 했단다. 중요한 시험이기에 시간을 맞추는 게 염려가 되면 사정을 이야기하고 협조를 구하면 될 것인데 생떼를 부린다. 반복되는 레퍼토리에 짜증이 났다. 지난번 비슷한 일이 있었을 때 다음에는 단호하게 대응하겠다고 결심한 적도 있었다.

이번에도 모른 채 져주기로 했다. 그가 여기 아니면 어디에다 생떼를 부리겠는가? 다른 직원에게 부탁하는 것도 못할 일이어서 두 시간 빨리 출근한 셈 치고 내가 나서기로 했다. 감사한 마음으로 특장차 운전대를 잡았다. 내가 마음만 먹으면 할 수 있는 일이어서 다행이다.

점점 거세진 빗줄기를 뚫고 그가 사는 아파트 주차장에 도착했다. 약속 시간보다 30분이나 빨랐다. 그를 기다리면서 카눈이 얌전히 지나가기를, 그가 준비한 만큼 시험을 잘 치르도록 기도했다. 활동지원사 두 분이서 앞뒤에서 호위하듯 우산을 받치고 특장차로 다가온다. 한 사람을 응원하는 여러 손길에 감사하며 기도를 마친다.

(2023.08.10)

장애시민 투쟁은 만인의 투쟁이다

장애를 가지고 산다는 것은 어떤 의미일까? 간단하게 답할 수는 없지만 장애를 사회적 문제로 인식해야 한다. 장애는 인간사에서 누구나 경험하는 보편적이고 자연스러운 현상이다. 장애인 중 90% 이상이 질병이나 교통사고 등 후천적 요인에 의하여 장애를 갖게 되는 것으로도 이를 잘 알 수 있다.

우리나라 장애인 복지의 흐름은 보호, 재활, 자립생활로 요약된다. 장애인 복지는 전후 장애인을 시설에 수용하여 의식주를 해결하는 보호로부터 시작되었다. 1981년 심신장애자복지법(현 장애인복지법)이 제정된 후에는 다양한 재활 훈련을 통해 장애인이 지역사회에 다시 적응하여 살도록 하는 데 초점이 맞춰졌다. 2000년을 지나면서 장애인이 보호나 재활의 대상이 아니라 자기 삶의 주체라는 의식이 생겨나면서 자립생활 이념이 확산되었다. 이제는 장애인의 시민적 권리와 자기결정권을 보장받는 시대가 된 것이다.

전국장애인차별철폐연대(전장연)의 지하철 타기와 시내버스 타기 투쟁을 생각하면 마음이 착잡하다. 비장애인의 불편을 이유로 장애인의 시민적 권리를 거부해도 되는지, 장애인은 시민의 자격이 없다는 것인지 묻고 싶다. 광주에서는 2005년 4월 이동권 관련 최초 시위가 있었다. 광주장애인차별철폐연대는 광주역에서 출발하여 행진하다가 금남로3가 구 한국은행 사거리를 점거하고 시내버스 앞에 드러누운 적이 있다.

그로부터 시간이 많이 흘렀지만 대립 구도는 달라지지 않았다. 장애인의 권리나 정부의 책임은 온데간데없고 장애인 대 비장애인의 갈등만 부각 되고 있다. 장애인에게 최적화되지 않은 사회에서 장애인이 살아남기 위해서는 오래된 차별의 구조에 저항하고 불화하는 수밖에 없다. 이것이 우리 세대의 장애인에게 주어진 숙명이다.

그동안 우리 사회는 장애인에 대하여 무관심하거나 무지했다. 장애인이 권리를 주장하면 예전보다 얼마나 좋아졌느냐며 장애인을 이기적인 집단으로 매도한다. 물론 광주만 해도 20년 전과 지금을 비교한다는 것은 불가능하다. 그사이 광주도시철도 1호선 개통(2004년), 전동휠체어 건강보험 적용(2005년), 저상버스 도입(2005년), 활동지원서비스 제공(2007년), 장애인콜택시 도입(2008년)이 이루어졌다.

중증 장애인의 삶의 질은 확연하게 달라졌다. 하지만 장애인은 아직도 허기지고, 장애 인권은 갈 길이 멀다. 장애인은 동정이나 특별대우를 원하는 것이 아니라 모든 사람에게 기본적으로 보장된

시민의 권리를 '동등하게' 보장받기를 원한다. 교육도, 이동도, 직업도, 여가도 동등한 기회를 보장해야 한다. 지난겨울 4시간 57분을 기다려서 장애인콜택시를 탄 회원이 있었다. KTX를 타고 서울을 왕복하고도 남는 시간을 기다려 조대병원에서 임동에 있는 집으로 갔다. 동등한 이동의 기회를 보장하기 위해서는 30분 내로, 아무리 늦어도 한 시간 내로 탑승해야 할 것이다.

올해 7월 19일부터 교통약자이동편의증진법 시행령이 개정되어 장애인콜택시의 24시간 운행, 광역 운행이 의무화되었다. 광주시의 경우 전라남도 전 지역까지 장애인콜택시를 운행해야 한다. 현재 운행 중인 광주시 장애인콜택시는 116대로 법정 도입 대수인 129대에 비해서 13대나 부족하다. 광주장애인차별철폐연대는 4월부터 관련 대책 마련을 요구하였으나 광주시나 이동지원센터는 묵묵부답으로 일관하다가 8월에야 대책을 내놓았다.

사전 예약제로 전라남도 전 지역(도서 지역 제외)을 평일 일 5건(휠 3건, 비휠 2건), 주말 및 공휴일 일 2건(휠 1건, 비휠 1건) 운행하겠다고 한다. 차량이나 운전원에 대한 확충 없이는 하석상대(下石上臺)에 불과하다. 광주시는 장애인콜택시의 법정대수 도입은 물론 2인 1차 수준의 운전원 확보를 위한 예산 대책을 내놓기 바란다.

인권도시 광주는 장애인에게 안전하고 편리한 도시일까? 인권도시는 광주에서 살아가는 다양한 사람들의 삶을 아우르는 과정으로 설명할 수 있을 것이다. 사람이나 사회나 다양성을 받아들일 때 건강하게 성장한다. 장애인을 사회적으로 분리하고, 제한하고, 배제하고, 거부하는 것은 차별이다. 장애를 가진 사람들이 자신의 개성과 속도로 지역사회에서 살아갈 수 있도록 물리적 장벽을 제거(Barrier Free)해야 한다. 나아가 모든 사람이 자유롭고 안전한

(Universal Design) 지역사회를 만드는 것이 인권도시의 진정한 모습일 것이다. 작금의 장애시민의 투쟁은 생존의 최저선을 확보하기 위한 투쟁일 뿐 아니라 만인을 위한 투쟁이다. 아무것도 하지 않으면 아무 일도 일어나지 않는다.

✽ 출처 : 전대신문 (2023.09.01)

쫄지마!

분주하던 일상이 잠시 멈췄습니다.
돌아보니 저를 응원해 주신 분들 덕분에 여기까지 왔습니다.
함께 걸어온 분들에게 고마움을 전합니다.

10월에는 우리의 일상이 평화롭기를 빕니다.
뉴스공장 김어준 님에게 받은 싸인으로 추석인사를 대신합니다.
쫄지마! (2023.09.28)

자립은 능력의 집합이 아니다

우리를 위해 만들어져 있지 않은 세상에서 장애인은 잘 살아갈 수 있을까? 비장애중심주의 세상에서 장애인으로 살아가려면 비존재로 조용히 살아가든지 세상과 불화하며 장애를 드러내야 한다. 가장 대표적인 예가 전장연의 지하철 출근투쟁이다. 20년 이상 이동권 보장을 요구하는 장애인들의 목소리를 외면하던 정부는 시민 불편을 이유로 장애인과 비장애인을 갈라치기하며 장애인의 권리를 시민의 보편적 권리로 인정하지 않고 있다. 장애인이 자신의 삶을 포기할 수 없기에 끊임없이 장애를 드러내며 투쟁해야 한다.

장애인의 자립생활도 마찬가지다. 장애가 있다는 이유만으로 장애인은 거주시설에서 살아가는 것을 당연시하던 때가 있었다. 탈시설 운동은 장애인이 무조건 시설에서 나와야 한다는 것이 아니라 장애인이 시설에 들어가는 것이 당연하다고 생각하는 통념을 깨고자 하는 운동이다. 장애인의 자립은 개인의 선택뿐 아니라 지역사회의 준비가 필요하다. 올해 초 광주광역시 장애인 친화도시 조성 및 지원 조례가 제정되었다. 장애인 친화도시는 장애인이 건강하고 활력 있는 사회생활을 영위하도록 편리성과 안전성이 확보된 도시를 말한다. 장애인이 지역사회에서 자립적으로 살아갈 수 있도록 정책과 인프라 서비스 등이 조성되어야 한다.

오방장애인자립생활센터는 탈시설 자립생활을 하는 당사자의 이야기를 책으로 만들어 왔다. 〈나는 희망을 겨냥한다〉(2013년), 〈자립생활은 목표가 아니라 삶이다〉(2017년), 〈자립생활은 관계의 확장이다〉(2020년), 〈자립에서 연립으로〉(2021년), 〈자립생활의 중심은 사람이다〉(2022년)에 이어서 여섯 번째 자립생활 이야기 〈자립은 능력의 집합이 아니다〉(2023년)를 발간하였다.

이 책은 탈시설 후 자립생활을 시작한 장애인과 그동안 지역사회에서 자립생활 운동을 이끌어온 활동가들의 이야기를 담았다. 이번 자립생활 이야기에 참여한 김양정, 심명훈, 이아영, 이연화, 조성호, 박경한, 박성인, 윤희영, 최복덕, 최순이 님의 이야기는 뭉클한 감동을 준다. 무엇보다 자립이 능력의 집합이 아니라 권리로써 보장되어야 함을 보여준다.

오방장애인자립생활센터는 오방 최흥종 목사의 정신을 계승하여 장애인의 보편적 권리확대와 자립생활을 지원하기 위하여 설립되었다. 앞으로도 오방센터는 장애인이 주체가 되어 살아가는 삶을 꿈꾸고 실천해 나갈 것이다. 장애인의 자립생활을 지원해 온 오방장애인자립생활센터 권광미 국장과 직원, 활동가들께 감사와 경의의 마음을 보낸다. 이 책의 편집을 맡은 강선진 님의 수고에 감사한다. (2023.11.08)

회갑인사

나와 함께한 시간 모두 감사했습니다.
형통한 날이어서,
때로는 곤고한 날이어서,
돌아보니 모든 날이 좋았습니다.
(목깨비ㅎㅎㅎ)

60년... 덕분입니다.
남은 날들도 함께 감사하며 살겠습니다. (2023.11.21)

모두에게 기쁜 소식

Merry Christmas!
함께한 날들에 감사드립니다.
어린 아기로 와서 가난하고 고통받는 사람들과 같이하셨던 그리스도와 더불어 살고자 다짐하는 날입니다.
성탄이 모두에게 기쁨의 소식이기를 빕니다. (2023.12.25)

행복하십니까? 아니요 감사합니다!

회갑이 지났다. 연나이 61세로 시작해서 만나이 59세로 다시 50대의 마지막 날들을 보내다 결국 60대로 들어왔다. 나이를 먹는다는 것이 여유보다는 건강에 대한 걱정이 점점 늘어나고 있다. 올 한 해의 삶과 사역을 돌아보면 "행복하십니까? 아니요 감사합니다!"로 요약된다. 이 말은 가나안농군학교 김용기 장로님께서 "행복하십니까?"라는 기자의 질문에 "아니요, 감사합니다."라고 대답했던 말을 가져온 것이다.

돌아보면 감사한 순간들이 많았다. 정확히는 범사가 감사한 날들이었다. 2023년은 코로나로 인해 주춤했던 사역을 회복해가는 과정이었다. 목요모임, 인권스터디같은 정기적인 모임과 옥상음악회, 희망나눔, 하나된소리, 청캠(준비) 등 주요 행사들이 제자리를 찾으며 활력을 불어 넣었다. 물론 그 과정은 이전보다 훨씬 더 어렵고 힘들었다.

실로암사람들의 사역은 주로 1년을 주기로 돌아간다. 세부적으로 들여다 보면 월단위나 주단위 사업이 촘촘하게 엮어져 있다. 그 중에서 힘을 얻는 두가지 주간일정이 있는데 목요모임(채플)과 인권스터디다. 실로암의 사역은 흩어져있는 기관을 중심으로 이루어지다가 목요모임을 통해 공동체의 믿음을 확인하고, 장애인 선교의 부흥을 꿈꾼다. 목요모임은 코로나 팬데믹 3년 동안 비대면으로 진행되기도 했다. 유튜브를 통해 '목요모임 라이브'를 진행하며 대면 목요모임이 얼마나 소중한지를 실감했다. 목요모임이야말로 실로암 사역의 심장과 같다. 실로암사람들의 회원과 직원이 만날 수 있는 유일한 주간일정이기도 하다. 지극히 작은자 한 사람의 소중함과 서로가 기대어 살아가고 있음을 확인한다.

장애인권 스터디모임(인권스터디)은 2015년 7월 14일에 시작하였다. 매주 화요일 오전 오방센터에서 9년째 이어 달리고 있다. 올해는 '우리에 관하여(About Us)_장애를 가지고 산다는 것'을 교재로 사용하였다. 인권스터디는 비장애인 중심의 사회에서 살아가는 장애인 당사자의 '깃발'같은 것이다.

실로암 직원들에게 '우리에 관하여'와 '급진적으로 살아가기' 두 책을 추천한다. 장애인은 장애를 가진 것이 아니라 비장애 중심의 사회에서 장애를 경험하는 것이다. '우리에 관하여'가 순한 맛이라면 '급진적으로 살아가기'는 매운맛이다. 장애인 당사자의 다양한 경험과 생각을 엿볼 수 있다. 현재 우리나라 장애운동의 현실과 미래를 전망해 볼 수 있는 흥미로운 책이다.

아울러 올해 입사한 신입직원에 대한 기대가 크다. 나무를 새로운 곳에 옮겨 심은 후 뿌리를 내리고 살아남기 위해서는 평소보다 4배의 에너지가 필요하다. 신입직원들도 실로암공동체에 적응하기 위해 안간힘을 쓰고 있다. 지속가능한 실로암사람들의 사역은 신입직원의 성장에 달려있다고 해도 과언이 아니다. 혼자서 크는 사람은 없다. 더불어 숲을 이룰 수 있도록 돌아보며 이끌어 주기 바란다.

  2024년, 해 아래 새것이 없지만 새로운 마음으로 전진해 나갈 것이다. 새해에는 더욱 강건하며 모든 사역이 정상적으로 회복되기를 기대하며 기도한다. 실로암사람들의 사람들이 있기에 든든하다.

(2023.12.31)

4부

삶은 과정 자체가 목표다

새해 인사

무탈하게 새해를 맞았습니다.
은혜요 감사입니다.
새해에는 가난한 마음으로 살겠습니다.
일상의 작은 것들을 돌아보며 살겠습니다.
함께 기대어 살아가는 이들에게 작은 군불 하나 되고 싶습니다.
좋은 날 뵙겠습니다. (2024.01.01)

우리 안에서, 우리를 통하여

하나님께서 보내신 길을 걸으며 새로운 한 해를 맞았다. 지난해에도 힘들고 어려운 일들이 많았지만 지금 기억나는 하나의 단어는 '감사'다. 추위를 견뎌낸 꽃의 향기가 더 진한 것처럼 쉽지 않은 순간을 지날 때마다 하나님의 은혜를 경험하며 여기까지 왔다.

지난 한 해 실로암공동체가 이루어낸 성과도 적지 않았다. 희망나눔은 역대 최고의 결과를 일구어 냈다. 하나된소리 공연이나 옥상음악회도 실로암사람들 만의 빛깔로 감동을 주었다. 이팝너머와 오방센터는 공동모금회로부터 차량을 지원받게 되었다. 연말에 있었던 장애인자립생활센터 운영기관 공모와 탈시설 자립장애인 임대주택 지원사업 운영기관 공모에 선정되어 3년 동안 장애인의 자립을 지원하는 역할을 담당하게 되었다. 이 모든 것들은 회원과 직원, 모든 기관이 협력하여 만든 '팀실로암'의 성과이기에 더욱 값진 결과라 자부한다.

사실 이보다 더 큰 성과는 따로 있다. 잘 드러나지 않지만 이용인들에게 최상의 지원을 위해 애쓰는 직원들의 노력이다. 장애인을 서비스의 대상이 아니라 권리의 주체로 세우기 위해 개별화, 정보제공, 동료상담, 권익옹호, 당사자 중심, 자립생활 지원계획, 사례지원 회의 등을 고민하고 실천해 온 직원들이 자랑스럽다. 이런 것들이 당연한 것을 당연하게 만들어온 원동력인 것이다.

하지만 최근 들어 복지현장의 불확실성은 점점 커지고 있다. 장애인 단체나 복지시설도 소용돌이의 한가운데 서 있다. 불확실한 시대를 살아가는 지혜는 확실한 복음 위에 서서 믿음으로 나아가는 것이다. 앞이 보이지 않을수록 초심으로 돌아가 실로암사람들의 가치를 굳게 붙잡아야 한다. 장애인을 환대하고, 존중하며, 함께하는 공동체로서의 정체성을 더욱 굳건히 해야 한다.

2024년 슬로건은 '우리 안에서, 우리를 통하여'이다. 하나님께서 실로암사람들을 향하여 계획하신 것들이 우리 안에서 이루어지기 원한다. 세상을 향한 하나님의 뜻이 우리를 통하여 이루어지기를 원한다. 우리 안에서 연약함에 숨겨진 은혜를 누리며, 우리를 통하여 연약함이 세상을 위한 은사가 되기를 기대한다. 실로암사람들은 경쟁이 아니라 협력으로, 자신의 힘이 아니라 은혜로 살아가는 공동체이다. 우리는 서로 아끼며, 서로 성장하는 삶을 계속할 것이다.

2024년은 실로암사람들 50년을 바라보고 나아가는 한 해가 될 것이다. 실로암사람들의 미래를 준비하는 2% 나눔 운동이 3년째를 맞이했다. 실로암사람들의 미래 세대와 지속가능한 사역을 위하여 실로암센터 건립이 필요하다. 미래를 준비할 때는 바로 지금이다.

사랑하는 회원, 직원 여러분! 실로암사람들 사역의 중심은 가장 아파하는 사람들이다. 오늘 실로암공동체 가운데 아파하는 사람은 누구일까? 주위를 돌아보자. 이들과 일상을 함께하는 회원과 직원의 수고에 존경과 감사의 마음을 전한다. 하나님의 긍휼과 인도하심이 실로암사람들과 함께하길 빈다. (2024.01.02)

다시 청캠이다

다시 청캠이다. 2020년 보성청소년수련원에서 열리고 나서 4년 만이다. 1997년에 시작한 청캠은 2020년까지 매년 겨울을 뜨겁게 달구었다. 2003년 280명을 정점으로 점점 인원이 줄어들어서 2017년부터는 두 자리 숫자로 모이고 있다.

그동안 겨울이면 청캠을 언제 하느냐고 물어오는 이들이 있었다. 그때마다 고맙고 가슴이 뭉클했지만 다시 시작하기는 생각보다 쉽지 않았다. 김모세 팀장님과 준비팀의 수고와 헌신으로 다시 맥을 잇게 되었다.

25회를 맞은 장애청소년통합캠프는 '다시 새롭게(Renewal)'를 주제로 나주숲체원에서 모였다. 2박 3일의 청캠을 통해 하나님의 은혜를 경험하고 비전을 발견하는 시간이 되기를 기대한다. 실로암공동체가 이를 위해 한마음으로 기도해 주시기를 부탁한다.

(2024.01.17)

설레는 날

설날은 설레는 날입니다.
잠시 멈춰 주위를 돌아보니 감사할 뿐입니다.
바랄 수 없는 중에 바라고 믿으며,
모든 때를 아름답게 살아가고 싶습니다.
늘 가까이서 응원해 주셔서 힘을 냅니다.
좋은 날 뵙겠습니다. (2024.02.10)

고마워요, 당당한 경희 씨!

문경희 님이 별세하였다. 언제부터인가 마음의 준비를 하였지만 이별은 늘 갑작스럽다. 미처 나누지 못한 이야기가 많은데 회한이 앞선다.

문경희 님은 1956년 전남 화순에서 태어났다. 교육자 집안에서 2남 3녀 중 셋째였다. 9살 소녀에게 뇌수막염은 중증장애와 학업중단으로 이어졌다.

29살이 되었을 때 집을 떠나 장애인 시설로 갔다.(1985년) 광주에 있는 귀일민들레집에서 살면서 40년 만에 다시 공부를 시작했다. 3년 만에 초중고 검정고시를 합격했다. 그녀의 나이 50이었다.(2006년)

이후 자립에 대한 불꽃이 타올랐다. 23년을 살았던 귀일민들레집에서 나왔다.(2008년) 항꾸네공동생활가정은 문경희 님의 자립을 지원하기 위해 설립되었다. 이후 장애인 시설에서 생활한 지 25년

만에 다시 지역사회로 돌아왔다.(2010년)

자립은 위험과 기회를 동시에 안겨주었다. 부양의무제로 수급자가 되지 못해 극도의 빈곤한 생활을 했다. 장애인 이동권 투쟁과 세월호 참사 연대활동을 통해 실로암장애인상을 수상하였다.(2017년)

하지만 연하곤란과 심장질환은 그녀의 발목을 잡았다. 2019년부터 1년여 동안 6개 병원을 오가며 치료를 이어갔으나 몸 상태는 점점 힘들어졌다. 모두가 이제는 요양병원으로 가야 한다고 말했지만 그녀는 자신의 집을 선택했다. 죽음을 각오한 결정이었다.

그녀의 투쟁 같은 삶은 2021년 5월, 활동지원 24시간 서비스로 이어졌다. 처음으로 찾아온 안정감과 평온함은 채 3년을 채우지 못하고 막을 내렸다.

문경희 님은 1950년대 이후 우리나라 장애인의 삶을 관통하고 있다. 장애로 인해 학업을 포기해야 했고, 가족부양이 한계에 달하자 거주시설로 가야 했다. 그녀는 50이 다 되어 초중고 검정고시를 통해 새로운 삶의 전기를 마련했다. 부양의무제의 족쇄와 자립생활 지원체계의 한계를 온몸으로 버티며 스스로 강해졌다. 그녀에게 활동지원 24시간 서비스는 생명줄이었다.

2019년 여름, 천사대교를 다녀온 것은 지구별에서 마지막 여행이 되고 말았다. 삶의 어느 지점에서도 희망의 꽃을 피워 올린 그녀와 함께한 모든 순간이 좋았다. 기도삽관을 한 후부터 시작한 발 글씨의 기억도, 전라도 사투리로 누군가를 혼내던 모습도, 기초생활 수급자가 되었을 때 가장 먼저 다른 장애인들을 후원하기 시작한 따뜻한 마음도 벌써 그립다. 천국에서 다시 만날 때까지 안녕!

(2024.02.13)

그 세월은 잊지 말자

오늘이 세월호참사 10주기다. 실로암사람들은 세월호참사를 잊지 않겠다는 약속을 지키려 애써왔다. 하지만 늘 부족했다. 다행히 광주시민상주모임을 통해 서로 의지하고 견디며 여기까지 올 수 있었다.

벌써 열번째 봄이 왔다. 잊지 않겠다는, 함께하겠다는 그날의 약속은 여전하다. 남구푸른길촛불모임과 실로암사람들이 함께하는 아침 피켓팅을 했다.

매년 희망나눔을 통해 이웃 단체와 나누는 일도 이어왔다. 그것이 우리 사회의 희망을 키우는 일이라 생각했기 때문이다. 올해에는 국가폭력 피해자와 관련단체를 지원하려 한다.

희망나눔 바자회가 끝나지 않았지만, 세월호참사 10주기에 광주시민상주모임에 100만 원을 후원했다. 10년 전 그날의 막막함 속에서 시민상주모임은 하나의 빛이었다. 그 세월은 잊지 말자.

(2024.04.16)

2024 봄날엔~ 희망나눔

우리는 희망나눔을 선택합니다!
나눔은 '나누려는 마음'에서 시작됩니다.
나눔은 사람을 잇고, 마음을 이어 희망을 이룹니다.

함께해 주셔서 진심으로 고맙습니다

희망나눔 바자회는

장애학생 장학금 지원, 장애인 가정 김장나눔 그리고 실로암센터 건립 기금을 마련을 위해서 열립니다.

어려운 시기에 '마치 기다리고 있었다는 듯이' 실로암사람들이 내미는 손을 잡아주셔서 감사합니다.

여러분의 나눔은 큰 울림이 되어 희망의 열매를 맺을 것입니다. 삶과 가정에 건강과 평안을 빕니다. (2024.04.25)

육남 씨의 묘에는 작약이 핀다

고 이육남 회원의 묘를 찾았다. 벌써 6주기다. 오랜만에 찾아간 묘지는 잘 관리되고 있었다. 묘지 앞 밭 주위에는 땅두릅이 자리를 잡았다.

광주에서 출발하면서부터 작약이 궁금했다. 4년 전에 심어놓은 작약은 그 자리에 있었지만 웬일인지 제대로 자란 것 같지는 않았다. 다행히 밭 가장자리에는 육남 씨를 닮은 작약이 반겨주었다.

항꾸네에서 준비한 꽃다발을 헌화하고 안부를 전했다. 묘지 주위의 잡풀을 뜯고 나니, 옆 자리에 누워있는 남편 분이 섭섭해할 것 같아 함께 깨끗하게 정리했다.

작약을 볼 때면 육남 씨가 떠오른다. 수줍은 듯 화사한 열정이 닮았기 때문일 것이다. 실로암사람들과 함께한 날들이 행복했을 거라 생각하며 그리움의 인사를 드린다. 안녕히! (2024.05.13)

부서지기 쉬운 그래서...

몇 년 전 알쓸범잡에서 도가니 사건과 관련하여 인터뷰 요청이 있었다. 이런저런 이유로 거절했지만 이번에는 달랐다. 꼬꼬무 촬영에 협조하고 나서는 어떻게 편집할지 궁금했다.

목요일 밤 10시 20분, 프로그램이 시작되면서 몸의 긴장을 느꼈다. 금방 끝날 것이라는 생각과는 달리 1시간 30분 이상 이어졌다. 대부분 알고 있는 사실들이었지만 충격은 여전했다. 방송이 끝난 후에도 여진은 계속되었다.

꼬꼬무를 시청하면서 정현종 시인의 '방문객'이 다가왔다. "부서지기 쉬운 / 그래서 / 부서지기도 했을 마음이 오기 때문이다."라는 시였다. 2012년 원주사랑의집 피해 생존자들과의 첫 만남은 경악 그 자체였다. 시간이 지날수록 늪에 빠지는 느낌이 사라지지 않았다. 그렇게 12년이 흘렀고 서로 기대어 살고 있다.

    방문객 (정현종 시인)

    사람이 온다는 건
    실로 어마어마한 일이다.
    그는
    그의 과거와 현재와
    그리고
    그의 미래와 함께 오기 때문이다.
    한 사람의 일생이 오기 때문이다.
    부서지기 쉬운
    그래서

부서지기도 했을 마음이 오기 때문이다.
그 갈피를
아마 바람은 더듬어 볼 수 있을 마음
내 마음이 그런 바람을 흉내낸다면
필경 환대가 될 것이다.

원주사랑의집 생존자들의 방문이 그러했다. 12년의 시간 동안 공동체 안에는 '어마어마한 일'들이 일어났다. 네 분과 함께하며 실로암공동체는 귀중한 선물을 받았다. "우리는 장애인을 환대합니다. 장애인을 존중합니다. 장애인과 함께합니다."는 공동체 고백과 "환대, 존중, 함께"의 가치를 갖게 되었다.

지난 4월 26일, 고 장성아 님의 묘를 이장했다. 잠깐이면 되리라 생각했는데 11년이 넘는 시간이 흘렀다. 그의 묘지 표지석에 "우리의 길이 되다"라고 썼다. 실로암공동체의 스승이 되어 나아가야 할 길을 삶과 죽음을 통해 보여주었기 때문이다.

인류학자 김현경의 책 '사람, 장소, 환대'에서 저자는 말한다. "사람, 장소, 환대 이 세 개념은 맞물려서 서로를 지탱한다. 사람임은 일종의 자격이며, 타인의 인정을 필요로 한다. 우리는 환대에 의해 사회 안에 들어가며 사람이 된다. 사람이 된다는 것은 자리/장소를 갖는다는 것이다. 환대는 자리를 주는 행위이다."

꼬꼬무의 엔딩 크레딧(ending credit)에 '실로암사람들' 한 줄이 오르기까지 애쓴 공동체에도 감사의 마음을 전한다. "부서지기 쉬운 그래서 부서지기도 했을" 사람들을 어떻게 환대하고 있을까? 이제 남아 계신 피해생존자 두 분의 삶을 통해 답을 해야 할 것이다. 부디 평안하길 빈다. (2024.05.23)

당신의 교회에는 문턱이 있습니까?

나는 주일 예배에서 수어통역을 하고 있다. 수어로 찬양하고 기도하며 말씀을 듣고 은혜를 나눈다. 장애인과 비장애인이, 농인과 청인이 구분되지 않는다. 하나님의 은혜에 장벽이 없듯이 누구나 예배하는 곳에 나와야 한다. 교회의 편의시설을 생각하면 떠오르는 장면이 있다. 한 중풍병자를 네 사람이 메고 와 지붕을 뜯고 침상을 내렸다. "사람들이 한 중풍병자를 네 사람에게 메워 가지고 예수께로 올새 무리들 때문에 예수께 데려갈 수 없으므로 그 계신 곳의 지붕을 뜯어 구멍을 내고 중풍병자가 누운 상을 달아 내리니"(마가복음 2:3,4) 이것이 교회 공동체다. 편의시설은 자본의 문제로 해결하는 것이 아니라, 먼저 성도들의 마음에 연약한 자들과 함께 주님의 나라를 이루어 가는 것이 교회의 본질이라는 믿음의 고백이 세워져야 한다. 교회도 편의시설 설치 대상이다. 그러나 법적 의무의 문제가 아니라 교회가 지향해야 할 가치가 어떤 것인지를 잘 보여주는 것이 편의시설이다.

최근 '교회의 문턱'이란 기사가 눈길을 끌었다. 서울시 종로구에 있는 교회를 대상으로 '장애인·노인·임산부 등의 편의 증진에 관한 법률(장애인등편의법)'에 근거하여 편의시설 실태조사를 했다. 휠체어를 사용하거나 거동이 불편한 사람은 어느 교회에 가서 예배를 드릴 수 있을까 라는 생각에서 출발했다. 결과는 놀라웠다. 한국교회를 상징하는 연합기관과 역사적인 교회가 있는 종로구의 114곳 중 건물까지 접근이 어려운 교회 37곳, 출입문 통과가 어려운 교회 24곳, 본당까지 갈 수 없는 교회 3곳, 장애인 화장실이 없는 교회 25곳, 휠체어 사용자가 다닐 수 있는 교회는 25곳이었다. 휠체어를 사용하는 사람이 예배를 드리고 화장실에 갈 수 있는 교회는 114곳 중 25곳으로 21.9%였다.

　실로암사람들에서도 매년 장애인 편의시설 실태조사를 하고 있다. 주로 관공서나 학교를 대상으로 실태조사와 정책제안을 해왔다. 광주에 있는 교회를 대상으로 '교회의 문턱' 조사를 하면 어떤 결과가 나올까? 서울과 별반 다르지 않을 것이다. 하지만 교회가 장애인 편의시설을 갖춘다는 것은 물리적인 장벽을 없앤다는 것을 넘어 장애인을 환대하는 의미를 담고 있는 것이다. 서울시 종로구 '교회의 문턱' 조사에 참여한 유진우 씨(뇌병변 장애인)는 "교회가 늘 '환대'를 이야기하지만 '그 환대 속에 장애인이 있을까' 직접 확인해 보고 싶다는 생각이 들었어요."라고 말했다. 한국 사회에서 장애인을 환대하는 곳은 찾아보기 어렵다. 하지만 교회는 달라야 한다. 그것이 교회다. 하나님 앞에 나오는데 장벽이 있어야 하겠는가? 우리 사회는 배리어 프리(barrier free)를 넘어 유니버설 디자인(universal design)을 이야기 하고 있다. 이제 교회가 응답할 때이다.

　박노해 시인은 '나, 거기 서 있다'에서 말한다. "몸의 중심은 심장이 아니다 / 몸이 아플 때 / 아픈 곳이 중심이 된다 // 가족의 중심은 아빠가 아니다 / 아픈 사람이 가족의 중심이 된다" // (하략) 가족의 중심, 우리 사회의 중심이 가장 연약한 사람이어야 한다는 것이다. 교회도 건물도 예외가 아니다. 문턱이 없이 누구나 함께 예배하는 공동체가 되어야 한다. 지난달 광주선교 120주년을 기념하는 포럼에서 작성한 신앙선언문(장애인)이 광주 장애인 선교의 이정표가 되었으면 좋겠다. "장애인은 하나님의 형상으로 지음 받은 존재로서 장애로 인하여 차별받을 수 없으며, 장애인과 비장애인이 동등하게 교회의 모든 사역에 참여하고 장애인을 치유하는 공동체가 될 것을 선언한다. 더 나아가 장애인과 비장애인이 함께 하는

일터를 통해 사회통합을 이루어 가기를 바란다." (2024.06.20)

상호 형제를 묻다

고 권상호 형제를 주님 품에 보냈습니다.
이국 땅에서 마지막 눈을 감으며 엄마를 생각했겠지요.
그 어미는 바스라질듯 가슴에 아들을 묻었습니다.

생전에 밝은 미소가 떠올라 하늘만 쳐다 보았습니다.
미안하고 가난한 마음으로 기도합니다.
주님 품에서 안식하길...
부디 부디 어미를 지켜주길... (2024.06.29)

관성이 아니라 비전이다

온 맘으로 실로암사람들 창립 48주년을 자축한다. 긴 시간을 채워온 이들이 있었기에 여기까지 왔다. 강신석 목사님, 곽정숙 의원님, 김안중 집사님, 권종대 집사님, 문경희 집사님… 별세하신 분들의 얼굴이 먼저 떠오른다. 실로암공동체의 토대를 만들고 밀알이 되신 분들이다.
　이제 우리에게 배턴이 주어졌다. 팀실로암의 이름으로 애써온 덕분에 내부적인 성장을 이루었다. 감히 꿈꾸지 못했지만 모든 것이

은혜로 주어졌다. 또한 도가니대책위, 세월호 상주모임, 원주사랑의집 연대활동을 통해 사회적으로 인정받는 단체가 되었다.

사람이든 단체든 나이가 들어가면 관성이 문제가 된다. 관성이 아니라 비전이다. 50주년을 앞둔 실로암사람들은 침잠하며 돌아봐야 할 시기다. '우리 안에서, 우리를 통하여' 나아갈 길을 상상한다. 무엇보다 실로암사람들의 회원과 직원이 자부심을 갖는 단체가 되었으면 좋겠다. 실로암이 어떻게 우리가 되고 광주가 될 수 있을까? 미켈란젤로의 "나는 아직도 배우고 있다"(I am still learning)는 말로 각오를 대신한다. (2024.07.15)

평화가 유일한 길이다
- 베트남 평화여행을 다녀오다

1. 월남에 대한 기억

결혼 30주년 이벤트로 이스라엘과 유럽으로 성지순례를 가려고 했다. 하지만 이스라엘과 팔레스타인 전쟁으로 인해 불가능해졌다. 그러던 중 김순흥 교수님의 소개로 베트남 평화여행을 선택했다. 베트남 여행은 나의 버킷리스트 가운데 하나였다. 죽기 전에 베트남에 가서 학살에 대한 사죄의 기도를 드리고 싶었다.

내게 해외여행은 늘 설렘과 부담 사이를 오락가락한다. 굳이 장애를 이유로 들지 않더라도 '나'라는 사람이 그렇다. 이번 여행도 예외는 아니었다. 무엇보다 나 때문에 일정이나 진행에 불편을 주지 않을까 하는 걱정을 떨칠 수가 없었다.

베트남에 대한 기억의 시작은 '월남'이었다. 김추자의 "월남에서 돌아온 새까만 김상사"를 왜 그렇게 흥겹게 불렀는지… 월남에서 돌아온 건 김상사만이 아니었다. 옆 동네에도 월남을 다녀온 아저씨가 있었다. 지지리도 가난했던 아저씨는 월남 덕분에 먹고살 만해졌다고 한다.

1992년 개봉한 정지영 감독의 '하얀 전쟁'(안정효 원작)은 베트남전 참전 군인들의 외상 후 스트레스장애(PTSD)를 다뤘다. 한국군의 베트남전 민간인 학살을 다룬 최초의 작품이다. 처갓집 손윗동서(형님)도 월남전 참전용사로 고엽제 후유증으로 몇 해 전 사망하였다. 한국인이 좋아하는 다낭, 호이안 같은 휴양지, 이주노동자나 결혼 이민 여성 등 베트남은 그렇게 가까이에 존재하고 있다.

2. 베트남과 마주하다

4박 6일의 평화여행은 체력전이라는 사실을 출발한 후에야 알게 되었다. 광주에서 인천으로, 사이공(*나는 호찌민 보다는 사이공이 더 끌린다.)으로 가는 길은 멀고 멀었다. 문득 부산에서 배를 타고 머나먼 월남으로 향했던 젊은 군인들은 무슨 생각을 했을까 궁금해졌다. 그들은 월남에서 일어날 일들을 상상이나 했을까?

한여름에 베트남을 찾은 것에 대한 후회는 이미 엎어진 물이었다. 베트남에 다녀온 지인은 기온이 50도까지도 올라갈 것이라고 놀려댔다. 오직 견디어 내는 것만이 내가 할 수 있는 일이었다. 사막의 오아시스처럼 기내식은 언제나 정답이다.

베트남에 대한 첫인상은 끝없이 이어지는 오토바이의 행렬이었다. 인구 1억 명의 베트남은 미래를 향해 거침없이 질주하는 젊은 나라였다. 아오자이박물관에서 마주한 네 개의 날개 아오자이는 들여다볼수록 매력적이다. 전통적인 아름다움 뿐 아니라 실용성이나 현대적인 감각 등 아오자이 패션은 끊임없이 진화하고 있었다.

처음으로 마주한 베트콩 여전사들은 전쟁의 참상을 온몸으로 지니고 있었다. 초등학교 교육도 제대로 받지 못하고 가족들은 해체되었다. 베트남 어머니들이 아이를 안고 불렀다는 자장가는 무척이나 슬펐다. "아이야 꼭 기억하거라. 한국군이 우리를 폭탄 구덩이에 몰아넣어 죽였단다. 아이야 넌 꼭 기억하거라." 전쟁이 아니라면 서로 친구가 되었을 텐데...

3. 사이공별동대는 미래다

한국 시간은 베트남보다 2시간이 빠르다. (두 시간의 시차는 몸에는 별 영향을 주지 않았으나 마지막 날 한국에 돌아와서 공항버스 예약시간의 착오가 생겼다.) 7월 25일은 중복(中伏)이다. 급여가 이체되었다는 문자를 확인하며 무더위에 일하는 직원들에게 미안한 생각이 들어서 아이스크림을 쏘았다.

사이공별동대박물관을 찾았다. 불과 16-18살에 "사랑도 명예도 이름도 남김없이" 스러져간 사이공별동대의 숨결은 하나하나가 가슴 뭉클한 전설이다. 사이공별동대는 군사적으로는 패배했지만, 역사적으로 승리했다는 평가를 받고 있다. 1968년 구정대공세를 통해 미국을 평화협정의 테이블로 이끌어 내어 전쟁을 끝낼 수 있었기 때문이다.

따이한밥집, 지하 비밀무기 창고는 시간을 60여 년 전으로 되돌려 놓았다. 무엇보다 쩜부빈, 쩜발라이, 손자(이름 기억 안 남)로 이어지는 전사의 역사를 계승하는 사람들을 만나게 된 것은 행운이었다. 중학생인 손자를 보면서 베트남의 미래를 보았다. 사이공별동대의 후예들이 "한국의 통일도 스스로의 힘으로 이루어야 한다"라고 힘주어 말했을 때 부끄러움을 감출 수 없었다.

전쟁증적(證積)박물관은 항미전쟁(베트남전쟁) 중 미군의 범죄를 모아둔 곳이다. 한 줄의 글과 한 장의 사진에 담긴 전쟁의 상흔을 마주한다는 것은 큰 아픔이자 용기가 필요했다. 민간인 학살이나 고엽제 피해자들의 이야기는 왜 전쟁이 아니라 평화여야 하는지 말하고 있다. '항미전쟁'이란 말이 뇌리를 떠나지 않았다.

4. 한국군의 민간인 학살과 마주하다

호찌민에서 다낭 가는 비행기를 탔다. 한국인들이 가장 좋아하는 휴양지인 다낭, 호이안은 한국군이 주둔했던 곳이다. 하미 위령비를 찾았다. 프랑스군, 미군, 한국군이 주둔했던 하미는 사방에 산은 없고 가까이에 바다가 보였다. 유족대표로 위령비를 관리하고 계시는 쯔엉티투 할아버지를 만났다.

하미마을에서는 1968년 정월 한국군에 의해 135명이 학살되었다. 대부분 노인, 여성, 어린이들이었다. 위령비 뒤쪽에 새겨진 비문은 연꽃 문양의 대리석으로 덮여있었다. 아직까지 하미의 진실을 감추고 싶은 이들이 있는 것이다. 하미의 진실은 언제쯤 드러날 것인가?

하미학살의 피해자인 응우옌럽의 집을 찾았다. 하미학살 생존자 팜티호아의 큰아들로 전쟁 후 불발탄 사고로 두 눈을 다쳐 실명했고, 왼손 가운데 손가락도 절단이 되었다. 팜티호아 할머니는 "나 죽고 나서 한국 친구들이 오면 용서하고 갔다고 해라. 너희들도 잘 해줘라. 한국 사람들 그만 미워해라. 미움 증오 원한은 내가 다 가지고 갈 테니 용서해라"라고 말했단다.

응우옌럽은 젊었을 때는 노래를 곧잘 했는데 나이 들어 숨이 차 노래하기 힘들다며 부른 환영가는 가슴을 울렸다. 우리 일행은 답가로 화답하며 전쟁의 상흔이 엷어지길 기원했다.

5. 꺼뚜족 아이들의 미소가 아른거린다

베트남 내 소수민족인 꺼뚜족 마을을 찾았다. 다낭에서 버스를 타고 울퉁불퉁 산길을 넘어 두 시간이 걸렸다. 이미 어둠이 내린 시간이었지만 마을 어귀에서 만난 아이들의 천진한 미소를 볼 수 있었다. 아내가 준비한 왕꿈틀이는 인기 최고였다. 꺼뚜족의 순박함이 표정뿐 아니라 그분들이 부르고 연주하는 노래에서 그대로 묻어났다.

바비큐 식사까지는 좋았는데, 씻는 것과 자는 것이 문제였다. 모기장 속에서 자는데 새벽 두 시가 넘자 앞마당의 닭들이 울기 시작했다. 눈을 뜨니 숙소 천장에 작은 도마뱀이 움직였다. 새벽 세 시에 일어나 샤워를 하는데 쫄쫄 거리며 나오는 물에 감사의 기도를 드렸다.

아침에 마을 산책을 하다 보니 집집마다 닭과 개를 키우고 있었다. 마을의 한 중심에 세워진 '그얼'은 물소 모양으로 만들어진 집으로 마을공동체의 화합의 상징이었다. 그얼 앞에는 마을의 축제가 열리는 넓은 마당(운동장)이 있다. 꺼뚜족의 공연과 손바닥으로 하늘을 받들고 추는 '뚱뚱야야' 춤이 인상적이었다. 활쏘기 체험에서는 7점을 맞추는 것으로 만족해야 했다. 꺼뚜족의 전통과 문화가 잘 보존되었으면 좋겠다.

꺼뚜족 마을에 살고 있다는 장애인 두 분에게 드릴 선물을 맡기며 마을을 떠났다. 사진 속에 담긴 순박한 미소의 아이들이 내내 아른거린다.

6. 함께 미래로 갈 수 있을까?

퐁니 퐁녓 위령비에 참배했다. 이곳은 1968년 정월대보름(1.14)에 74명이 학살되었다. 지금도 그날의 진실을 목도한 당산나무가 위령비 바로 옆에 자리하고 있다. 득 할머니와 찐저, 탄 할머니의 이야기는 너무나 아리고 아렸다. 언젠가 한국 아이들을 만난 탄 할머니는 말했단다. "니들은 좋겠다. 나는 니들 나이에 부모를 잃고, 학교도 못 다녔다."

베트남 상이군인 열사의 날에 청년들이 열사묘역뿐 아니라 위령비도 찾아와 우리 일행과 함께 참배했다. 참배 후 퐁니마을 청년들과 함께 오토바이를 타고 동네 한 바퀴를 돌았다. 나는 17살 칸 학생과 함께했다. 엔지니어가 꿈인 칸은 BTS 정국을 좋아하고, 박항서 감독이 다시 복귀했으면 좋겠다고 했다. 장애인과 함께 오토바이를 타게 되어서 불안하지 않았냐는 질문에는 "조금 걱정이 되었으나 괜찮았다"라며 환하게 웃었다.

퐁니 퐁녓 학살의 생존자 응우옌티탄의 자택에서 저녁을 먹었다. 퐁니학살 피해자 가족 10분을 초대하여 대접하는 자리이기도 했다. 그곳에서 만난 한 분은 가족의 묘를 이장하고 싶다고 했다. 베트남의 열대야보다 더 뜨거운 잔치였다. 개개인들의 필요를 어떻게 충족해야 하는지 무거운 마음으로 밤늦은 시간 하노이 호텔로 왔다. 풀장이 있는 괜찮은 호텔이었지만 잠만 자고 나와 아쉬움이 컸다.

7. 하꽝마을 미션 클리어!

팀별로 움직이며 미션을 수행해야 한다. 우리 팀(김민선 팀장)의 미션은 하꽝 위령비 참배와 하꽝학살 집단묘지 참배 그리고 유가족 팜티뜨 할머니 부부를 만나는 것이다. 내가 하꽝 미션을 선택한 이유는 난이도가 ★이기 때문이었다. 함께한 통역자는 한국어를 전공하는 수린 학생이었다. 왜소증 장애가 있는 그와 함께하게 되어서 더욱 의미가 있었다.

하꽝 위령비는 2010년에 조성되어 잘 관리되고 있었다. 하꽝 마을에서는 1968년 2월에 한국군에 의해 36명이 희생되었다. 한국 군인들은 마을 주민들을 딘씨 사당에 모아놓고 학살하고 사당에 불을 질렀다. 위령비 옆에 살면서 매일 위령비를 관리하는 분을 만났는데 가끔 한국인들이 찾아온다고 했다.

팜티뜨 할머니와의 만남은 운명처럼 이어졌다. 운전하시는 분이 오토바이를 타고 지나가는 주민에게 할머니 집을 물어보았는데, 자기 할머니 집이라고 하면서 따라오라고 했다. 반듯하게 지어진 저택에는 한국산 냉장고, TV가 눈에 들어왔다. 할머니와 이야기를 시작하려는데 남편인 레꽁띤 할아버지께서 들어오셨다.

팜티뜨 할머니에 대해서는 여러 기록이 남아있어 사전 학습을 하고 갔다. 레꽁띤 할아버지 또한 하꽝학살로 할아버지를 잃은 피해자였다. 하지만 현재까지 인터뷰를 하거나 아카이브 작업을 진행하지 못한 상태라 할아버지를 중심으로 인터뷰를 진행했다. 할아버지와 할머니는 동갑으로 알려졌으나 실제로는 할아버지가 두 살 많았다.

레꽁띤은 부모님과 하미에서 살다가 고향인 하꽝마을 할아버지 집에 놀러 왔다. 1968년 2월 2일 아침, 한국군이 마을에 들이닥쳤다. 할아버지를 포함한 마을 사람들은 한국군에 의해 끌려 나갔다가 학살되었다. 당시 10살이던 레꽁띤은 문 뒤에 숨어 있다가 목숨을 구했다. 할아버지의 증언에 의하면 미군들은 사람이 보이지 않으면 집안팎을 샅샅이 뒤져서 학살했는데 한국군은 보이는 사람만 죽였다고 했다.

이후 소년 레꽁띤은 부모님이 계시는 하미로 갔다. 1년 후 부모님도 미군에 의해 학살당했고, 누나 또한 결혼해서 하미에 살다가 한국군에 의해 학살당했다. 레꽁띤과 팜티뜨는 전쟁고아가 되었다. 레꽁띤은 1975년 종전 이후 고향인 하꽝으로 돌아와 황무지를 개간하여 살다가 팜티뜨를 만나 1976년에 결혼하였다. 슬하에 3남 1녀를 두었는데 악착같이 일한 덕분에 세 아이를 대학까지 보냈다.

미안한 마음에 할아버지께 사용하고 있던 텀블러를 선물로 드렸다. 집에서 만난 셋째 아들의 손녀는 안면기형 장애가 있었다. 할아버지 할머니는 그 손녀가 제대로 된 치료를 받기를 간절히 바라고 있다. 통역으로 함께한 수린 학생은 졸업 후 온 가족이 미국으로 이민을 간다고 했다. 수린의 앞날을 축복한다.

8. 미친 화가에게 미치다

베트남에서 마지막 일정은 정크아트 체험이다. 정크아트는 버려진 것에 생명을 불어넣어 새로운 작품을 만든다. 미친 화가라 불리는 응우옌꾸옥전과의 만남이었다. 마지막 일정이라 체력이 바닥나서 별 기대를 하지 못했는데, 별안간 최고의 순간을 맞이했다.

작업장 자체가 커다란 정크아트 작품이었다. 예술은 디테일에 있다는 말처럼 들여다보면 하나하나가 정교하게 조합된 작품이었고, 그보다 더 드라마틱한 작가의 삶은 거대한 서사를 품고 있었다. 그러기에 그의 삶과 작품은 하나로 보였다. 앞으로 예술가로서 더욱 기대되는 이유이기도 하다. 그는 10살까지 거리에서 살다가 시설에서 학창 시절을 보냈다. 어머니는 지적장애가 있었다.

의자에 앉아서 근근이 버티고 있는 나를 보았을 게다. 그는 갑자기 얇은 동판으로 즉석에서 퍼포먼스를 시작했다. 동판 작업을 맨손으로 하는 것은 위험해 보였는데, 거침없는 손놀림으로 작품을 완성해 나갔다. 마지막에 보조개까지 화룡점정을 찍었다. 그 모델이 바로 나였다. 내가 그렇듯 그의 눈에도 장애인이 예사롭지 않게 보였을 것이다. 언젠가 그의 작품을 아시아문화전당(ACC)에서 만날 수 있기를 고대한다.

9. 편안한 모임 호이안(會安)

5시간의 자유일정이 주어졌다. 낯선 거리에서 몸 상태는 이미 한계를 넘어서고 있었다. 다만 이 도시가 회안(會安)의 의미를 가진 호이안이라는 것이 마음을 당겼다.

김순흥 교수님 등 5명이 하노이 밤거리를 걷다가 시원한 곳을 찾아 카페로 갔다. 다시 걷다 보니 강을 중심으로 별천지가 펼쳐졌다. 강에서 뱃놀이를 하기 위해 긴 줄이 이어졌다. 언젠가 다시 호이안에 간다면 꼭 뱃놀이를 할 것이다.

'발 마사지 30분 5천 원 1시간 1만 원'이라는 말에 끌려 발마사지 샵으로 들어갔다. 30분 동안 쉬고 나니 체력이 조금 회복되었다. 베트남에서 교회를 보는 것은 드문 일인데, 하노이 한 복판에서 주일밤예배를 드리는 개신교회를 만났다. 출입구를 열어 놓고 있어서 자연스레 예배 광경을 볼 수 있었다. "예수 십자가의 보혈로 그대는 씻기어 있는가"라는 찬송을 부르고 있었다. 이국 땅에서, 그것도 베트남에서 듣는 찬송은 감동이었다.

집합 장소로 돌아오는 길에 만두와 피자를 먹었는데 화이트 로즈라 불리는 만두는 내 입맛에도 딱이다.

10. 경계를 넘어서

단체여행에서 내 목표는 '민폐를 끼치지 말자'는 것이다. 걸을 때나 먹을 때, 모이거나 버스를 탈 때에 늦지 않기 위해 평소보다 스피드를 높이다 보니 주룩주룩 땀이 났다. 그러다 보니 등짝은 염전처럼 느껴졌다.

내게 여행은 경계를 넘는 일이다. 익숙한 일상의 경계를 넘어 낯선 미지의 세계로 발을 들여놓는 것이다. 사람의 경계는 물론 국가, 민족, 인종, 문화, 종교의 경계를 넘어서 세계인으로 나를 보는 일이다. 인류 보편적 가치가 특수한 상황에서 얼마나 처절하게 무너져 내리는지 몸서리가 쳐졌다.

5,60년 전 한국 군인들의 흔적을 찾는 것은 어렵지 않았으나 진실과 마주하는 것은 너무나 힘들었다. 우리 일행 가운데 한 분의 참전군인을 생각하니 더욱 가슴이 아리다. 한국으로 돌아오는 비행기에서 문득 "베트남 전쟁에서 '밀정' 이야기는 듣지 못했다"는 생각이 들었다. 어쩌면 그것이 항미전쟁 승리의 한 요인이지 않았을까?

베트남에서 가장 많이 떠올린 단어는 용서와 평화였다. 누군가를 미워하면 미워하는 그들을 닮아 간다. 용서가 필요한 이유다. 결코 전쟁으로 생명과 평화를 만들 수 없기에 평화가 유일한 길이다. 용서와 평화는 언제나 나로부터 시작된다.

몽투투 평화여행을 함께한 분들에게 감사한다. 덕분에 많이 배우고, 여름날의 베트남 여행을 잘 마칠 수 있었다. 무엇보다 구수정 박사의 열정과 삶이 만든 유일무이한 여행이었다. 해결사 응언 님이 있었기에 든든했다. 구수정 박사님이 번역한 시로 평화기행의 마침표를 찍는다.

> 수련꽃
> – 찜짱(Chim Trang)
>
> 이른 아침 뜰에 나가 수련꽃을 땄네
> 폭탄 구덩이 아래 어머니가 심은 수련꽃
> 아아, 어디가 아프길래 물밑 바닥부터
> 잔물결 끝도없이 일렁이는가
> 몇 해 지나 폭탄구덩이 여전히 거기 있어
> 야자수 이파리 푸른 물결을 덮고
> 아아, 우리 누이의 살점이던가
> 수련꽃 오늘 더욱 붉네 (2024.07.24.-29)

2024 살아서는 존엄을, 죽어서는 기억을!

홍선영(14주기) 평생 시를 쓰며 들꽃처럼 살았던 자유인이었습니다.
김요한(13주기) 5·18의 상흔을 온몸으로 겪어낸 7전 8기의 주인공이었습니다.
장성아(11주기) 억압 속에서 살다가 죽어서야 비로소 사람이 되었습니다.
윤정재(9주기) 있는 듯 없는 듯 호기심 많고 해맑은 청년이었습니다.
이성민(9주기) 환한 미소로 동생들을 챙기는 4남매 맏형이었습니다.

곽정숙(8주기) 장애가 능력이고 장애인이 아름답다는 것을 삶으로 보여주었습니다.
최명자(8주기) 그녀의 삶과 시는 진주조개의 영롱한 눈물이었습니다.
이육남(6주기) 수줍은 듯 화려함을 꿈꿨던 그녀는 작약꽃을 닮았습니다.
임승기(6주기) 탈시설 자립생활을 통해 새 시대를 여는 물맷돌이 되었습니다.
김종문(5주기) 실로암사람들의 부흥을 이끈 최고의 찬양 인도자였습니다.

권종대(5주기) 30년을 실로암사람들과 함께하며 한 알의 밀알이 되었습니다.
김안중(5주기) 실로암사람들을 가장 사랑한 아낌없이 주는 나무였습니다.
김종근(5주기) 중도장애로 인해 좌절된 꿈 너머 자유를 꿈꾸며 살았습니다.
노문자(4주기) 선한 미소와 맑은 영혼으로 소하고 순한 삶을 살았습니다.
배인환(4주기) 도전과 열정의 삶을 살다가 하늘의 별이 되었습니다.

손관희(3주기) 의료선교의 열정을 품고 살아온 의사요, 신실한 동역자였습니다.
김문철(3주기) 세상을 다른 시선으로 바라보며 살았던 공상가였습니다.
강신석(3주기) 하나님 앞에서 진실하고, 연약한 자에게 온유하며, 불의한 권력을 두려워하지 않은 우리의 아버지입니다.
정희숙(2주기) 사람과 사람을 이어주는 신비롭고 순결한 힘을 지녔습니다.
전순자(2주기) 정 많고 눈물도 많았던 의리의 실로암사람이었습니다.

김다영(1주기) 연약한 육신 속에 그분의 뜻을 간구했던 믿음의 용사였습니다.
김상호(1주기) 순박한 웃음과 따뜻한 마음을 가진 연약한 이들의 친구였습니다.

그리고 정인호, 곽명구, 김복순, 오영빈, 문경희... 이 분들의 이름과 삶이 잊혀지지 않도록 실로암사람들의 이름으로 기억하겠습니다. (2024.08.01)

꽃잎이 떨어질 땐 어떤 소리가 나?

〈나의 아저씨〉, 네 번째 보는 드라마다. 작년 말 이선균이 떠나던 때부터 다시 봐야겠다고 생각했지만 차마 마주하지 못하고 있었다. 그와의 작별이 싫어서였을게다. 그러다 올여름 유난한 열대야를 지내며 문득 '그'가 보고 싶어졌다.

신기하게도 매번 신선하다. 예전에 지나쳤던 디테일한 것들이 보이면서 더 흥미롭기까지 하다. 하지만 띠동갑인 그를 더는 볼 수 없다는 현실이 아프다. 드라마에서 만난 그는 변함없는 '나의 아저씨'다.

억울하게 생겨서 성실한 무기수처럼 살아가는 동훈은 우리의 자화상이다. "돈 벌어서 참치 사 줄게"... 어디에나 존재하는 소시민의 삶이 웃프다. 회식에 함께 가자는 말 한마디, 할머니 간식을 건네는 검정 봉지에 마음이 간다. 조기축구, 정희네, 삼 형제의 일상이 눈에 선하다.

12화에서 지안이 회장님 앞에서 한 말은 언제 들어도 감동이다. "무시, 천대에 익숙해져서 사람들한테 별로 기대하지도 않았고 인정받으려고 좋은 소리 들으려고 애쓰지도 않았습니다. 근데 이젠 잘하고 싶어졌습니다. 여기서 일했던 3개월이 21년 제 인생에서 가장 따뜻했습니다. 지나가다 이 회사 건물만 봐도 기분이 좋아지고... 평생 삼안E&C가 잘 되길 바랄 겁니다."

극 중 지안의 할머니 봉애(농인)가 묻는다. "꽃잎이 떨어질 땐 어떤 소리가 나?" 이선균이 꽃잎처럼 스러지고 난 지금 '아득히 먼 곳'의 멜로디는 더욱 아리다. "아 어쩌다 생각이 나면 그리운 사람 있어 밤을 지새고 가만히 생각하면 아득히 먼 곳이라 허전한 이 내 맘에 눈물 적시네"

그를 빼고도 스타들이 있지만 그가 있어서 참 좋았다. 늦었지만 고 이선균 님의 지안(至安)을 빈다. 고 이선균의 유작이 된 영화 〈행복의 나라〉 개봉 소식이 들린다. 반갑고 고맙다. 영화도 잘 되었으면 좋겠다. (2024.08.14)

광주와 복지에 진심인 사람

    2024년 여름에 대한 기억은 한 권의 책에 대한 기억으로 남을 것이다. 이용교 교수로부터 추천사를 부탁받고, 과분한 요청이라 생각했지만 거절하지 못했던 것은 '사회복지 역사와 인물'이라는 책의 제목 때문이었다. 책이 담고 있는 내용에 대한 관심과 기대는 컸지만 바쁜 일상으로 약속한 시간이 다가오자 부담감만 쌓여갔다. 그즈음 코로나에 확진되어 집안에 격리되자 비로소 책과 마주했다.
    이용교 교수는 광주를 넘어 한국 사회복지의 소중한 자산이다. 대학교수로서 후학을 양성해 온 것뿐 아니라 복지평론가와 디지털복지의 선각자로서 보편적 복지시대를 선도해 왔다. 무엇보다 연구자로서 복지현장과 소통하며 협력하는 일을 평생의 과업으로 안고 살아왔기에 가능한 일이었다. 광주사회복지사협회가 현재의 위상과 역할을 갖게 된 것도 이용교 교수의 역할에 힘입은 바 크다.
    책을 펼치면 등장하는 인물과 복지현장이 자연스레 떠오른다. 100여 년 전 최흥종과 서서평이 거닐었던 길이 "대한민국 복지성지, 광주"의 길이 되었다. 무엇보다 감사한 것은 광주와 복지를 향한 저자의 진심이다. 그 따스한 시선을 따라가다 보면 가슴이 뜨거워지고 광주인으로, 복지인으로서 자긍심이 차오른다.

책을 읽으며 평소에 고민하던 것을 해결할 수 있어서 좋았다. 이 책이 필요한 이유이기도 하다. 복지현장에서 일을 시작하는 이들에게 추천하고 싶은 책이 생긴 것이다. 직원 교육을 통해 기관의 정체성과 역사뿐 아니라 광주의 사회복지 역사와 인물을 이해한다면 큰 힘이 될 것이다. 삶이든 복지든 근본이 없이 생겨나고 발전할 수는 없다. 다만 근본을 모를 뿐이다. 이 책은 그 근본이 무엇인지 사회복지 역사와 인물을 통해 친절하게 안내한다. 저자의 바람처럼 이 책을 이어서 후속 연구가 활발하게 이어져 광주복지의 토대가 더욱 튼실해지고 풍성해지기 바란다. 저자와 동시대에 광주복지의 현장을 함께하고 있다는 것은 참 다행이다. 늦게나마 저자에게 고마움을 전한다.

＊ 이용교, 사회복지 역사와 인물, 인간과복지 (2024.08.21)

은혜로다

언젠가부터 운전하며 서울에 다녀오는 일은 연중행사보다 더 드문 일이 되었다. 이번엔 서울을 지나 남양주까지 가려 한다. 내비게이션으로는 324km이다. 내일 오전 9시에 일정이 있으니 출퇴근 시간을 피해 서울을 지나가려면 새벽 1시경에는 출발해야 한다. 알람을 1시에 맞추어 놓고 초저녁 잠을 청했다. 11시에 떠진 눈을 억지로 감으려고 용을 쓰다가 11:40에 집을 나섰다.

얼마만인가. 혼자서 밤늦은 시간에 서울행이라니. 약간의 설렘과 자유를 맛보며 어느 낯선 도시를 구경하듯 광주의 야경을 지나쳤다. 오늘은 여유롭게 가리라 생각하며 '크루즈' 운행을 시작했다.

집에서 100km 지점이 전주였다.

옆차선 탑차 트럭이 흔들리자 순간 공포가 밀려왔다. 졸음운전일까? 속도를 늦추며 차간 거리를 유지했다. 긴 직선도로가 나오자 최고 속력으로 추월해서 공포로부터 벗어났다.

한밤의 장거리 운전에는 노래가 최고다. 1970년대 후반을 장식한 익숙한 목소리는 그 시절 살았던 벌교 회정리 자취방을 떠올렸다. 그중의 '나미'의 목소리는 가장 반가웠다. 오죽했으면 어머니는 한동안 우리 집 개 이름은 '나미'라고 불렀다. 이안휴게소에 오니 남은 거리는 162km다. 정확히 집과 목적지의 중간지점이었다. 잠시 눈을 붙였다.

다시 힘을 내 남양주 목적지에는 4시에 도착했다. 내비게이션을 따라 순조롭게 도착할 수 있었다. 목적지 바로 옆 교회에 주차를 했다. 교회의 뜰 안에서 하룻밤을 보내게 되어서 좋다. 이젠 좀 쉬어야겠다.

뒤척이다 눈을 뜨니 사방이 환하다. 행사장인 주민센터에 가서 고양이 세수를 마쳤다. 미열로 컨디션이 좋지 않았다. 다행히 3시간의 강의를 무사히 마칠 수 있었다. 감사하다.

이제 한장선 힐링캠프에 참여하기 위해 충남 대천으로 가야 한다. 나이 탓인지 3시간의 잠으로는 졸음을 이길 수가 없었다. 잠은 묘약이었다. 휴게소에서 30분을 자고 나니 신비롭게 새 힘이 솟았다. "여호와께서 그 사랑하시는 자에게는 잠을 주시는도다"(시편 127:2)는 말씀이 떠올랐다.

무사히 행사장인 한화리조트 대천파로스에 도착했다. 이미 행사장에는 찬양이 울려 퍼지고 있었다. 은혜로다 은혜로다.

(2024.08.27)

계급장이 없는 곳

한장선 힐링캠프는 기시감이 있다. 초창기 실로암사람들 여름캠프처럼 기도회 찬양 예배가 주 프로그램이다. 밥도 많이 먹는다. 리조트에서 참여인원보다 20명분을 더 했는데도 부족했다. 아침식사도 빠진 사람이 거의 없다.

이곳의 특장은 계급장이 없다는 것이다. 굳이 계급장이 필요 없고, 있어도 소용이 없다. 나는 오직 나일 뿐이다. 내가 실로암사람들 대표이고 목사라는 것을 아는 사람은 주최 측 몇 사람을 빼놓고는 없다. 전국 각지에서 모인 분들이지만 오랫동안 함께해 온 것 같은 친밀감이 있다. 지역과 단체는 달라도 장애인 선교를 위해 기도하고 동역자들이기 때문일 것이다.

이곳 사람들은 친절하다. 기관별 모임 시간에 나는 혼자였다. 실로암사람들에는 혼자 참여했기 때문이다. 혼자인 나를 본 어떤 형제가 다가와 악수를 청했다. 악수는 물론 하이파이브와 주먹을 맞대고 엄지 척까지 이어졌다. 옆에 있던 이들이 줄을 서서 악수를 하며 환대해 주었다. 한 사람은 나를 안아주며 어깨를 토닥여 주었다.

이후 찬양할 때도, 기도할 때도, 말씀을 들을 때도 눈물이 났다. 이유를 모르겠는데 눈물이 난다. 콧물까지 흐른다. 오랫동안 내가 무엇을 갈망하고 있었는지를 보여주신 것이다. 내년에도 힐링캠프가 열린다면 실로암사람들 회원들과 함께하고 싶다. 마치 고향집에서 편하게 쉬고 있는 것 같은 내 모습을 본다. 진정한 힐링캠프다.

(2024.08.28)

카페홀더에는 '수달'이 있다

　조용순 씨는 1969년 광주에서 3남매 중 둘째로 태어났다. 네 살 때 고열로 인해 폴리오 바이러스에 감염되어 소아마비 장애를 갖게 되었다. 법원 옆 동산초등학교에 입학하여 1학년 때는 날마다 할아버지의 손을 잡고 다녔다. 할아버지는 한학(漢學)에 능하신 분으로 손주들을 극진히 사랑하셨다. 초등학교 6학년부터 서석교회를 출석하여 고등부 때는 학생부 임원을 맡았고, 문학의 밤에서 신앙간증을 했다.
　초·중·고등학교 12년을 개근했다. 성실하고 책임감이 강한 그녀의 단면을 볼 수 있는 대목이다. 당시 대부분 장애인이 그랬듯이 체육시간은 홀로 교실에 남아 교실 지킴이는 물론 친구들의 귀중품을 보관해 주었다. 조대여중 재학시절에는 선행상과 수기공모전에 글을 써서 상을 받기도 했다. 송원여고에 진학하면서 그림 그리기 시작하여 고3 때까지 화실에 다녔다. 함께 화실에 다닌 동생은 미대에 진학하였다.
　고등학교를 졸업하던 해에 여수 애양병원에서 다리 수술을 했다. 다행히 두 번의 수술 후에 다리에 힘이 더 붙었다. 1년여 재활치료를 마치고 첫 직장은 언니가 하는 신동아백화점 의류매장에서 일을 했다. 주로 경리와 포스 업무를 맡았다. 백화점 동료의 소개로 키 크고 착하고 성실한 남자를 만나 23살에 결혼하여 아들 둘을 두었다. 학부형 시절에는 매일 학교에 출근하다시피 하면서 '풍암동 치맛바람'이라 불렸다. 큰아들이 금당초에 다닐 때 6년 동안 학부모 대표를 도맡았다. 아들들은 잘 자라서 현재 큰아들은 금융권에서, 둘째는 작업치료사로 재활병원에서 일하고 있다.
　광주와 전주에서 피자집을 운영하기도 했다. 장사는 잘되었는데 여유롭게 쉴 수 있는 시간이 전혀 없었다. 이때부터 바리스타를 꿈꾸기 시작했다. 카페는 사람들이 찾아오기에 사람들과 어울려 살아가기에는 제격이었다. 한동안 장구나 생활도자기를 취미로 배웠으나 점점 커피의 매력에 빠졌다. 이후 카페에서 바리스타와 매니저로 일하며 5년의 경력을 쌓았다.

2018년에 카페홀더 광산구청점에서 근로지원인으로 일하게 되었다. 카페홀더에서 별명은 '수달'이다. 이름하여 '수제청의 달인'으로 대추차 생강차 레몬차 유자차 자몽차가 전문이다. 바리스타 1급뿐 아니라 수제청지도사 자격도 갖고 있다. 카페홀더에서 농인들과 일하다 보니 수어로 일상적인 대화는 가능하다. 제대로 수어를 배우기 위해 실로암수어교실 97기, 98기에 다니며 초급반을 수료했다. 수어교실에서는 '서당개'로 통했다. 수어가 비슷하긴 한데 정확하진 않아서 생긴 에피소드가 많다.

카페홀더에서 일하다 보면 실로암사람들이 있어서 다행이라고 생각할 때가 있다. 그녀도 실로암공동체의 일원으로 자부심을 갖고 여러 모양으로 힘을 보태고 있다. 감사하게도 2021년 실로암사람들이 주는 사회봉사상을 받았다. 또한 카페홀더는 자신을 성장하게 만드는 터전이었다. 바리스타로서 전문적인 역량을 갖추는 것은 물론 한국사이버대학 사회복지학과에 진학하여 사회복지사 자격을 취득했다.

커피와 함께한 시간은 행복이다. 2023년부터 카페홀더에서 근로지원인이 아닌 바리스타로 일하게 되어 무거운 책임감을 느낀다. 카페홀더를 찾아주신 고객들에게 집중하며 마음을 다해 최선의 서비스를 제공하려 다짐한다. 카페홀더의 VIP 고객인 코벤트플라워 안영균 집사님은 늘 한 식구라고 말하며 큰 힘이 되어 주신다. 고맙고 감사하다. 그녀의 좌우명은 '정직하고 즐겁게 일하자, 선을 행하며 살자'이다. 현재 하는 일을 선물이라 생각하며 언제 어디서나 소금 같은 존재로 살기 원한다. 꿈꾸는 것들이 이루어지는 선물 같은 날들이 되기를 응원한다. (2024.09.01)

추석에

더위는 여전하고 삶은 고단합니다.
그래도 언뜻 불어오는 바람이 고맙기만 합니다.
9월이 가기 전에 소하고 순한 생명들이 서로 기대어 힘을 얻었으면 좋겠습니다.
건강과 평안을 빕니다. (2024.09.17)

최저운행률에 대한 사회적 합의를 요구한다

그것은 예견된 일이었다. 새빛콜 운전원 152명 중 104명의 노조 교육으로 인해 하루종일 극심한 불편이 이어졌다. 70%의 차량의 운행이 멈췄다. 새빛콜 운영자는 장애인에게 이용을 자제해 달라는 문자만 보냈다.

수치상으로 나타난 것으로 예상했던 것보다 불편하지 않았다고 생각한다면 오산이다. 외출을 포기하거나 미룬 사람이 얼마나 될까? 수치에서 빠진 장애인의 한숨과 절망과 분노를 놓치지 말아야 한다. 만약 광주 시내버스의 70%가 노조 교육으로 인해서 운행이

중단된다면 어떻게 되겠는가? 시민도 광주시장도 버스회사도 언론도 난리가 났을 것이다.

　장애인의 불편을 최소화하기 위해서 교육을 하루에 몰아서 한다는 노조위원장의 말은 동의하기 어렵다. 아싸리 임금협상을 위한다면 파업을 해라. 장애인의 불편을 최소화하기 위해서라면 장애인에게 물어보아야 한다. 무엇이 장애인이 원하는 것일까? 이들에게 장애인 이동권은 아무런 고려 대상이 아닌 듯하다.

　분기별로 진행되는 노조교육으로 이런 문제는 반복될 것이다. 근본적인 대책이 필요하다. 새빛콜이 무엇을 위해 존재하고, 운전원의 역할이 무엇인지 확인하는 데서부터 돌아봐야 한다. 노동권과 이동권이 충돌하는 지점에서 장애인은 약자다. 말이 이동권이지 운전원의 처분을 기다리는 수밖에 없다.

　새빛콜의 주체는 운영자(광주시), 노동자(운전원 등), 이용자(장애인 등)다. 그런데 이동의 권리와 관련된 의사결정에서 장애인은 배제되어 왔다. '새빛콜 이용장애인 모임'을 조직하여 당사자의 목소리를 내야 한다. 새빛콜은 365일 24시간 운행을 법으로 규정하고 있다. 장애인의 이동권을 위한다고 한다면 당장 '최저운행률'에 대한 사회적 합의를 하라. 그러기 전에는 이동권을 말하지 말라.

(2024.10.10)

10년을 이렇게

당신은 몇 살로 돌아가고 싶나요?
그 나이로 가면 무엇을 하고 싶나요?

놀랍게도 할머니들은 10년 전으로 돌아가기를 바랬다.
80대 할머니는 70대로, 90대 할머니는 80대로 가고 싶어 했다.
밤낮으로 일만 하다 보니 세상이 다 가버렸단다.
이제 70이 된다면 80까지 많이 여행하고 맛있는 것도 먹고 싶단다.

10년은 그런 의미다.
인생을 통해 이루고 싶은 것들을 도전하고 누릴 수 있는 충분한 시간이다.
10년 후의 나에게 "10년 전으로 돌아가 하고 싶은 일이 무엇이냐?"라고 묻는다.

아하~ 지금부터 10년을 이렇게 살자.
10년 후에 후회하지 않도록 그렇게 살자.
우리가 살아가는 시간은 과거도 미래도 아닌 바로 지금이니까.

* 영상 : 유튜브_슬기로운 할매생활 (2024.10.21)

팽목 기억캠프에서

2014년 세월호 참사 후 훌쩍 10년의 시간이 흘렀다. 진실 규명과 책임자 처벌은 아직 요원하지만 그사이 우리는 더 단단해졌고, 우리는 서로 든든해졌다. 결코 국가 권력도, 시간도 우리를 쓰러뜨리지 못했다.

2005년 도가니 사건 때도 그랬다. 성폭력 피해 아이들에게 끝까지 함께하겠다고, 가해자들을 벌 받게 하겠다고 약속했다. 질긴 놈이 이긴다고, 우리가 포기하지 않으면 끝난 게 아니라고 되뇌었다. 결국 2013년 도가니 투쟁은 승리했다. 현재 도가니 현장에 인권기념관과 장애인수련관을 건축하고 있다.

다시 팽목항에 오면서 생각했다. 언젠가 역사는 세월호참사로 인해 하늘의 별이 된 아이들과 가족들, 연대하는 사람들에 의해 정의와 평화와 통일이 이루어 졌다고... 세월호 유가족들이 노벨평화상을 받는 꿈을 상상해 보았다.

성경에 보면 텐트(성막)는 하나님의 임재를 상징한다. 네 번째 팽목 기억캠프 텐트에 하늘의 별이 된 천사들이 함께할 것이다. 이곳에 소박한 팽목 기억공간 조성하는 우리의 염원이 하늘에 닿았으면 좋겠다.

당연하게 생각하는 것을 당연하게 만드는 것에는 누군가의 헌신이 숨어있다. 먼저 끊임없이 걸으며 길을 만들어 온 사람들이 있었기에 많은 이들의 마음을 팽목항으로 움직였다. 길게 투쟁하고 이기려면 오늘처럼 즐겁게 함께 가자. 팽목 기억캠프에 함께한 분들이 자랑스럽다. (2024.11.02)

새빛콜 파행운행 교통국장 항의방문을 마치고

이틀 전 토요일 오후에 온 한 통의 문자는 장애인들의 분노를 폭발시켰다. 광주광역시 교통약자이동지원센터에서 새빛콜 이용 장애인에게 보낸 문자다.

"센터 노동조합 임시총회로 11월 11일(월) 11~20시 사이 전용 차량 배차지연이 예상되오니 양해하여 주시기 바랍니다. (바우처는 정상운행) 휠체어 없이 이동 가능하신 이용인은 가능하면 바우처택시 이용하시기 바랍니다. 또한 해당일 전용차량 이용인에 한하여 시외콜(광역콜 포함) 운행이 제한되오니 많은 양해 바랍니다."

이번이 처음은 아니었다. 가깝게는 지난 "10월 10일 센터 노동조합 교육으로 장애인 전용차량 9시~19시까지 평일대비 30% 미만 운행"한 적이 있다. 그날은 광주시가 주최하는 세계인권도시포럼이 시작된 날이기도 했다. 답답한 마음으로 SNS에 올린 글이 광주MBC 뉴스에 "새빛콜 최저 운행률 정해 이동권 보장하라"라고 보도되기도 했다.(2024.10.11)

광주장차연 집행부는 11월 11일 "새빛콜 파행운행 교통국장 항의 방문"을 결의했다. 광주시청에 도착하니 청경뿐 아니라 경찰과 기동대까지 출동하여 분위기가 삼엄하였다. 경찰은 광주시청 현관 출입구에서부터 장애인의 출입을 막아섰다. 고성이 오가는 실랑이 끝에 시청 로비에 들어설 수 있었다.

새빛콜 원장과 간담회를 마치고 시청 1층 로비에서 지난 금요일에 코로나에 확진되었다는 교통국장을 기다렸다. 2시간이 지나도 감감무소식이다. 시청 출입구 쪽 로비에서 다이인(Die-in) 행동에 들어갔다. 드러누운 대리석 바닥의 차가운 냉기가 온몸에 퍼졌다.

시청의 반응은 생각보다 빨랐다. 채 3분이 지나지 않아 불법 집회라며 퇴거니 처벌이니 운운하다 장애인들을 끌어내라고 지시했다. 가만히 앉아서 당할 우리가 아니기에 당당히 누웠다. 새빛콜 이사장인 교통국장과의 면담을 재차 요구했다. 10분 정도를 예상했던 다이인(Die-in) 행동은 시청의 방해(?)로 20분을 넘겨서야 끝이 났다. 부랴부랴 교통과장이 나타났다. 행정, 의회, 새빛콜 노사가 함께한 간담회를 통해 몇 가지 의미 있는 합의를 했다.

1. 바우처택시 탑승인원 제한, 특장차 앞자리 탑승거부에 대해서는 당장 시정한다.
바우처택시 4명, 특장차(전용차량) 1열 탑승을 하기로 했다.

2. 최저운행률에 대한 사회적 합의를 위해 공론화의 장을 마련한다.
행정, 의회, 새빛콜 노사, 교통약자, 시민사회가 함께라는 공론화의 장을 11월 말까지 구성하기로 했다. 공론화의 장에서 1시간 이상 장시간 대기자에 대한 대책을 논의하고, 버스형(25인승) 특장차(5W)는 올해 내 도입 운행하기로 했다.

이번 새빛콜 파행운행 교통국장 항의 방문을 통해 분명히 확인한 것이 있다. 언제든지 노동조합이 마음만 먹으면 합법적으로 새빛콜 운행률을 50% 이하로 떨어뜨릴 수 있는 구조라는 것이다. 노조원 교육이나 정기총회, 임시총회 등이 일 년에 몇 차례 반복되고 있다. 앞으로 장애인 이동권을 노동조합의 선의에 맡길 수는 없다. 새빛콜 최저운행률에 대한 사회적 합의를 통해 상생의 길을 찾기를 기대한다. (2024.11.11)

삶은 과정 자체가 목표다

사회복지 현장에서 일하다 보면 자격을 요구하는 경우가 있다. 내가 사회복지사 자격을 갖게 된 것도 행정에서 자꾸 사회복지사 자격을 요구해서였다. 물론 공부를 하다 보니 사회복지에 대한 이해의 폭이 넓혀졌다. 덕분에 사회복지와 관련하여 대학에서 강의도 하고, 사회복지사 보수교육 강의도 하게 되었다. 사회복지를 공부하면서 가장 좋았던 것은 따로 있다. 함께 공부한 동기들과 선후배들이다. 지금도 현장에서 일하면서 든든한 동지로 함께하고 있다.

나이가 들수록 새로운 것에 도전하는 것이 쉽지 않다. 다행히 주변 사람들이 정보와 자극을 주었기에 망설임을 떨치곤 했다. 2021년 직장 내 장애인식 개선교육 전문강사 자격과정을 공부할 때도 그랬다. 올해에 사회적 장애인식 개선교육 전문강사에 도전한 것도 상당한 용기를 필요로 했다.

1차 서류, 2차 영상, 3차 면접시험을 통과하고 4차 대면교육 과정에 들어갔다. 문제는 매주 금요일 서울에서 진행되는 10번의 교육과 시험에 참여하는 것이었다. 새벽 4시에 일어나 송정역에서 6시에 KTX를 타고 서울역으로 갔다. 보통 오전 10시부터 오후 6시까지 진행되는 교육에 참여하고 다시 광주에 도착하면 밤 10시다. 막상 부딪치니 할 만했고, 우선순위를 교육에 맞추니 마음이 편해졌다.

서울을 오가면서 한강 작가의 "세상은 고통으로 가득하고, 그러면서 세상은 왜 이리도 아름다운가?"라는 말을 자주 떠올렸다. 겉으로 보면 힘든 과정이었는데, 속을 들여다보면 즐겁고 감사한 일들이 꽤 많다. 난생처음으로 휴대폰으로 열차도 예약했다. 실수로 열차비용을 날려버리기도 했지만 배움의 즐거움이 더 컸다. 광주

송정역에서 6시 기차를 타면 장성과 정읍 사이에서 여명을 맞는다. 끝없이 이어지는 능선이 드러날 때의 감동은 피곤을 씻어주기에 충분했다.

오늘 드디어 합격자 발표가 있었다. 야호~~~ 예상대로 학습자들이 무난히 전문강사 자격을 갖게 되었다. 아낌없이 열정을 불태웠던 전국에서 모인 50여 명의 6기 교육생의 모습이 눈에 선하다. 이미 현장에서 강사로서 활동하며 상당한 내공도 쌓은 분들이다. 이번 교육과정을 통해 한 단계 더 도약하는 기회가 되었을 것이다.

세상의 만사가 그렇듯 목표만을 보고 가는 사람은 과정에 소홀하기 쉽다. 하지만 목표를 향하여 나아가는 과정 자체가 목표여야 한다는 것을 여지없이 확인하는 시간이기도 했다. 10주 동안의 소소한 일들과 사람들과의 역동, 팽팽한 긴장과 느슨한 여유의 순간들이 벌써 그립다. 그리고 6기 강사들이 만들어갈 교육현장의 이야기도 기대된다. (2024.11.15)

1956년생, 文敬姬

장애인과 비장애인이 함께하는 하나된소리 공연이 33회를 맞았다. 실로암사람들은 그동안 실로암중창단, 실로암수어중창단, 장애인극단그래도 활동을 이어왔다. 33회에 걸쳐 하나된소리 공연이 가능했던 것은 이런 문화예술 활동의 기반이 있었기 때문이다.

올해 하나된소리 공연은 올해 초 별세하신 故 문경희 님의 당당한 삶의 이야기를 담았다. 문경희 님은 1956년 전남 화순에서 태어나 아홉 살에 뇌수막염으로 인해 중증 장애인이 되었다. 집에서만 생활하던 그녀는 29살이 되었을 때 광주에 있는 시설에 입소하였다. 장애인 야학을 통해 3년 만에 초중고 검정고시를 합격했을 때 그녀의 나이는 50이었다. 이후 장애인 시설에서 생활한지 25년 만에 자립생활을 시작하였다.

문경희 님의 삶은 1950년대 이후 우리나라 장애인의 삶을 상징한다. 중증장애로 인해 학업 포기와 시설 입소, 자립 후에는 부양의 무제로 인한 빈곤을 온 몸으로 겪어 냈다. 지역사회에서는 장애인권 운동, 세월호참사 연대활동, 활동지원 24시간 서비스 투쟁을 하며 강인하고 당당한 삶을 이어갔다.

창작극 '56년생, 文敬姬' 공연은 기획 김모세 님, 극작 윤경미 님, 연출 조혜수 님의 수고로 가능했다. 이들은 어려운 여건 가운데서도 늘 최고의 것을 만들어 왔다. 출연해 주신 장애인극단 그래도(김지향, 박경한, 박대왕, 조성호, 김민선, 윤경미), 활동지원사(김대식, 김영자, 김은미, 엄형숙), 극단 진달래피네, 실로암수어중창단에게 감사와 박수를 보낸다.

또한 공연에 활력을 불어넣어 주신 광주광역시 문화재단과 광주시청자미디어센터에 감사드린다. 아울러 한결같이 성원해 주신 실로암사람들 회원, 자원활동가, 후원자 여러분들께 사랑과 존경을 전한다. 하나된소리는 여전히 우리의 기쁨이요 자랑이다. (2024.11.28)

문경희는 우리다

서른세 번째 하나된소리 공연을 마쳤다. 오래된 역사만큼이나 실로암사람들이 추구하는 가치를 담고 싶었다.

〈1956년생, 문경희〉는 올해 초에 세상을 떠난 고 문경희 님의 치열한 삶을 소재로 한 창작극이다. 그녀의 이야기는 당대의 장애여성의 삶과 실로암의 역사가 씨줄과 날줄로 엮여있다.

1956년 전남 화순에서 태어나 아홉 살에 뇌수막염으로 인해 중증장애인이 되었다. 장애로 인해 학업 중단하였고 집에서만 생활하다 29살이 되었을 때 광주에 있는 시설에 입소하였다. 학업에 대한 오랜 갈증은 장애인 야학으로 이끌었고, 3년 만에 초중고 검정고시에 합격하였다. 그녀의 나이 50이었다.

이후 탈시설 자립생활을 함께하며 울고 웃었다. 그녀의 자립을 지원하기 위해 항꾸네 공동생활가정을 설립했다. 장애인 차별철폐 운동, 부양의무제 폐지, 세월호 참사 진실규명, 활동지원 24시간 서비스 등 투쟁과 연대의 삶을 이어갔다.

기초생활 수급자가 되었을 때 남을 돕기 시작했다. 요양병원이냐 죽음이냐의 기로에서는 자신의 집을 선택했고, 그 집에서 살다가 별세했다. 똑똑하고, 꿈도 많고, 고집도 세고, 정도 많고, 당당했다. 공연을 시작하기 전 울지 않겠다는 다짐은 그리움과 눈물이 되었다. 나를 신뢰하는 이가 있기에 오랜 시간 실로암사람들에서 일할 수 있었구나 실감했다.

연말이면 문경희 님에 대한 책이 나온다. 내년 2월 11일 1주기를 앞두고 북콘서트를 개최할 생각이다. 사나 죽으나 그녀는 우리를 울고 웃게 만든다. (2024.11.28)

우리는 서로 기대어 산다

　사람은 사이(間)의 존재다. 사이는 관계를 의미한다. 사람은 혼자서 단절된 존재로 살아가는 것이 아니라 타자와 서로 연결되어 살아간다. 전남대 철학과 김상봉 교수는 "내가 느끼는 고통의 끝이 나의 한계다"라고 했다. 사람이 인간답게 산다는 것은 타자에 대한 연민과 공감의 범위를 넓혀가는 것이다.

　우리 사회에서 장애인의 존재 의미는 무엇일까? 박노해 시인은 "아픈 곳이, 아픈 사람이 중심이 된다"라고 성찰했다. 아픈 곳, 아픈 사람이 중심이 될 때 그 사회의 건강성이 유지될 수 있다. 반면에 아픈 사람을 외면하면 그 사회는 지속가능성을 상실하게 될 것이다.

　배리어 프리(barrier free)나 유니버설 디자인(universal design)은 우리 사회의 구성원 모두가 함께 살아가기 위한 약속이다. 적어도 장애인 인권이나 장애인 정책, 장애인 복지서비스를 논할 때는 다음 세 가지 질문에 대답할 수 있어야 한다. - 독립적인 삶을 영위할 수 있는가? - 자신의 일상생활을 유지할 수 있는가? - 공동체 사회의 일원으로 참여할 수 있는가? 물론 장애 유형이나 장애 정도에 상관없이 누구에게나 동일하게 적용되어야 한다.

　오방장애인자립생활센터는 탈시설 자립생활을 하는 당사자의 이야기를 책으로 만들어 왔다. 『나는 희망을 겨냥한다』(2013년), 『자립생활은 목표가 아니라 삶이다』(2017년), 『자립생활은 관계의 확장이다』(2020년), 『자립에서 연립으로』(2021년), 『자립생활의 중심은 사람이다』(2022년), 『자립은 능력의 집합이 아니다』(2023년)에 이어서 일곱 번째 자립생활 이야기 『우리는 서로 기대어 산다』(2024년)를 발간하였다.

이 책은 탈시설 후 자립생활을 시작한 장애인과 그동안 지역사회에서 자립생활 운동을 이끌어온 활동가들의 이야기를 담았다. 이번 자립생활 이야기에 참여한 김태호, 박균례, 박산성, 유선영, 은혁상, 이미경, 이영미, 조재한, 차지숙, 최선화 님의 이야기는 몽글몽글한 감동을 준다. 장애인과 비장애인이, 사람과 사람이 서로 기대어 살아가는 이야기다.

오방장애인자립생활센터는 오방 최흥종 목사의 정신을 계승하여 장애인의 보편적 권리확대와 자립생활을 지원하기 위하여 설립되었다. 앞으로도 오방센터는 장애인이 주체가 되어 살아가는 삶을 꿈꾸고 실천해 나갈 것이다. 장애인과 함께하는 삶에 진심인 권광미 국장과 직원, 활동가들께 감사와 경의의 마음을 보낸다. 이 책의 편집을 맡은 신지현 님의 수고에 감사한다. (2024.11.29)

배우고 도전하며 산다

카페홀더 교통공사점 이현주 바리스타는 1973년 전남 완도군 고금도에서 태어났다. 3살 되던 해 원인 모를 고열로 인해 청각장애인이 되었다. 부모님은 응급상황에 빨리 갈 수 있는 병원과 특수학교가 있는 광주로 이사를 했다.

전남농아학교(이후 광주인화학교 개명)에 입학하여 초등학교 5학년부터 중학교 2학년까지 한국무용을 배웠다. 귀가 들리지 않는 상태로 박자를 맞추는 것이 힘들 때도 있었지만 아름다운 춤을 완성했을 땐 너무 즐겁고 행복했다. 그리고 옛 전남도청에서 공연을 하고 한국무용대회에 참가하여 상을 받은 것은 소중한 추억이 되었다.

　중학교를 졸업 후 광주에는 농인 고등학교 교육과정이 없어서 전주선화고등학교에 진학하게 되었다. 가족과 떨어져 지내는 것이 두려웠지만 그곳에선 그녀의 특기였던 그림 그리기 능력을 키울 수 있었다. 고3 때는 장애인기능대회와 전국 기능경기대회에서 상업디자인 부분에 금상과 장려상을 수상하였다. 그 이후에도 많은 대회를 나가 상을 받았다. 그렇지만 기쁜 소식들을 가족에게 전화로 빨리 알릴 수 없어 안타깝고 속상할 때가 많았다.

　고등학교 졸업 전에 특기생으로 대학입학과 호주 유학이 예정되어 있었다. 그러나 당시 19살에 일반인 학교입학과 호주 유학은 너무나 높은 벽처럼 느껴져 끝내 포기할 수밖에 없었다. 고등학교 졸업 후 광주로 돌아와 광고회사에서 디자인 일을 하였고 이후 도자기 디자인과 조각을 하였다. 10여 년간 충장로 혼수의 거리에서 한복 자수 도안을 디자인하였으며, 농아인협회에서 간사로 일하기도 했다.

　5년 전부터 카페홀더 교통공사점에서 커피바리스타 실무를 익히고 2급 자격을 취득하여 바리스타로 일하고 있다. 카페에서 일하다 보면 청각장애로 인해 때로는 직장동료나 손님들과 의사소통의 어려움이 있다. 하지만 함께 일하는 동료들과 서로 관심을 가지고 상대방의 말에 귀 기울여 들으려고 애쓰고 있기에 이제는 얼굴 표정만 보아도 서로의 감정을 알 수 있을 정도가 되었다.

　실로암사람들에서는 2018년부터 실로암수어중창단으로 활동하고 있다. 매년 하나된소리 공연을 준비할 때마다 특별한 감동이 있다. 음악소리가 전혀 들리지 않기 때문에 처음 수어중창단에 들어와 연습을 할 때 박자 맞추기가 힘들었다. 비장애인들과 서로 배려하고 호흡을 맞추며 수어로 함께 노래를 연습하고 공연을 올리는 과정은 용기와 보람을 느끼게 했다. 요즘에는 한지공예, 가죽공예, pop 등을 꾸준히 배우며 도전하고 있다. 그리고 앞으로 옷 수선, 만화 그리기, 아크릴 그리기를 공부하고 싶어 한다. 더욱 멋진 삶을 응원한다. (2024.12.01)

계엄의 밤을 기억할 것이다

비상계엄의 밤이 지나갔다. 처음엔 가짜뉴스라 생각했는데 급 현타가 왔다. 윤석열은 12월 3일 오후 10시 29분 대국민 특별담화를 통해 비상계엄을 선포했고, 유튜버들이 국회 앞에서 벌어지는 상황을 실시간으로 알렸다.

1980년 5월 계엄의 악몽이 떠올라 두려움이 앞섰다. 서울에 살고 있는 딸아이가 걱정이 되었다. 국립 5·18 민주묘지에 잠든 분들을 생각하니 계엄의 실체가 분명해졌다. 개인의 자유가 극도로 제한되고 군에 의해 국민의 일상이 통제된다. 언론에는 재갈을 물린다. 입법 사법 행정의 삼권분립이 사라지고 한 사람에게 모든 권력이 집중된다. 저항하면 죽거나 다치거나 쫓겨난다.

내가 할 수 있는 것이 없다는 것이 답답했다. 모든 기대가 국회로 쏠렸다. 국회의 출입문은 굳게 잠겼고 국회의원의 출입을 막아섰다. 계엄군은 헬기를 타고 내려와 유리창을 깨뜨리고 국회로 진입했다. 야간투시경을 쓴 계엄군을 맨몸으로 막아선 시민들은 중과부적이었다. 오후 11시 28분 박안수 계엄사령관의 계엄포고령 1호가 발표되자 공포는 현실이 되었다.

국회의 시간은 더디게 흘렀다. 12월 4일 오전 1시 2분 국회의

'비상계엄 해제 요구 결의안'이 가결(재석 190명 중 찬성 190명으로 가결) 되기까지 153분의 시간은 내 생애 가장 긴 시간이었다. 그러고도 국무회의에서 계엄 해제안을 의결하고, 계엄 해제를 공고한 4시 40분까지 긴장의 끈을 놓지 못했다. 불면의 밤을 보내고 난 새벽에 잠을 청했으나 쉬 잠이 오지 않는다. 잠자리에 누워서도 휴대폰을 통해 뉴스를 확인하며 아침을 맞았다.

드디어 올 것이 온 것이다. 3년은 너무 길다는 말에 깊이 공감했지만 윤석열의 몰락이 이렇게 올 줄은 몰랐다. 지난밤 계엄군과 국회의원들이 한 행동을 온 국민이 보았다. 45년 만에 겪은 계엄의 밤을 기억할 것이다. 국민은 안중에도 없는 껍데기들을 정리하는 일에 내가 할 수 있는 일을 찾아봐야겠다. (2024.12.04)

기존 3급 장애인에 대한 장애인콜택시 이용을 허하라

장애인 특별교통수단은 대중교통환경이 장애인의 이동권을 보장하지 못하는 기본적인 권리침해와 차별의 문제를 조금이라도 해소하기 위하여 만들어진 적극적인 구제조치이다.

그렇기에 특별교통수단은 장애인에게 특혜를 주는 것이 아니라 국가와 지자체가 해결하지 못하는 이동권 차별의 문제에 대하여 당연히 제공되어야 하는 장애인의 권리이다. 이에 대중교통을 이용하기 어려운 장애인은 그 유형과 장애정도를 고려하여 누구나 특별교통수단을 이용할 수 있어야 한다.

하지만, 2019년 7월 장애등급제도의 등급규정이 변경되면서 기존 1-3급 장애인은 모두 장애정도가 심한 장애로 범위가 조정되었음에도 여전히 특별교통수단의 이용대상에서 기존의 3급 장애인은 이용을 제한받고 있다.

현재 특별교통수단 이용대상의 법적인 기준을 규정하고 있는 「교통약자의 이동편의 증진법 시행규칙」과 「광주광역시 교통약자의 이동편의증진에 관한 조례」에는 장애의 정도가 심한 장애인 중 보행상 장애가 있는 사람을 이용인으로 규정하고 있다.

하지만, 이러한 규정에도 불구하고 국가 및 지자체는 보행상 장애의 범위를 단순히 휠체어를 사용하는 사람을 기준으로만 소극적이고 획일적으로 규정하면서 다수의 보행에 어려움이 있는 장애인의 이용을 제한하고 있다.

우리는 국가인권위원회 차별 진정을 통해 여전히 장애인의 이동권을 보장하지 못하는 교통환경의 문제를 제기하는 동시에, 대안으로 운영되고 있는 특별교통수단의 이용과 관련하여 보행에 어려움이 있는 다수의 장애인이 불편함 없이 제도를 이용할 수 있는 개선을 강력히 요구한다. 특별교통수단이 필요한 장애인 모두가 제도를 이용할 수 있도록 예산을 확대하여 충분한 차량을 확보하고 이용인의 범위를 재검토하여 확대해야한다.

더 이상 제도의 한계와 예산의 문제를 이유로 장애인에게 이동권의 불편함을 감수하도록 책임을 전가하는 것이 아니라, 지금까지 제도 안에서 배제되고 차별받아왔던 다수의 장애인의 권리가 보장될 수 있도록 국가인권위원회가 국가 및 지자체를 향해 강력한 권고를 결정해줄 것을 요구한다. (2024.12.11)

탄핵커피는 맛있다

왕이 되고 싶은 사람이 있었다. 스스로 손바닥에 왕(王)자를 쓰고 다녔다. 드디어 왕이 되자 온 국민을 대상으로 바이든 날리면 게임을 시작했다. 그를 둘러싼 간신들은 갈수록 가관이었다.

미국 대선에서 바이든을 날리자 그 게임은 계엄으로 바뀌었다. 온 국민을 대상으로 계엄을 게임처럼 행하는 자, 국민에게 총구를 들이대는 자를 오늘 날렸다. 이제 다시는 돌아오지 마라.

추운 날 금남로에 시민이 온다, 청년이 온다. 탄핵은 진짜, 커피는 공짜! 탄핵커피로 시작한 커피 나눔은 탄핵 기념커피로 이어지며 2천 잔이 나갔다. 카페홀더의 가장 즐거운 하루였다. 금남로에서 마시는 탄핵커피 맛은 최고다. (2024.12.14)

금남로에서 탄핵커피를 나누다

탄핵의 날이 밝았다. 며칠 전부터 준비해 오던 터였지만 아침부터 분주하다. 실로암사람들 직원들에게 부탁한 탄핵커피 후원은 넉넉하게 채워졌다. 커피원두, 생수, 컵, 컵홀더, 컵뚜껑, 빨대뿐 아니라 온수통, 커피포트, 닐선, 콘센트, 탁자, 앞치마 등 한 트럭 분량이나 되었다. 당초 커피 1,000잔, 작두콩차 300잔을 생각했으나 목표를 2,000잔으로 올려 잡았다.

금남로에 들어섰다. 80년 5월 계엄군에 맞선 시민들을 생각하니 마음의 줄이 팽팽해진다. 커피 나눔 위치는 금남공원 앞으로 탄핵 집회 행렬의 맨 끝자리였다. 푸드트럭과 특장차 사이에 테이블 두 개를 설치하고, "탄핵커피 나누어 드립니다, 탄핵은 진짜 커피는 공짜" 두 개의 현수막을 걸었다. 두 시부터 시민들이 몰려들기 시작했다.

커피 나눔 부스가 가장 인기가 좋았다. 쌀쌀한 날씨 덕분이기도 했지만 카페홀더 전문 바리스타가 내려주는 커피 맛은 남달랐다. 커피 나눔을 하면서 귀한 분들을 한자리에서 만날 수 있어서 좋았다. 인화대책위에서 함께 투쟁했던 안재철 선생님, 안부가 궁금했던 장휘국 전 교육감님을 반갑게 뵈었다.

4시가 되자 금남로가 술렁이기 시작했다. 국회에서 열리고 있는 탄핵심판 실황이 중계되었다. 우원식 국회의장이 결과를 발표하자 환호성과 함께 한순간 축제의 장으로 변했다. 재적 의원 300명 중 찬성 204표, 반대 85표, 기권 3표, 무효 8표로 탄핵소추안이 가결됐다. 금남로에는 민중의 노래가 울려 퍼졌다. 이팝너머 조선아 팀장은 음악에 맞춰 탄핵댄스를 추었다.

5시경 집회가 끝나고 부스(천막)를 철수하기 시작했다. 아직 금남로에는 시민들이 그대로 있었다. 시민들이 다 갈 때까지 커피 나눔을 계속하기로 했다. 이제부터는 탄핵 기념커피다. 승리의 기쁨으로 커피부스를 찾는 시민들이 늘어났는데 젊은이들이 많아 흐뭇했다.

'바위섬'같던 오월 광주를 노래한 가수 김원중 님을 커피트럭에서 만났다. 집회를 시작하기 전 반갑게 인사를 건네왔지만 모자를 쓰고 선글라스를 끼고 있어서 긴가민가 했다. 집회가 끝나고 다시 커피트럭에 찾아와 수고한다고 격려의 말도 해 주셨다. 가수 김원중에게 금남로에서 맞는 이 순간은 남다를 것이다. 무등산, 광주천, 산동교를 지날 때면 그의 목소리가 들린다. 광주를 지켜온 그의 삶과 노래는 이미 광주다. 언젠가 김원중 님의 콘서트에서 커피 나눔을 하고 싶다.

　시민들이 다 떠난 후에야 커피 나눔도 끝이 났다. 모금에서 자원봉사에 이르기까지 팀실로암의 저력과 자부심을 느낀 하루였다. 2,000잔의 커피와 차를 시민들과 나눌 수 있어서 감사하다. 모금된 잔액을 어떻게 사용할지 행복한 고민을 하던 끝에 12월 16일 카페홀더 명예점장 봉사활동을 하는 공지영 작가의 산문집 '너는 다시 외로워질 것이다'를 저자 사인을 받아 후원자와 자원봉사자에게 선물할 생각이다. 또한 돼지저금통에 손전등을 꼽아 만든 응원봉도 기념품으로 보관할 생각이다. (2024.12.14)

카페홀더 열세 살, 더 번창해라!

　공지영 작가가 카페홀더에 왔다. 카페홀더 교통공사점 13주년을 기념하여 명예점장 사회공헌 활동차 온 것이다. 소설 도가니로 인해 맺어진 연이 지금까지 이어지고 있다.

　공지영 작가는 카페홀더의 시작 때부터 의미 있는 역할을 했다. 카페홀더 설립을 위한 자선공연 출연과 창비출판사와 2호점 설립을 위해 거액을 후원하기도 했다. 이후 카페홀더 홍보대사로 13년째 함께 해오고 있다.

　온 나라가 탄핵 정국으로 빠져들면서 공지영 작가의 명예점장 초대가 애매해졌다. 다행히 지난 토요일 탄핵소추안이 가결된 후에야 홍보 문자를 보내기 시작했다. 카페홀더에서 2시간 동안 손님 응대와 산문집 '너는 다시 외로워질 것이다' 사인회로 쉴 틈이 없었다. 경남 하동책방에서 구입한 100권이 모두 완판되었다.

공지영 작가의 명예점장 봉사에 예술가들이 힘을 보탰다. 바리톤 정찬경 교수님의 노래와 클라리네티스트 장성규 음악선교사의 연주가 이어졌다. 광주교통공사 1층 로비가 한순간 멋진 공연장으로 변했다. 이렇게 카페홀더를 응원하는 마음들이 모여서 훈훈한 시간으로 채워졌다. 크리스마스를 앞두고 귀한 선물을 받은 셈이다. 연약한 사람들이 서로 기대어 살아가는 풍경이 아름답다.

공지영 작가가 내밀어준 손이 도가니 아이들과 카페홀더가 13년을 걸어오는 힘이 되었다. 사인판에 "카페홀더 열세 살, 더 번창해라!"는 기록을 남겨 놓았다. 몇 해 전부터 경남 하동에 살고 있는 공 작가는 광주까지 1시간 30분 거리라면서 자주 불러주라고 한다. 하동에서의 삶이 평안하길 빈다. 동백이 필 무렵 하동에 가야겠다.

(2024.12.16)

메리 크리스마스!

서로 기대며 살아온 이들에게 고마움을 전합니다.
돌아보니 그립고 눈물나고 감사한 것들이 보입니다.
어지러운 세상 가운데 참 평화를 빕니다.
"하늘 높은 곳에서는 하나님께 영광!
땅에서는 마음이 착한 이에게 평화!" (2024.12.25)

문경희가 온다

 오늘이 경희 누나의 생일이다. 하지만 누나는 없고 그리움만 그 자리를 차지하고 있다. 돌아가신 지 1년이 되어가지만 금방이라도 웃으며 나타날 것만 같다. 생전에 날 아껴주시던 모습을 떠올리면 슬픔을 넘어 따스한 온기가 느껴진다. 누나의 장례를 마치고 책을 만들어야겠다는 생각을 했다. 작가를 누구로 할까? 고민할 필요도 없이 한 사람이 떠올랐다. 경희 누나가 탈시설 후 항꾸네공동생활가정에서 함께 지냈던 윤경미 선생님이었다. 통사정이라도 하면서 부탁하려고 했는데 흔쾌히 허락해 주었다.
 우선 하나된소리 공연에 '1956년생 문경희'라는 제목의 창작극을 준비했다. 윤경미 선생님이 극작을 맡았다. 이를 바탕으로 동명의 책이 세상에 나와 빛을 보았다. 장애여성으로 사회적 장벽과 당당하게 맞서며 헤쳐 나온 삶의 여정이 고스란히 담겨있다. 경희 누나의 삶은 당대의 장애인의 삶을 관통하고 있다. 장애로 인한 교육의 단절, 가정과 지역사회에서의 소외, 시설과 탈시설, 자립과 고립, 연대와 투쟁, 돌봄과 자기 결정 등 수많은 화두를 던져준다. '문경희'는 한 개인을 가리키는 고유명사를 넘어 장애여성의 삶을 상징하는 보통명사이다.
 책 '1956년생 문경희'로 인해 경희 누나는 다시 우리 곁에 다가왔다. 개인적으로는 경희 누나에게 받은 사랑의 빚을 조금이나마 갚은 듯해서 다행이다. '1956년생 문경희'는 한강 작가의 "과거가 현재를 도울 수 있는가? 죽은 자가 산 자를 구할 수 있는가?"라는 물음에 대한 답이다. 강신석, 곽정숙, 김안중, 권종대, 장성아... 실로암사람들과 함께했던 사람들에 대한 책이 이어지길 바란다.

(2024.12.28)

자립은 나의 장르다

탈시설임대주택지원사업이 시작된 지 11년이 되었다. 2013년부터 광주광역시 최초로 장애인 당사자의 탈시설을 지원하는 중간단계의 주거지원 체계라는 의미가 있다. 지금의 탈시설지원주거형주택 우리집이나 발달장애인 자립생활 임대주택이 없었던 때이다.

실로암사람들이 이 사업을 시작하게 된 계기는 3년 동안 사회복지공동모금회의 지원을 받아 5호의 주택으로 장애인 주거복지·권리보장을 위한 지역사회 네트워크 지원사업을 실시하였다. 그 결과 5명의 탈시설 장애인이 이용하였다. 사업성과를 바탕으로 광주광역시에 정책제안을 하였고, 광주광역시의 탈시설임대주택 지원사업 공모에 선정되어 오늘에 이르렀다. 11년 동안 21명의 장애인이 완전 자립하여 지역사회에서 살고 있고, 현재 2명이 자립을 준비하고 있다. 이는 광주시 탈시설 자립지원 정책 가운데 탁월한 성과로 인정받고 있다.

장애인의 삶에서 가장 중요한 가치는 자립이다. 자립생활은 자신의 삶을 스스로 결정하고, 선택하며, 사회의 일원으로서 동등하게 참여하는 것을 의미한다. 장애인은 무능력하거나 특별히 보호받아야 할 존재가 아니다. 적절한 지원과 동등한 기회를 통해 자신의 가능성을 발휘할 수 있는 사람이다.

장애인의 자립생활은 욕구의 문제가 아니라 권리다. 장애 유형이나 장애 정도에 상관없이 누구나 마땅히 누려야 할 시민적 권리이자 삶의 방식이다. 자립생활은 모든 장애인의 장르다. 이를 통해 장애인은 자신의 속도와 빛깔에 맞는 고유한 삶의 주인공으로 살아갈 수 있다.

그동안 탈시설임대주택지원사업을 이끌어 온 이유미 국장의 수고에 감사한다. 사업적인 성과뿐 아니라 장애인 당사자의 삶에 진심이다. 장애인 당사자와 함께하며 앞서지도 무관심하지도 않게 동행해 왔다. 임대주택에 살고 있을 때뿐 아니라 지역사회 자립 후에도 끈끈한 관계가 이어지고 있는 것이 모든 것을 말해준다.

이번에 발행한 성과 자료집은 11년의 탈시설 임대주택 사업의 기록이자 광주광역시 탈시설 자립지원의 역사다. 광주가 장애인 친화도시로 나아간다는 것은 장애인 자립지원의 인프라가 더욱 촘촘해지고 지속 가능해지는 것이다. 앞으로 탈시설임대주택지원사업의 역할이 더욱 기대된다. (2024.12.30)

나에게 하나님을 사랑하는 것은 장애인과 함께하는 것이다

2024년 한 해를 돌아보니 삼백예순 날이 감사다. 이해인 수녀의 '새해의 기도'처럼 기도하고 싶다. "12월에는 내 마음에 감사가 일어나게 하소서. 계획한 일을 이루었던 이루지 못했던 지난 한 해의 모든 것을 감사하게 하소서."

다이어리에 빼곡히 채워진 일정이 마치 영화처럼 펼쳐진다. 직원 워크숍으로 시작해서 장애청소년 통합캠프(청캠), 희망나눔 바자회, 옥상음악회, 하나된소리 공연, 김장나눔 등 징검다리를 하나씩 건널 때마다 누렸던 은혜가 크다. 그 은혜로 올해도 지냈고, 실로암 사람들과 함께 33년을 살아왔다. 나에게 하나님을 사랑하는 것은 장애인과 함께하는 것이다

올해 가장 감사한 일을 꼽는다면 故 장성아 님의 묘를 이장한 것

이다. 학대에서 벗어나자마자 그녀는 직장암 말기였다. 여러 사정으로 남평 가는 길 산비탈에 매장을 하면서 광주로 모시겠다고 다짐했었다. 하지만 가해자가 죽고 나서야 영락공원으로 이장이 이루어졌다. 11년이 걸렸다. 긴 시간 동안 원주대책위로 함께했던 분들이 연대의 손을 놓지 않았기에 가능한 일이었다.

또한 광주광역시로부터 '지원주거형 주택 우리집'을 위탁받은 것은 큰 의미가 있다. 기존의 오방 자립주택(체험홈), 탈시설 임대주택과 함께 탈시설 장애인 당사자를 지원하는 기본체계가 완성된 것이다. 거주시설에 살던 장애인이 자립주택을 통하여 단기체험이나 중장기 체험이 가능하다. 시설을 퇴소하면 자립주택에는 2년, 임대주택에는 5년까지 살 수 있다. 이후 지역사회에 자립한 장애인은 지원주거형 주택 우리집을 통해 주거지원서비스를 받을 수 있다. 자립하는 과정에서 장애인의 심리적 불안과 고립감을 해결할 수 있고 관계지향적인 자립지원이 가능하다.

아울러 직원들의 성장은 기쁨이고 자랑이다. 직원이 실로암공동체 안에서 제 자리를 잡아가는 것은 하나의 드라마와 같다. 면접을 통과한 후에도 여러 고비를 넘기며 생존과 성장을 거듭한다. 실로암사람들 직원이 갖추어야 할 덕목은 '인성, 실력, 헌신'이다. 세상에 저절로 크는 나무도, 알아서 크는 사람도 없다. 포기하지 않고 지켜봐 주는 따스한 시선과 공동체와 함께 흘린 땀과 눈물의 시간이 쌓여 진주조개로 만들어져 가는 것이다. 우리가 원하는 직장은 세상에 없다. 그런 직장을 우리가 만들어 가는 것이다.

반면 실로암사람들을 지탱해 온 분을 먼저 보낸 아픔도 있었다. 설 연휴 마지막 날 문경희 회원이 별세했다는 소식은 슬픔을 넘어 내 몸의 한 부분이 잘려나가는 것 같았다. 당당한 경희 씨는 삶도 죽음도 죽음 후에도 한결같이 공동체가 가야 할 길을 말해주고 있다. 올해 하나된소리는 '58년생 문경희'라는 타이틀로 공연했고, 그녀의 이야기책이 발간되었다. 생전에 오른발체로 "고마워요 실로암"이라 쓰며 환하게 웃던 모습이 그립다.

"세상은 고통으로 가득하고, 그러면서 세상은 왜 이리도 아름다운가?" 한강 작가가 사람과 사물을 바라보는 관점을 명료하게 드러내는 말이다. 우리의 삶에서 고통과 아름다움은 분리되지 않는다. 때로는 순차적으로 반복되기도 하고, 두 가지가 뒤섞여 변주를 이루기도 한다. 2025년은 실로암사람들 50-1년이다. 첫 희년(50주년)을 향하며 단 하나의 바람은 장애인 선교와 목요모임의 부흥이다. 목요모임이야말로 낮은 곳에 임한 하나님의 은혜의 풍성함을 누리는 곳이 되기 바란다. 자랑스러운 직원들께 고마움을 전한다.

(2024.12.31)

| 글을 마치며 |

이 글은 받아쓰기다. 받아쓰기는 불러주는 사람이 있어야 가능하다. 다행히 내 주위에는 삶으로 이야기하는 분들이 많다. 내게 복이 되는 사람들이다. 이들은 나태주 시인의 시처럼 자세히 보아야, 오래 보아야" 이야기가 들려온다. 자본과 속도와 경쟁에 가려져 보이지 않던 사람들의 풀꽃 같은 삶이 드러난다.

이 책의 공동저자는 실로암사람들 회원과 직원이다. 이들이 있어서 내가 여기 있다. 산산조각이 난 삶도 자신만의 소리를 낼 수 있다는 사실을 가르쳐준 스승들이다. 이들의 이야기가 들려올 때가 내게는 카이로스의 시간이다. 받아쓰기는 나의 생각과 삶을 벼린다. 안주하려는 마음을 다잡아 벼랑에 세우고, 어디를 향해 가야 하는지 삶의 이정표를 확인하게 한다.

시간이 지났지만 만났던 사람들의 향기가 그리워 책으로 묶었다. 물론 적잖은 용기가 필요한 일이기도 했다. 활자로 다시 태어난 이야기들이 누군가에게 선물이 되었으면 좋겠다. 돌아보니 영화 '어바웃 타임'에서 말하는 것처럼 하루를 두 번 사는 느낌이다.

아쉽게도 점점 글쓰기가 힘에 부친다. 그래도 이만큼이라도 건져 올린 삶의 흔적이 고맙다. 아무도 주목하지 않은 연약한 사람들에 대한 시선을 거두지 않았기 때문이다. 앞으로 몇 번의 봄을 더 맞게 될지 모르지만 간절함이 사라지지 않기를 바랄 뿐이다. 나의 무기는 '간절함'이다. 격려와 사랑으로 용기를 주신 시와사람 강경호 선생님께 깊이 감사한다.

2025년 봄
김용목